Wege aus der Ernährungskrise

José Lutzenberger war ursprünglich technischer Berater verschiedener globaler Düngemittelfirmen. In radikaler Abkehr von allen Agrargiften gründete er 1971 eine der ersten brasilianischen Bürgerinitiativen für Umweltschutz, eine ökologische Entsorgungsfirma und eine Stiftung zur Förderung von regenerativem Landbau. Er war brasilianischer Umweltstaatssekretär und Wegbereiter der Rio-Konferenz 1992. Für seine Verdienste um den Umweltschutz erhielt er 1988 den Alternativen Nobelpreis.

Franz-Theo Gottwald, studierter Philosoph und Theologe, ist Vorstand der Schweisfurth Stiftung in München, einer der bedeutendsten NGOs in Fragen der Ernährung und Landwirtschaft. Er ist Vordenker der ökologischen Agrarreform und Berater.

José Lutzenberger, Franz-Theo Gottwald

Wege aus der Ernährungskrise

Campus Verlag
Frankfurt/New York

Die Originalausgabe erschien 1999 unter dem Titel *Ernährung in der Wissensgesellschaft.*

Übersetzungen:
Hauptbeitrag Lutzenberger: Andreas Simon, Berlin
Beitrag Esteva: Gerd Schnepel, Nueva Guinea (Nicaragua)
Beitrag Henderson: Sabine Schwenk, Düsseldorf
Beitrag Shiva: Paul Knowlton, Berlin

Redaktion:
Peter Felixberger, Erding

Die Deutsche Bibliothek - CIP-Einheitsaufnahme

Ein Titeldatensatz für diese Publikation ist bei
Der Deutschen Bibliothek erhältlich
ISBN 3-593-36805-6

Copyright © 1999 Campus Verlag GmbH, Frankfurt/Main
Umschlaggestaltung: Guido Klütsch, Köln
Umschlagmotiv: Photonica, Hamburg
Satz: Presse- und Verlagsservice, Erding
Druck und Bindung: Druckhaus Beltz, Hemsbach
Gedruckt auf säurefreiem und chlorfrei gebleichtem Papier.
Printed in Germany

Besuchen Sie uns im Internet: www.campus.de

Inhalt

Vorwort

Seit Beginn der BSE-Krise in Deutschland ist die Suche nach nachhaltiger Ernährung zu dem zentralen Thema geworden. Aber auch europaweit wird der Einfluss unterschiedlicher Landbewirtschaftungssysteme auf die Ernährungssituation so heiß debattiert wie selten zuvor. Dabei werden Schritt für Schritt alle Akteure auf den Prüfstand gestellt, die mit Landwirtschaft, Ernährung und Gesundheit zu tun haben, von der Agrochemie bis zum Verbraucher.

Schuld an der BSE-Krise, so suggerieren Politiker und Medien seit einigen Wochen, seien neben den Bauern vor allem die Verbraucher. Sie forderten schließlich, dass alle Nahrungsmittel zu jeder Jahreszeit und immer billiger zur Verfügung stünden. Diesem Wunsch von König Kunde habe sich die Lebensmittelindustrie in den letzten fünfzig Jahren nur gebeugt. Aber weder den Landwirten noch den Verbrauchern allein kann man den Schwarzen Peter zuschieben. Im agro-industriellen Ernährungssystem gibt es keine Unschuldslämmer. Die hochspezialisierte, hochtechnisierte Land- und Lebensmittelwirtschaft, in der Tiere mittlerweile von Robotern geschlachtet und zerlegt werden, macht viele Interessengruppen zu Mitschuldigen. So kommen in der öffentlichen Diskussion allmählich auch die globalen agro-chemischen Konzerne als Mitverantwortliche ins Bewusstsein. Diese diktieren nämlich, welches Saatgut und welches Tierzuchtgut vom konventionellen Landwirt eingesetzt wird. Dabei bestimmen sie über den Einsatz von synthetischen Düngemitteln, sogenannten Pflanzenschutzmitteln, von Milchaustauschern, Futtermitteln, Futterzusätzen, Antibiotika und Wachstumsförderern. Hier liegen Abhängigkeiten und potentielle Gefährdungen der heutigen Rohstoffproduktion für unsere Nahrungsmittel, die nicht durch die BSE-Krise verdeckt werden dürfen.

Der bäuerliche Betrieb hängt wie eine Marionette an diesen Fäden. Hinter dem Bauern steht ein fabrikmäßiger Umgang mit der

Natur. Die Folgen trägt der Verbraucher: Hochleistungsgetreide, intensive (Massen-)Tierhaltung, und der Weltmarkt haben ihm zwar reichhaltige Mahlzeiten geliefert, aber offenbar nicht die richtigen, wenn man die steigende Zahl ernährungsbedingter Krankheiten ernst nimmt. Waren zu Beginn der neunziger Jahre noch 15 Prozent der US-Amerikaner fettleibig, sind es heute rund 25 Prozent. In den USA allein sterben jährlich rund 300.000 Menschen durch falsche Ernährung.

Der betrogene Schuldige, der Verbraucher, ist dennoch zugleich ein zentraler Hoffnungsträger. Es ist allein die Weigerung der Verbraucher, weiter Rindfleisch zu kaufen, die dafür sorgt, dass die Landwirtschaftspolitik in Deutschland und in Europa in Bewegung geraten ist. Ohne ein neues Verbraucherbewusstsein, einen neuen Verbraucherschutz und ein neues Verbraucherverhalten wird die kulturell reiche Land- und Lebensmittelwirtschaft Europas zerstört werden.

Das vorliegende Buch umreißt eine Vision des informierten Essens und Trinkens, in der der Konsument eine zentrale Position hat. Die Verbraucher müssen lernen, dass die Lebensmittelpreise von morgen die wahren Kosten der Landwirtschaft und Lebensmittelherstellung decken müssen. Konventionelle Lebensmittel, die mit hohem Einsatz von Kunstdünger, Chemikalien, Medikamenten und sogenannten »Leistungsförderern« in der Tiermast erzeugt werden, sind nur scheinbar billig. Was die Verbraucher an der Ladentheke sparen, wird ihnen als Steuerzahler wieder abgenommen. Nicht nur durch die staatlichen Subventionen, von denen Großbetriebe stärker profitieren als die meisten Biobauern. Der konventionelle Landbau verursacht auch durch vielfältige Umweltbelastungen erhebliche Kosten, die aus Steuergeldern bezahlt werden müssen. Dazu gehören z.B. die Wasseraufbereitung, in der Nitrat, Phosphat und Ammoniak sowie Herbizide und Fungizide aus der Landwirtschaft entfernt werden müssen. Die Alternative heißt: Umstellung auf ökologische Produkte.

Der vermehrte Kauf von Öko-Lebensmitteln ist gut für die Natur und die Gesundheit, und bezahlbar ist er auch. Wenn eine vierköpfige Familie mittleren Einkommens die wichtigsten Grundnahrungsmittel im Bioladen kauft – so errechnete das Freiburger Öko-Institut 1999 –, belaufen sich die Mehrkosten im Schnitt auf lediglich 80 Mark im Monat für die gesamte Familie. Bei dieser Modellrechnung wurden Milch, Butter, Eier, Kartoffeln, Weizenmehl, Reis,

Teigwaren, Brot und sogar Kaffee und Bananen einbezogen. Wenn gleichzeitig ein Drittel weniger Fleisch, Fleischwaren, Zucker, Süßwaren und Marmelade gegessen wird, sind die Gesamtausgaben sogar fast gleich hoch. Und obendrein ist es gesünder.

Dennoch, über den Endverbraucherpreis allein wird sich die allseits geforderte Neuorientierung der Land- und Lebensmittelwirtschaft nicht ergeben. Ein neuer Verbraucherschutz ist angesagt. Dieser muss die ganze Kette von Stoffen und Verfahren besser kontrollieren, die unsere Nahrung heute beeinflussen: die Eingriffe in Saat- und Zuchtgut durch die Life-Science-Unternehmen, den Einsatz von Zusatz-, Geschmacks- und Haltbarkeitsstoffen in den Labors der Verarbeiter, die Kühl- und Transporteinflüsse und die Folgen der Lagerung beim Lebensmittelgroß- und Einzelhandel. Jedoch ist Verbraucherschutz schon lange keine nationale Sache mehr. Ohne Brüssel kann in Deutschland nichts mehr bewirkt werden. Zudem braucht die Neuorganisation des Verbraucherschutzes Zeit.

Unabhängig davon haben sich die Landwirte zu ersten Sofortmaßnahmen entschlossen. Sie setzen sich für eine lückenlose Transparenz der Nahrungsmittelproduktion ein. Die Herkunft vieler Nahrungsmittel erscheint oft beängstigend undurchsichtig, doch dies kann jeder Einzelne durch klugen Einkauf sofort ändern. Der Verzehr von Nahrung, die man nicht selbst erzeugt hat, ist ein Vertrauensbeweis. Wer jetzt sein Konsumverhalten ändert und ökologisch kauft, gewinnt sofort ein Höchstmaß an Sicherheit. Ökologisch einkaufen heißt: regional und saisonal kaufen, einem örtlichen Bäcker, Metzger, Brauer oder Käser Vertrauen schenken, am Wochenende aufs Land fahren, um naturnah arbeitende Bauern kennen zu lernen. In München, Hannover, Köln und Essen zeigen die Herrmannsdorfer Landwerkstätten beispielsweise, dass diese Form von verantwortungsbewusstem, informiertem Einkauf gut gelingen kann.

Das vorliegende Buch beschreibt Alternativen für eine gesunde, mitweltverträgliche Land- und Lebensmittel-Wirtschaft. An Beispielen aus aller Welt wird deutlich, dass eine Versorgung mit ökologisch erzeugten, verarbeiteten und vermarkteten Produkten weltweit möglich und sinnvoll ist.

Dazu bedarf es eines pro-ökologischen Umbaus der Agrarpolitik. Hier hat sich einiges getan seit die Beschlussvorlage »7 Punkte-Programm zu den Konsequenzen aus der BSE-Krise für die Landwirtschafts- und Umweltpolitik« vom 18. Januar 2001, durch die Staatssekretäre Rainer Baake (BMU) und Dr. Marten (BML) veröffentlicht wurde. Eine neue Politik der Nachhaltigkeit für den ländlichen Raum zeichnet sich ab, die sechs Handlungsfelder integriert:

1. Die regionale Kulturlandschaft soll ökologisch erhalten, beziehungsweise durch nachhaltige Landwirtschaft und eine artgerechte wie flächengebundene Tierhaltung langfristig gesichert werden. An dieser Zielvorgabe muss sich auch die Wasserwirtschaft, der Wohn- und Gewerbebau sowie die Dorferneuerung orientieren.

2. Eine vielseitige und kleinteilige Wirtschaftsstruktur wird angestrebt. Hierzu dient der Aufbau sowie die Erweiterung kleiner und mittlerer Betriebe im Handwerks-, Landwirtschafts-, Fremdenverkehrs- und Gewerbesektor. Besonders wichtig ist hierbei der Rückbau industrieller, zentralisierter und hochspezialisierter Betriebe zu regionalen, im Verbund produzierenden, verarbeitenden und vermarktenden Gemeinschaftsunternehmen.

3. Technologische Innovationen sichern den ökologischen Umbau. Umwelt- und Naturschutz kann nur gelingen, wenn neue naturnahe, sogenannte »Mittlere Technologien« im Landbau, in der Lebensmittel- bzw. Rohstoffverarbeitung, der Energieerzeugung und in der Wasseraufbereitung flächendeckend eingesetzt werden. Telematik und digitale Informations- und Kommunikationstechnologie müssen breit zur Verfügung stehen beziehungsweise möglichst vielen Nutzern in ländlichen Regionen zum Beispiel durch aktive Bildungs- und Vermittlungsmaßnahmen nahe gebracht werden.

4. Zentrale Aufgabe ist der Erhalt und die Erweiterung des Arbeitsplatzangebots. Eine Vielzahl neuer Ausbildungs- und Arbeitsplätze könnte durch ein institutionalisiertes Regionalmanagement geschaffen werden, das die Vernetzung der vielfältigen Betriebe und Wirtschaftssektoren vornimmt und die Kontrolle von Umwelt- und Naturschutz oder Qualitätssicherung durchführt. Ökologischer Landbau hat positive Beschäftigungseffekte, nicht nur in der Landwirtschaft als solcher, sondern auch zum Beispiel in der Verarbeitung und Vermarktung.

5. Qualitätsprodukte und Dienstleistungen werden regional produziert und auf regionalen Märkten abgesetzt. Ein regionaler Wirtschaftskreislauf fördert den erzeugernahen Verbrauch und setzt

regionales Marketing ein, das sich allerdings auch dem interregionalen Wettbewerb stellen muss.

6. Regionale Identität und sozialer Zusammenhalt soll durch Projekte mit gesamtregionaler Wirkung und ein erkennbares, gemeinsam gewolltes Regionalmanagement von übergreifenden Entwicklungszielen in Richtung einer ökologischen Agrar-Kultur gefördert werden.

Diese Eckpunkte einer nachhaltigen Politik müssen europaweit auf ihre Konsensfähigkeit für die Agenda 2007 geprüft werden. Mit diesem politischen Rahmen wird sich entscheiden, ob Europa im Weltmarkt einen eigenen Standpunkt einnimmt oder ob mit dem Ende des 21. Jahrhunderts in Europa nur noch geringfügig eigene Lebensmittel hergestellt werden. Damit die neue ökologische europäische Agrarpolitik greifen kann, sollte sie sich darauf konzentrieren, nach den Prinzipien der Teilhabe und Subsidiarität zu wirken: Lokale und regionale Initiativen »von unten« müssen gefördert werden. Die Eckpunkte der Reform sind extensive Bewirtschaftungsweisen, einzelbetriebliche Investitionsförderung, die Honorierung von Agrarumweltmaßnahmen und eine ökologische Viehwirtschaft.

Für eine nachhaltige ländliche Entwicklung müssen ferner in den nächsten fünf Jahren bis zu 75 Prozent des Agrar-Förder-Budgets in die skizzierten Handlungsfelder fließen, davon ein Drittel in Maßnahmen der Agrarumweltpolitik. Der multisektorale und basisorientierte Ansatz des europäischen LEADER-Programms ist ein Vorbild für ein politisches Handeln in jedem Land Europas, wenn er über die bisher begünstigten Regionen auf alle ländlichen Räume ausgedehnt wird.

Die Landwirtschaft ist ein Motor für nachhaltige Regionalentwicklung. Die Bereitschaft der Landwirte, bei der Zukunftsgestaltung ihrer Region konstruktiv mitzuwirken, ist hoch. Das Umsteuern der Agrarpolitik muss über den Dialog mit allen regionalen Akteuren gehen, beispielsweise über Runde Tische, einer bewährten Institution der Bürgerteilhabe. Hierüber kann auch die schwierige Vermittlung politischer Neuordnungen bewerkstelligt werden.

Die Stärkung insbesondere des ökologischen Landbaus durch einschlägige Fördermaßnahmen bei Umstellung und Vermarktung würde regionale Keimzellen für eine schrittweise agrar-kulturelle Veränderung ganzer Regionen Europas in eine nachhaltige Zukunft

aufbauen. Der ökologische Landbau hat ferner eine Schrittmacher-
funktion, um immer bessere Agrarumweltprogramme und eine
immer effizientere fachübergreifende Verzahnung von struktureller
Regional- und Agrarpolitik zu erproben.

Das vorliegende Buch bezieht sich in seiner Vision zwar in be-
sonderer Weise auf Europa. Es eröffnet aber durch die Beiträge der
Autoren Bernward Geier, Elizabeth Henderson, Vandana Shiva,
Mariana Ogodi und Gustavo Esteva Perspektiven für eine globale
Entwicklung in Richtung ökologisch und sozial verantwortlicher
Ernährung. Der kalkulierte Wahnsinn einer weltmarktorientierten
Land- und Lebensmittelwirtschaft wird aufgedeckt und Konzepte
vorgestellt, die die subventionierte Unvernunft ersetzen, zugunsten
eines Überlebens tragfähiger, bewährter Anbau- und Verarbeitungs-
methoden, einer großen Vielfalt von regionalen Ess-Kulturen und
neuer Stadt-Land-Beziehungen, die ein Überleben möglichst vieler
garantieren.

Global denken, lokal essen

José Lutzenberger, Franz-Theo Gottwald

Inhalt

Die Absurdität der modernen Landwirtschaft

Bevor sich die Autoren in den visionären Diskurs stürzen, wollen sie – besser gesagt: zunächst José Lutzenberger alleine – eine kritische Bestandsaufnahme der aktuellen Situation in der Landwirtschaft liefern. Wenn man auf sie verzichten würde, stünde eine Vision ohne Fundament da, und manches würde vielleicht etwas illusionär klingen. Eine Vision als phantasievolle Erkundung der Zukunft kann ja schließlich alles behaupten und vorwegnehmen. Sie muß nicht unbedingt auf die Gegenwart Rücksicht nehmen.

Das Verankertsein in der schnöden Realität zwischen Batteriehühnern und genmanipuliertem Raps legitimiert eigentlich erst den folgenden Visionsteil.

Destruktive Nahrungsmittelproduktion

In der gegenwärtigen Kontroverse um Biotechnologie in der Landwirtschaft gibt es viele Falschinformationen, die in manchen Bereichen zu unnötigen Befürchtungen Anlaß geben, während man sich bei anderen Aspekten zu wenig Sorgen macht. Wir müssen das Gesamtbild ins Auge fassen, um zu verstehen, warum und wie die Landwirtschaftsproduktion zunehmend von riesigen Konzernen dominiert wird. Die heute beinahe totale Kontrolle der Biotechnologie durch die Großkonzerne ist nur der Kulminationspunkt einer Entwicklung, die seit einem Dreivierteljahrhundert zu beobachten ist. Betrachten wir also das Panorama der Landwirtschaft aus heutiger Perspektive.

Der Ackerbau wurde vor 10-15.000 Jahren erfunden. In den letzten zwei- bis dreitausend Jahren entwickelte er sich in vielen Regionen der Welt, besonders in Europa, Asien, Mexiko, Zentralamerika, den Anden und einigen Teilen Afrikas zu lokalen, nachhaltigen bäuerlichen Kulturen. Auch nordamerikanische Bauern entwickelten seit der frühen Besiedlung trotz vieler Katastrophen wie der Staubstürme (*dust bowl*) Landbausysteme, die auf dem Weg zur Nachhaltigkeit waren. Viele dieser Kulturen waren noch bis zum Ende des Zweiten Weltkriegs intakt. Die wenigen, die davon noch übrig sind, werden heute zerstört. Der Industrie gelang es nach und nach, den Bauern immer mehr Tätigkeiten abzunehmen. Sie nahm ihnen die Möglichkeit sicherer Gewinne und überließ ihnen die Risiken: das Risiko schlechter Ernten durch schlechtes Wetter, das Risiko finanzieller Einbußen durch die wachsende Abhängigkeit von immer teureren Produktionsfaktoren, die für die Produktion gekauft werden müssen, sowie den Zwang, ihre landwirtschaftlichen Erzeugnisse zu ständig fallenden Preisen zu verkaufen.

Nach der konventionellen Auffassung stellt die moderne Landwirtschaft den einzig effizienten Weg dar, das Problem des Hungers auf der Welt und der Ernährung jener Menschenmassen zu lösen, die aufgrund der Bevölkerungsexplosion noch kommen werden. Aber das ist eine Illusion. Natürlich lassen sich traditionelle bäuerli-

In den letzten 3.000 Jahren entwickelten sich weltweit nachhaltige bäuerliche Kulturen.

che Methoden mit den heutigen wissenschaftlichen Erkenntnissen über Pflanzenwachstum, Bodenstruktur, Bodenchemie und -biologie, den pflanzlichen Stoffwechsel usw. verbessern. Aber eine solche Verbesserung muß nicht bedeuten, gigantische Monokulturen mit massiver Mechanisierung und dem ganzen Beiwerk kommerzieller Dünger und synthetischer Gifte zu betreiben, deren Produkte um die ganze Welt transportiert werden. Große Monokulturen waren eine Erfindung des Kolonialismus. Die Kolonialmächte konnten jedoch nicht viel aus den traditionellen Kleinbauern mit ihrem Anbau diversifizierter Feldfrüchte für die Subsistenz und lokalen und regionalen Märkte herausholen. Dies führte zur Entwurzelung von Millionen von Menschen und war auch die Quelle des Sklavenhandels von Afrika nach Nord- und Südamerika, eines der qualvollsten Unglücke der menschlichen Geschichte.

Große Monokulturen waren eine Erfindung des Kolonialismus.

Das fundamentale Problem der modernen Landwirtschaft ist, daß sie nicht nachhaltig ist. Selbst wenn sie so produktiv wäre, wie sie behauptet, wird das Desaster durch sie nur verschoben. Wenn wir die wachsenden Menschenmassen ernähren wollen – natürlich müssen wir auch Wege finden, das Bevölkerungswachstum zu kontrollieren –, müssen wir Methoden einer nachhaltigen Landwirtschaftsproduktion entwickeln.

Mit sehr wenigen Ausnahmen haben die traditionellen Bauern nachhaltige Methoden entwickelt. Chinesische Bauern erreichten zum Beispiel 3.000 Jahre lang eine hohe Produktivität ihrer Böden, ohne ihre Fruchtbarkeit zu beeinträchtigen. Im Gegenteil: Sie bauten eine maximale Bodenfruchtbarkeit auf und bewahrten sie. Heutige regenerative Bauern lernen, immer nachhaltiger zu wirtschaften, indem sie ihre Erträge optimieren und die Artenvielfalt ihrer Züchtungen und der umliegenden Landschaft bewahren. Wir nennen sie regenerative Bauern, nicht Biobauern, organische oder alternative Bauern. Wenn wir es mit Lebendigem zu tun haben, ist alles, ob gut oder schlecht, »biologisch« und »organisch«, selbst Massenmord. »Alternativ« bedeutet nur »anders« und könnte eine Verschlechterung bedeuten. »Regenerativ« dagegen heißt, daß diese Landwirtschaft regeneriert, was verloren oder zerstört wurde.

Die moderne Landwirtschaft hat die Logik natürlicher lebender Systeme verlassen. Alle natürlichen Ökosysteme verfügen von Anfang an über automatische interne Rückkoppelungen. Wenn etwa ein neues, noch unfruchtbares Stück Land von der Natur erobert wird, wie z.B. der Hang eines Vulkans, sorgen solche Rückkoppelungen für die Verbesserung der Umweltbedingungen, bis eine maximale, nachhaltige biologische Aktivität erreicht ist. Unsere modernen landwirtschaftlichen Ökosysteme machen das genaue Gegenteil: Ihre Rückkoppelungen verschlechtern die Umwelt zunehmend und lassen die Artenvielfalt verarmen.

Unglücklicherweise beruht der Erfolg des modernen Ackerbaus darauf, den Boden auszuplündern und seine verlorene Fruchtbarkeit durch importierte Nährstoffe zu ersetzen. Kommerzielle Düngemittel wie Phosphate kommen aus Bergwerken, die bald erschöpft sein werden; Kali ist reichlicher vorhanden, aber Stickstoff, der wichtigste Produktivitätsfaktor in der modernen Landwirtschaft, wird, obwohl der Atmosphäre entstammend und praktisch unerschöpflich, mit dem Haber-Bosch-Verfahren zur Synthese von Ammoniak gewonnen – ein Prozeß, der gewaltige Mengen Energie vor allem aus fossilen Brennstoffen verbraucht. Selbst wenn die Energie aus Wasserkraft stammt, handelt es sich um Elektrizität, die anderswo fossile Brennstoffe einsparen könnte. Auch alle anderen Produktionsfaktoren wie Agrargifte und immer schwerere Maschinen sind hochgradig energieintensiv.

Betrachten wir die Landwirtschaft aus einer ganzheitlichen, ökologischen Perspektive, so ist sie ein Verfahren, um durch Photosynthese Solarenergie zu ernten. Während alle Formen der traditionellen Landwirtschaft eine positive Energiebilanz hatten, hat die moderne Landwirtschaft selbst diesen fundamentalen Aspekt pervertiert. Ein Großteil von ihr ist zu einem Nettoverbraucher von Energie geworden. Beinahe alle produktiven Aktivitäten erfordern mehr fossile Energie, als in ihren Erzeugnissen enthalten ist. Um eine Metapher zu benutzen: Sie ist zu einem Ölbrunnen geworden, dessen Pumpe mehr Treibstoff verbraucht, als sie fördern kann. Diese Methode kann nur durch Subventionen überleben.

Es wird gesagt, die moderne Landwirtschaft sei so effizient, daß nur zwei Prozent der Menschen die gesamte Bevölkerung ernähren können. Bis zur Jahrhundertwende arbeiteten in Europa, den USA und den meisten anderen Ländern etwa 60 Prozent der Bevölkerung auf dem Land. Ende des letzten Weltkriegs waren es immer noch beinahe 40 Prozent. Heute sind in den USA weniger als zwei Prozent der Bevölkerung Bauern. In den meisten europäischen Ländern, wo immer mehr Bauern ihre Betriebe aufgeben müssen, nähert sich die Zahl ebenfalls diesen zwei Prozent an. Doch die Behauptung, daß deshalb nur zwei Prozent der Menschen im Ver-

Der Erfolg des modernen Ackerbaus beruht darauf, den Boden auszulaugen und seine verlorene Fruchtbarkeit durch importierte Nährstoffe zu ersetzen.

gleich zu den 60 oder 40 Prozent in der Vergangenheit die gesamte Bevölkerung ernähren, ist entweder eine Illusion oder eine Lüge, beruht aber in jedem Fall auf einem falschen Vergleich.

Im Kontext der Wirtschaft als ganzer war die alte Landwirtschaft ein System von Produktion und Verteilung von Nahrungsmitteln, das auch seine eigenen Produktionsfaktoren schuf. Die Bodenfruchtbarkeit wurde durch Dung, Fruchtwechsel, Unterpflanzung mit Zwischenfrüchten, Gründünger, Kompost, Mulch und Brachejahre aufrechterhalten. Die Samen wurden von den besten Pflanzen jeder Feldfrucht ausgewählt. Zugtiere lieferten die Energie; bei den Mühlen war es Wind- oder Wasserkraft. Alles war Sonnenenergie. Die meisten Erzeugnisse der Bauern kamen auf dem Wochenmarkt beinahe direkt in die Hände der Verbraucher.

Moderne Bauern hingegen sind nur kleine Rädchen in einer gewaltigen technokratischen Infrastruktur, die sogar eine besondere Gesetzgebung und massive Subventionen erfordert. Verglichen mit ihren Vorgängern, die fast alles erledigten, was mit der Produktion, Verarbeitung und Verteilung von Nahrungsmitteln zusammenhing, sind sie nicht mehr als Traktorfahrer und Giftsprüher.

Moderne Bauern sind nur kleine Rädchen in einer gewaltigen technokratischen Infrastruktur.

Produktion und Distribution in der heutigen Landwirtschaft (einschließlich der Erzeugung von Fasern und anderen nichteßbaren Landwirtschaftsprodukten) beginnt auf den Ölfeldern und in den Bergwerken zur Gewinnung von Metall und anderen Rohstoffen, bei den Raffinerien, den Stahl- und Aluminiumhütten, der chemischen Industrie, der Maschinenindustrie, dem Bankensystem, dem allgegenwärtigen, weitgehend auf fossiler Energie beruhenden Transportsystem, bei Computern, Supermärkten, der Verpackungsindustrie und einem ganz neuen Komplex von Industrien, den es in der Vergangenheit kaum gab: der Lebensmittelindustrie, die besser den Namen Denaturierungs- und – angesichts ihrer Zusatzstoffe und Rückstände – Kontaminationsindustrie verdiente. Wenn wir die heutigen Bauern mit den traditionellen vergleichen wollen, müssen alle Arbeitsstunden in den genannten Industrien sowie einige andere, etwa im Dienstleistungssektor wie Fast-Food-Ketten, zusammengerechnet werden, soweit sie direkt oder indirekt zur Produktion, Manipulation und Verteilung von Nahrungsmitteln beitragen. Dazu würden sogar die Arbeitsstunden zählen, mit denen das Geld verdient werden muß, das dann in Form von Steuern in Subventionen für die Landwirtschaft fließt. Es ist bedeutsam, daß der Löwenanteil der Subventionen nicht an die Bauern geht, sondern an die Industrie. Der Bauer steht am Rand des Ruins.

Ein vollständiger Vergleich dieser Art würde zeigen, daß auch in der modernen Wirtschaft 40 oder mehr Prozent aller Arbeitsstunden in Produktion, Verarbeitung und Verteilung von Lebensmitteln gehen. Aber konventionelle Ökonomen, jene, denen unsere Regierungen Gehör schenken, verzeichnen einen Traktor und eine Mähdrescherfabrik unter Maschinenbau, Fabriken für chemische Düngemittel und Agrargifte unter chemische Industrie usw., als hätten sie mit Nahrungsmitteln nichts zu tun. Von einigen Ausnahmen abgesehen steuern wir einer Umverteilung von Aufgaben und bestimmten Formen von Machtkonzentration bei Großkonzernen entgegen, nicht einer Effizienz in der Landwirtschaft.

Die moderne Nahrungsmittelproduktion vernichtet mehr Nahrungsmittel, als sie erzeugt.

Betrachten wir einige Aspekte detaillierter. Häufig ist das System der modernen Nahrungsmittelproduktion und -distribution nicht nur im Hinblick auf Arbeitskräfte, sondern auch beim Hektarertrag nicht produktiver als die traditionelle Landwirtschaft. In vielen Fällen wie der intensiven Viehzucht ist sie sogar zerstörerischer und vernichtet mehr Nahrungsmittel, als sie erzeugt.

Im Süden Brasiliens wurde im letzten halben Jahrhundert der große subtropische Wald des Uruguay-Tals vollständig vernichtet. Der Wald, von dem nur noch einige kleine Reste vorhanden sind, wurde unter nahezu völliger Zerstörung des Holzes eingeschlagen und niedergebrannt, um Monokulturen von Sojabohnen Platz zu machen. Dies geschah nicht, um dem Problem des Hungers in den armen Regionen Brasiliens abzuhelfen, sondern um eine Minderheit (Leute ohne landwirtschaftliche Tradition) durch den Export von Viehfutter in die Europäische Gemeinschaft zu bereichern. Die Sojabohnenplantagen gehören mit ihrer Größe, ihrer Mechanisierung und den üblichen Chemikalien zu den modernsten und sind, verglichen mit dem gleichen Typus von Plantagen in den USA, in keiner Weise rückständig. In unserem subtropischen Klima haben die Plantagen den zusätzlichen Vorteil, im Winter Weizen, Gerste, Roggen und Hafer anbauen oder denselben Boden für Heugewinnung und Silage nutzen zu können. Verglichen mit unseren Bauern ist die Produktivität gering, selten mehr als drei Tonnen (Sommer und Winter zusammengenommen) pro Hektar. Bauern, die Nahrungsmittel für die lokale Bevölkerung anbauten, schafften leicht Erträge von 15 Tonnen pro Hektar, indem sie Maniok, Süßkartoffeln, Zuckerrohr und Getreide nebst Gemüse, Trauben und allen Arten von Früchten anbauten, Heu und Silage für das Vieh gewannen und noch Hühner und Schweine nebenher hielten.

Nahrungskonkurrent Huhn

Ungeachtet dieser Realitäten hat die offizielle Landwirtschaftspolitik immer den Großunternehmer auf Kosten des Bauern unterstützt. Hunderttausende von ihnen mußten aufgeben und gingen entweder in die Städte, häufig in die Favelas, oder wanderten weiter nach Norden bis in den Regenwald des Amazonas. Fürchterliche Verwüstungen wurden mit Weltbankkrediten im Staat Rondônia angerichtet. Die Kleinbauern, die dort angesiedelt wurden und nicht wußten, wie man in den Tropen Landwirtschaft betreibt, scheitern zumeist und hinterlassen eine Verwüstung, während neuer Wald gerodet wird. In Zentralbrasilien wird der Cerrado, das südamerikanische Äquivalent der afrikanischen Savanne, nun beinahe völlig von immer neuen Sojabohnenplantagen zerstört, von denen eine in einem einzigen Stück über 100.000 Hektar mißt. Die Artenvielfalt des Cerrado ist so kostbar wie die des Regenwaldes, in einigen Teilen sogar noch wertvoller.

Die offizielle Landwirtschaftspolitik unterstützt immer den Großunternehmer auf Kosten des Bauern.

Ein konkretes Beispiel, das zuweilen angeführt wird, besagt, daß die Indio-Bauern im südmexikanischen Chiapas, die gegenwärtig gegen den nordamerikanischen gemeinsamen Markt (NAFTA) um ihr Überleben kämpfen, rückständig sind und nur zwei Tonnen Mais pro Hektar/Jahr im Vergleich zu den sechs Tonnen in modernen mexikanischen Plantagen produzieren. Aber das ist nur ein Teil der Wahrheit, denn die moderne Plantage produziert sechs Tonnen pro Hektar, und das ist alles. Die Indios unterpflanzen aber die Maisstauden, die auch Kletterbohnen Halt bieten, noch mit zahlreichen anderen Feldfrüchten: Kürbissorten, Süßkartoffeln, Tomaten, alle Arten von Gemüse, Obst und Heilkräuter. Daneben produzieren sie auf ihren Feldern noch Futter für ihr Vieh und ihre Hühner. Sie erzeugen leicht 15 Tonnen Nahrungsmittel pro Hektar, und alles ohne kommerzielle Düngemittel und Agrargifte und ohne Hilfe von Banken, Regierungen oder transnationalen Konzernen.

Die Entwurzelung von Menschen wie den Indios von Chiapas ist eine Fortsetzung der größten Katastrophen der Neuzeit. Wenn sie in den Elendsvierteln der Städte ankommen, müssen sie Nahrungsmittel kaufen, die auf weniger produktiven Farmen erzeugt wurden als ihre eigenen. Unter dem Strich gibt es daher weniger Nahrung und mehr Menschen, die zu ernähren sind. Häufig wird ihr Land von Ranchern übernommen, die extensive Viehwirtschaft betreiben und selten mehr als 50 Kilogramm Fleisch pro Hektar /Jahr produzieren. Hunderte ähnlicher Geschichten ließen sich erzählen. Im Fall von Chiapas sprach jedes Tal eine andere Sprache und hatte eine andere Kultur. Zu dem ganzen menschlichen Unglück gesellt sich so auch noch der kulturelle Genozid, wenn die traditionellen Bauern aus der Landschaft entwurzelt werden!

Im Fall der Massentierhaltung zur Produktion von Fleisch und Eiern sind die Methoden gänzlich destruktiv, denn viel mehr Nahrungsmittel für Menschen werden durch sie zerstört als geschaffen. Die Hühner in ihren traurigen Konzentrationslagern oder Eierfabriken, euphemistisch »Hühnerfarmen« genannt, werden mit »wissenschaftlich ausgeglichenem« Kraftfutter aus Getreide, Sojabohnen, Palmölkuchen oder Maniok gefüttert, häufig mit Fischmehl versetzt. Wir wissen, daß in Brasilien manchmal das Futter Milchpulver aus der Europäischen Union enthält. Da wir sie mit unseren Feldfrüchten füttern, werden die Hühner zu Konkurrenten des Menschen, eine völlige Absurdität, wenn es doch das Ziel sein muß, das Hungerproblem auf der Welt zu lösen. In der traditionellen Landwirtschaft fraßen Hühner Insekten, Würmer, Kräuter und Gräser sowie Abfälle aus Küche und Ernte. So erhöhten sie die Tragfähigkeit des Landes für die Menschen. Heute verringern sie sie.

Das Umwandlungsverhältnis von Tierfutter in menschliche Nahrung liegt annähernd bei 20 zu 1. Wir müssen bedenken, daß die Hälfte des Gewichtes eines lebenden Tieres – Federn, Knochen, Innereien – von uns nicht konsumiert wird. Wir müssen außerdem berücksichtigen, daß die Futterkonzentrate in der Massentierhaltung mit hohem Energieaufwand auf ein Maximum von zwölf Prozent Wasseranteil getrocknet werden, während Fleisch bis zu 80 Prozent Wasser enthält. Die effizientesten Hähnchenfabriken erreichen mit 2,2 Kilogramm Futter ein Kilogramm Lebendgewicht, von dem die Hälfte als menschliche Nahrung dient. So werden aus 2,2 zu 1 Kilogramm 4,4 zu 1. Und zieht man noch den Wasseranteil ab, gelang man eben zu der Relation von knapp 20 zu 1.

In jüngster Zeit haben einige Hühnerproduzenten das Verhältnis etwas »verbessert«, indem sie Schlachtabfälle an die Hühner verfüttern und sie so zu Kannibalen machen! Eine weitere Absurdi-

Unter dem Strich gibt es weniger Nahrung und immer mehr Menschen, die zu ernähren sind.

tät ist, daß die »wissenschaftlich ausgeglichenen« Rationen kein Grün enthalten, ebensowenig wie bei Schweinen. Aber Hühner und Schweine fressen unersättlich Kräuter, Gräser, Obst, Nüsse und Wurzeln. In unseren Experimenten mit nachhaltiger Landwirtschaft verfüttern wir auch Wasserpflanzen mit großem Erfolg. Das Ergebnis sind gesunde Tiere ohne Antibiotika, Arzneimittel und Veterinäre. Außerdem leben die Hühner in ihren Konzentrationslagern und Eierfabriken genauso wie die Schweine in ihren Kerkern unter einem extremen Streß.

> Nur die regenerative Landwirtschaft kann die bedrohten Menschen vor dem Verhungern retten.

Es ist an der Zeit, mit der Lüge Schluß zu machen, daß nur die von der Technokratie geförderte Landwirtschaft die bedrohte Menschheit vor dem Verhungern retten kann. Das Gegenteil ist richtig.

Wir brauchen eine neue Form der wirtschaftlichen Rechnungslegung, die in die Berechnung der »Produktivität« oder des »Fortschritts« in der Landwirtschaft auch die externen Kosten einbezieht: das menschliche Leid, die Zerstörung der Umwelt, den Verlust der Artenvielfalt in der Landschaft und den noch gravierenderen Verlust der Vielfalt unserer Züchtungen, die durch die Biotechnologie, wie sie von den Großkonzernen eingesetzt wird, völlig verarmen. Das Wichtigste und Entscheidendste von allem aber ist die mangelnde Nachhaltigkeit des ganzen Systems. Haben wir das Recht, uns zu verhalten, als wären wir die letzte Generation?

Im Fall der industriellen Hühnerproduktion ist am Beispiel Südbrasiliens leicht zu erkennen, wie sich solche destruktiven Methoden entwickelten. Brasilien ist ein Großexporteur von Hühnerfleisch, vor allem in den Nahen Osten und nach Japan. Aus sehr schlichten Anfängen von einzelnen Unternehmern, die Hühner in Ställe sperrten und ihnen Mais zu fressen gaben, wuchs und entwickelte sich durch Zusammenschlüsse ein Produktionssystem, daß heute aus einem halben Dutzend sehr großer Unternehmen und einigen kleinen besteht. Die großen Schlachthäuser töten und verarbeiten bis zu 100.000 Hähnchen am Tag. Sie arbeiten nach eigenen Regeln, die »vertikale Integration« genannt werden. Die »Produzenten« unterschreiben einen Vertrag, in dem sie sich darauf verpflichten, alles Nötige – Küken, Futter, Arzneien – von dem Unternehmen zu kaufen. Auch dann, wenn sie Bauern sind und selbst viel Getreide anbauen, dürfen sie es nicht an die Hühner verfüttern. Sie müssen ihren Mais an die Futtermittelfabrik verkaufen, die demselben Unternehmen gehört, das auch das Schlachthaus besitzt und die Brutanstalten, aus denen die Küken kommen, um ihn dann als Fertigfutter zurückzukaufen. Die Großunternehmen unterhalten ihre eigenen Konzentrationslager für Hühner, wo die Gefangenen Hähne und Hennen sind, ein Hahn auf zehn Hennen. Die Hennen sind nicht in kleinen Käfigen untergebracht, wie in den Eierfabriken, sondern können sich im Schuppen frei bewegen und ihre Eier in geräumigere Nester legen. (In den Fließbandfabriken sitzen die armen Hennen zu dritt in einem Käfig auf einem Gitter, von dem die Eier abrollen.) Die Küken, die aus diesen Brutanstalten kommen, sind keine traditionellen Rassen mehr, sondern registrierte Marken und Kreuzungen. So wie der Hybridmais lassen sie sich nicht reinrassig reproduzieren.

Es gibt keine traditionellen Hühnerrassen mehr, sondern nur registrierte Marken und Kreuzungen.

Nachdem sie alles für die Produktion Erforderliche von dem Unternehmen gekauft haben, an das sie vertraglich gebunden sind, können die Produzenten auch nur an dieses Unternehmen verkaufen. Sie können nicht zur Konkurrenz gehen, die ihnen sowieso nichts abnehmen würde. So mögen sie in der Illusion leben, selbständige Kleinunternehmer zu sein, aber ihre wahre Situation ist, daß sie Arbeiter mit unbegrenzter Arbeitszeit ohne Wochenenden, Feiertage und Urlaub sind und für ihre Sozialversicherung selbst aufkommen müssen. Wenn das Großunternehmen Arbeiter einstellen würde, wäre das Geschäft zu teuer und zu risikoreich. Sie könnten es nicht schaffen. So verbleibt das Risiko beim Produzenten: Verlust durch Krankheit plus zusätzliche Kosten für Arzneien und Antibiotika, Hitzeschlag (ein verbreitetes Desaster an heißen Sommertagen, wo Hunderttausende von Hühnern in ihren vollgepfropften und stickigen Ställen sterben), Verluste beim Transport. Die Hühner, die in den Lastwagen des Großunternehmens auf dem Weg zum Schlachthaus sterben, werden ebenfalls abgezogen. Die Profite der Produzenten sinken beständig, weil die Produktionsfaktoren immer teurer und die Verkaufserlöse immer geringer werden. Selbst wenn alles gut geht, ist die Profitmarge so gering, daß nur wenige Tage, die ein Produzent seine Hühner länger füttert, den Gewinn aufzehren oder einen Verlust verursachen. Dies kommt häufig vor. Die Schlachthäuser legen die Abholtermine der Hühner so fest, wie es ihnen am besten paßt. Eventuelle Mehrerlöse des Unternehmens durch bessere Preise auf den Exportmärkten werden nicht mit dem Produzenten geteilt.

So haben Konzentrationslager für Hühner nichts mit höherer Produktivität zu tun, um die Menschheit vor dem Verhungern zu retten. Tatsächlich sind sie vielmehr Teil des Problems und konzentrieren Kapital und Macht, indem sie Abhängigkeit schaffen.

Diese Methoden wurden nicht von Bauern erfunden. Ein Bauer in einer gesunden bäuerlichen Kultur käme nie auf die Idee, sein Getreide in großem Stil an seine Hühner zu verfüttern, es sei denn, es wäre verrottet. Er würde sie nie von ihren natürlichen Nahrungsquellen abschneiden, um einen Teil seines Ackerlandes, das Menschen ernährt, darauf zu verschwenden und einen Teil seiner Ernte zu zerstören. Diese Methoden sind auch nicht das Ergebnis einer organisierten Verschwörung der Technokratie. Solche Systeme entstehen aus einem »Samen«, hinter dem eine gänzlich andere Absicht gestanden haben mag. Während des letzten Weltkriegs begann die amerikanische Regierung mit der Subventionierung der Getreideproduktion, die zu gewaltigen Überschüssen führte. So sahen sich die Behörden nach »nicht-menschlichen Verwendungen« für Getreide um. »Vertikale Integration« ist nur eine momentane Phase in einem Prozeß der Machtkonzentration. Bald wird man Wege finden, durch besondere Gesetze die Aufzucht von freilaufenden Hühnern durch unabhängige Bauern zu verbieten. Dies wurde bereits einmal versucht, allerdings ohne Erfolg. Es gelang jedoch, es den Kleinbauern zu erschweren, die Eier ihrer Hühner auf dem freien Markt zu verkaufen.

Im Falle der Hybridsorten von Mais gab es ebenfalls anfangs keine Verschwörung. Dazu kam es erst später. Pflanzenzüchter entdeckten, daß man durch Kreuzung zweier reinerbiger Maissorten – die durch Herstellung von Inzuchtlinien über acht oder zehn Generationen geschaffen wurden – Pflanzen von hoher Produktivität und perfekter Gleichförmigkeit erhielt. Für sie muß es enttäuschend gewesen sein, als sich herausstellte, daß die Kreuzung nicht stabil war. Bei der erneuten Aussaat »mendelten« sie sozusagen aus, das heißt sie folgten den Mendelschen Regeln. Die neuen Pflanzen waren chaotisch – hohe Stengel, niedrige Stengel, ein Kolben, viele Kolben, unterschiedliche Farben, Formen und Qualität des Korns. Aber aus der Sicht des Saathändlers war dies ein wirklicher Vorteil. Nun konnte der Bauer nicht mehr seine eigene Saat ziehen, sondern mußte jedes Jahr eine neue kaufen. Die Händler brauchten nicht einmal den Schutz eines Patents.

Glücklicherweise ist diese Art von Hybridsorten bei den meisten Feldfrüchten, besonders Getreide wie Weizen, Roggen, Gerste und Hafer, noch nicht wirtschaftlich. Man versucht es mit jeder Züch-

Bald wird man die Aufzucht von freilaufenden Hühnern durch unabhängige Bauern verbieten.

tung, die man in die Hände bekommt. Es funktioniert jedoch bei Hühnern. In Südbrasilien mußte sogar eine Gesellschaft gegründet werden, die sich um die Erhaltung traditioneller Hühnerrassen bemüht. Die meisten sind heute von der Ausrottung bedroht. Einige sind bereits verschwunden. Nur registrierte Sorten hybrider Hühner sind nicht bedroht. Was den Mais angeht, sind fast alle traditionellen Sorten verschwunden. Wenn ein Bauer eine von ihnen anbauen will, bekommt er keinen Kredit von der Bank. Nur die »registrierten« Sorten werden akzeptiert.

Heute gibt es genetische Manipulation, genannt Biotechnologie, die direkt in die Chromosomen eingreift, und Züchtern die Chance einer Abkürzung auf ihrem Weg bietet, den Bauern die Züchtungen aus der Hand zu nehmen und unter ihre Kontrolle zu bringen. Da viele Produkte direkter Genmanipulation bei der Reproduktion nicht reinerbig sind, benötigen die Züchter nun Patente.

Der Krieg als Mutter der Agrarchemie

Bis zum Ende der 40er Jahre suchte die landwirtschaftliche Forschung nach biologischen Lösungen. Die Perspektive war ökologisch, obwohl noch niemand über Ökologie sprach. Hätte sich diese Tendenz fortgesetzt, hätten wir heute viele Formen von lokal angepaßter, hochproduktiver und nachhaltiger Landwirtschaft. Aber in den 50er Jahren gelang es der chemischen Industrie, ein neues Paradigma zu schaffen: in Schulen, in der landwirtschaftlichen Forschung und Beratung. Wir können es das NPK+G-Paradigma nennen. NPK steht für Stickstoff (N), Phosphor (P) und Kali (K) – und G für Gift.

Seit den 50er Jahren gilt das NPK+G-Paradigma: Stickstoff (N). Phosphor (P), Kali (K) und Gift (G).

Kunstdünger wurden das große Geschäft nach dem Ersten Weltkrieg. Gleich zu Anfang schnitt die alliierte Blockade die Deutschen vom chilenischen Stickstoff ab, der für die Produktion von Sprengstoff unerläßlich war. Das Haber-Bosch-Verfahren zur Gewinnung von Stickstoff aus der Luft war schon bekannt, wurde jedoch noch nicht kommerziell genutzt. So schufen die Deutschen gewaltige Produktionskapazitäten und hielten den Kampf vier Jahre durch.

Als der Krieg vorbei war, gab es enorme Vorräte und Produktionskapazitäten, aber keinen Markt für Sprengstoff mehr. Die Industrie entschloß sich dann, der Landwirtschaft Stickstoffdünger aufzunötigen. Bis dahin waren die Bauern zufrieden mit ihren organi-

schen Methoden zur Bewahrung und Erhöhung der Bodenfruchtbarkeit. Chilesalpeter und Guano wurden nur sehr begrenzt eingesetzt, nur für spezielle Feldfrüchte, vor allem im intensiven Gartenbau. Stickstoffdünger in Form von konzentrierten, beinahe reinen Salzen, die Nitrat- und Ammoniakdünger, sind Suchtmitteln
vergleichbar: Je mehr man davon benutzt, desto stärker muß man
die Dosis erhöhen. Sie wurden bald zu einem großen Geschäft. Die
Industrie entwickelte ein komplettes Spektrum von Düngern, darunter Phosphor, Kali, Kalzium, Spurenelemente, selbst in Form
komplexer Salze, die in granulierter Form und zuweilen aus dem
Flugzeug angewendet werden.

Der Zweite Weltkrieg gab einer kleinen, nahezu bedeutungslo-
sen Pestizidindustrie einen großen Schub und markierte den
Beginn ihrer enormen Expansion. Heute werden Hunderte von
Milliarden Dollar für Gifte ausgegeben, die auf dem ganzen Planeten gespritzt werden. Während des Ersten Weltkriegs wurde Giftgas
nur einmal eingesetzt, mit verheerenden Auswirkungen auf beiden
Seiten. Daher wurde es nicht wieder verwendet. Während des Zweiten Weltkriegs kam im Kampf kein Gas zum Einsatz, aber es wurde
sehr intensiv geforscht. Unter anderem beteiligte sich daran auch
die Firma Bayer. Man entwickelte Phosphorsäureester. Nach dem
Krieg hatte man große Produktionskapazitäten und Vorräte und erkannte, daß auch Insekten tötet, was Menschen umbringt. Man
mischte den Stoff neu und verkaufte ihn als Insektizid.

> **Hunderte von Milliarden Dollar werden für Gifte ausgegeben, die auf dem ganzen Planeten gespritzt werden.**

DDT war als Laborkuriosität bekannt. Als der Schweizer Chemiker Müller bei der Firma Geigy entdeckte, daß es Insekten tötete,
Menschen aber offenbar nichts anhaben konnte, setzte man davon
die amerikanischen Truppen in Kenntnis, die im Kampf gegen die
Japaner im Pazifik unter Malaria litten. Es wurde in völlig unver-
nünftiger Weise eingesetzt. Da man glaubte, daß es harmlos sei,
versprühte man es breitflächig über ganze Landschaften und sogar
in Häusern und unter die Kleidung von Menschen.

Kurz vor dem Ende des Krieges im Pazifik war ein amerikani-
scher Frachter auf dem Weg nach Manila, mit einer Ladung hoch-
wirksamer Pflanzenvernichtungsmittel der 2,4-D und 2,4,5-T-Grup-
pe. Die Absicht war, die Japaner auszuhungern, indem man ihre
Ernte durch das Versprühen von Pflanzengift aus der Luft zerstörte.
Doch dazu kam es nicht mehr. Das Schiff wurde zurückbeordert,
bevor es ankam, denn der Atombombenabwurf auf Hiroshima und
Nagasaki zwang die Japaner zur Kapitulation. Auch hier bot sich

wieder das gleiche Bild: riesige Produktionskapazitäten, enorme Lagerbestände, aber kein Käufer. So formulierte man das Produkt auf Herbizid um und beglückte damit die Bauern. Später im Vietnamkrieg versprühten die Amerikaner gewissenlos über Millionen von Hektar tropischen Regenwaldes einen Stoff, den sie »Agent Orange« nannten. Es sollte nur ein »Entlaubungsmittel« sein, um die feindlichen Truppen sichtbar zu machen. Tatsächlich enthielt dieses Mittel eine hohe Konzentration von 2,4,5-T, das den Wald völlig zerstörte.

Die Industrie, die zu Friedenszeiten bewahren wollte, was während des Krieges zum großen Geschäft geworden war, schaffte es, die landwirtschaftliche Forschung nahezu vollständig zu übernehmen und ihren eigenen Zwecken dienstbar zu machen. Sie dominierte auch die offizielle Forschung und die Schulen. Mit ihrem Lobbying für eine vorteilhafte Gesetzgebung und Regulierung und die Einrichtung von Finanzierungsmodellen mit (scheinbar) leichten Krediten brachte sie die Bauern in eine Situation, in der ihnen kaum Alternativen blieben. Heute wird das agrochemische Paradigma in den Landwirtschaftsschulen, in der Agrarforschung und Beratung beinahe fraglos akzeptiert. Die Mehrheit der Bauern, selbst jene, die entwurzelt wurden, glauben daran und geben sich häufig selbst die Schuld, wenn sie scheitern.

Alternativen, die nicht zur wachsenden Machtstruktur paßten, wurden bekämpft, ignoriert oder demoralisiert.

All dies entwickelte sich nicht als bewußte Konspiration schlechter Menschen, sondern entstand durch opportunistisches Verhalten. Sofern eine neue Technik, ein neues Verfahren oder eine neue Regulierung jemandem einen Vorteil verschaffte, wurden sie massiv gefördert und ideologisch untermauert. Alternativen, die nicht zur wachsenden Machtstruktur paßten, wurden bekämpft, ignoriert oder demoralisiert.

Im Fall der Biotechnologie in der Landwirtschaft scheint es, als ob wir es mit einer Verschwörung von großen transnationalen Konzernen zu tun haben und die Folgen in weit größerem Maße irreversibel sein werden als bei allem, was wir bisher erlebt haben. Wichtig ist in diesem Zusammenhang nicht, ob die Genmanipulation uns minderwertige oder gar schädliche Nahrung beschert, was möglich ist, aber nicht sein muß, sondern daß zusätzliche Herrschaftsstrukturen und Abhängigkeiten für die Bauern geschaffen werden und die Auswahl der Konsumenten eingeschränkt wird.

Die großartige Vielfalt in unseren Kulturen, die wir hatten und auch nach den gewaltigen Verlusten durch die »Grüne Revolution«

während der letzten Jahrzehnte zum Teil noch haben, ist das Ergebnis bewußter und unbewußter Auslese durch die Bauern selbst. Man vergegenwärtige sich, was aus der Familie der Kreuzblütler herausgezüchtet wurde: z.b. Kohl, Rotkohl, Blumenkohl, Rosenkohl, Brokkoli, Radieschen, Rüben, Raps. Die Bauern haben nie Patente beantragt, Registrierung oder Zertifizierung dafür verlangt.

Nun wollen Konzerne wie Monsanto, Hoechst und andere, daß wir deren genetische Manipulationen, die auf diesem bereits vorhandenen Reichtum an Vielfalt aufbauen, wie z.b. »Roundup-ready-Soja« akzeptieren, mit dem Argument, daß sie ja nur den bisherigen Züchtungsprozeß beschleunigen, um so das Problem des Hungers auf der Welt zu lösen. Sie wollen uns vormachen, es gebe keinen besseren Weg. Sie wissen aber sehr wohl, daß es Alternativen gibt – bessere, gesündere, preiswertere. Es weiß doch jeder, daß die Landwirtschaft weg muß von den Giften. Wir haben das notwendige Wissen. Tausende regenerativ wirtschaftende Bauern auf der ganzen Welt sind der Beweis.

Die Landwirtschaft muß weg von den Giften.

Mit ihren herbizidresistenten Sorten will die Industrie dem Bauern ein »Paket« aufzwingen. Der Landwirt soll Saatgut und Herbizid nur zusammen kaufen können, selbst wenn er gar nicht die Absicht hat, mit Pflanzenvernichtungsmitteln zu arbeiten. Im Falle des infamen »Terminator-Gens« ist die Verschwörung noch augenscheinlicher. Mit dieser Art Saatgut braucht die Industrie für ihr »intellektuelles Eigentum« – wie sie es gerne nennt – nicht einmal mehr Patente zu beantragen. Die gekaufte Saat geht auf, bringt eine Ernte, die Saat davon aber »begeht Selbstmord«. Sie geht nicht mehr auf, kann nur nach bestimmten chemischen Manipulationen zum Keimen gebracht werden.

Das hat doch alles nichts mehr mit erhöhten Erträgen zu tun, mit dem Lösen des Welthungerproblems. Es ist ein neuer Höhepunkt im laufenden Prozeß der Enteignung der Bauern durch die Industrie. Die Überlebenden sollen zu simplen Anhängseln der Technokratie werden, total von ihr abhängig, ohne Ausweg, nur die Risiken übernehmen, ihr alle Vorteile überlassen.

Die Entwurzelung, soziale Destrukturierung und Umweltbelastung sowie der Verlust der Artenvielfalt in der Natur und in unseren kultivierten Sorten wird zunehmen. Das Problem des Welthungers wird schlimmer. Dies können wir nicht akzeptieren.

Die folgenden Passagen sind in gemeinsamer Diskussion, aber unter Federführung von Franz Theo Gottwald entstanden.

Trends als Humus für die Vision

Unsere Gegenwart ist von Beschleunigungsphänomenen ohnegleichen gekennzeichnet. Die Transportzeiten mit Bahn und Flugzeug
verkürzen sich ständig, Kommunikationsprozesse laufen immer
schneller ab dank *e-mail*, Video-Konferenzen und Telefax, Mode-
und Produktzyklen werden kürzer – und nicht zuletzt wird, trotz
slow food-Bewegung, *fast food* immer beliebter. Die dramatische
Geschwindigkeit der Veränderungen in allen Lebensbereichen hat
ihren Preis: den Verlust der Vergangenheit, den Verlust des reichen
Erfahrungswissens bisheriger Generationen. Geschichte wird vergessen, an Zukunft zunehmend geglaubt, auch und gerade in der
Welt der Lebensmittel.

**Lebensmittel
sind Mittel
zum Leben.**

Lebensmittel sind Mittel zum Leben, eingebettet in Produktzyklen, an deren Anfang die Landwirtschaft und deren Nutzung von
Boden, Wasser und genetischen Ressourcen steht, sich dann die
Verarbeitung von Rohstoffen zu Nahrungsmitteln für den menschlichen Verzehr anschließt. Produktzyklen, in denen es weiterhin
um Lagerung, Transport und Vermarktung der Erzeugnisse geht
sowie um die vielfältige Art und Weise des Konsums und schließlich um die Entsorgung des nicht Verwertbaren am Ende der Kette,
wodurch sich idealerweise der Kreislauf abrundet, indem beispielsweise dem Boden das zurückgegeben wird, was er für eine nachhaltige Fruchtbarkeit benötigt.

Die Geschichte dieser Welt der Lebensmittel ist die Geschichte
eines scheinbar großen Fortschritts in der Bekämpfung des Welthungers. Über ihre Zukunft jedoch können – und das ist das Problem jeder Vision – keine zuverlässigen Angaben gemacht werden:
Zu viele Spielräume zur Gestaltung sind, trotz aller ökologischer
Bedrohungen, prinzipiell vorhanden. Dennoch versuchen wir in
unserer Vision, zukünftige Sachverhalte zu ermitteln. Dafür werden wir die Geschichte der menschlichen Ernährung besonders
würdigen.

Unsere Vision wird aus verschiedenen Wissensbrunnen gespeist.
Sie gründet ebenso in natur- und sozialwissenschaftlichen Erkenntnissen wie in philosophischen Denkweisen, und vielleicht schim-
mert an einigen Stellen auch eine religiöse oder spirituelle Einstellung durch. So stellen wir Fragen, die darauf abzielen, die persönlichen Lebensstile und gesellschaftlichen Wertsetzungen neu zu
beurteilen. In diesem Zusammenhang suchen wir nach einem tie-

feren Verstehen von Fortschritt, vom Sinn der Technologie und von sozialer Gerechtigkeit. Wir wollen uns auf die Spur dessen begeben, was es im 21. Jahrhundert heißt, im Einklang mit Natur und Schöpfung zu leben und sich zu ernähren.

Dabei ist Wissenschaft für uns die dialogische, kontemplative Annäherung an die Geheimnisse der Natur. Dem weitverbreiteten Paradigma, nur die Technik in den Mittelpunkt zu rücken und sie als Allheilmittel auf den Thron der Problemlösung zu hieven, stehen wir indes kritisch gegenüber, da sie zu lange schon der bloßen Durchsetzung individueller Willensimpulse zur Beherrschung von Naturzusammenhängen gedient hat und bis auf wenige ökologische Technologien – z.B. beim Stallbau, in der Windkraft- und Sonnentechnik und der baubiologischen Materialwirtschaft – maßlos geworden ist und die zukünftigen Lebenschancen für die kommenden Generationen in der Regel vermindert.

Wir blicken auf das menschliche Ernährungsverhalten in hochtechnisierten Industriegesellschaften wie auf eine Blattlauskultur, die ihren Wirt parasitär auffrißt und dabei – was die Laus nicht tut, aber der Mensch – den Wirt, von dem sie sich ernährt, durch Ausscheidungsprodukte (Abfälle) aufs Äußerste verschmutzt, gar vergiftet.

Das Wichtigste und wohl auch Schwierigste von allem ist das notwendige Umdenken in Sachen Kosmologie. Die anthropozentrische Weltsicht des westlichen Kulturkreises, die auf unsere jüdisch-christliche Vergangenheit zurückgeht, erlaubt es unseren Technokraten und Bürokraten ebenso wie dem einfachen Mann auf der Straße, den Planeten Erde so zu behandeln, als wäre er nicht mehr als ein frei zugängliches Warenhaus mit unbegrenzten Vorräten, die wir nach Lust und Laune benutzen, verbrauchen und sogar verschwenden können. Nichts Natürliches ist uns heilig. Nichts außer uns Menschen selbst hat offenbar genügend eigenen Wert, um nicht im Fall von wirtschaftlichen oder anderen menschlichen Interessen weichen zu müssen. Berge können geschliffen, Flüsse umgedreht, Wälder geflutet oder vernichtet werden, einzigartige Lebensformen oder ganze Ökosysteme bedenkenlos zerstört oder aus Gründen persönlicher oder institutioneller Macht zum Patent angemeldet werden.

Nichts Natürliches ist uns heilig.

Gegen diese Haltung des Industrie-Technik-Komplexes eine Zukunftsschau zu formulieren, bedeutet aber nicht, ins Jammertal der Tränen hinabzusteigen und sich dort einigeln zu müssen. Zu kraftvoll sind die individuellen Biografien ökologisch engagierter Wissenschaftler, Praktiker und Aktivisten. Als zu wertvoll und ergiebig hat sich die Arbeit unserer eigenen Organisationen, der Gaia Foundation und der Schweisfurth-Stiftung erwiesen, um nutzlos zu sein. In der Arbeit für die Schweisfurth-Stiftung sind z.B. Agrar-Kultur und ökologischer Wohlstand die zentralen Themen. Wir haben gelernt, daß Land- und Lebensmittelwirtschaft alle Menschen angeht: Sie ist zu 100 Prozent Voraussetzung einer idealen Wertschöpfung in der Gesellschaft. Die Auseinandersetzung mit der Vision des guten, also informierten Essens, so ist unsere Erfahrung, ist eine zutiefst kulturelle. Seit Beginn unserer Tätigkeiten setzen wir uns deshalb für einen Bewußtseinswandel ein, der dazu führt, das Leben zu ehren, zu schätzen und zu begreifen, daß Nahrung letztlich ein Geschenk der Natur ist, die dafür Dankbarkeit und Pflege verdient. Mit dem 1989 ins Leben gerufenen Agrar-Kultur-Preis zeichnet die Schweisfurth-Stiftung Betriebe aus, die diesen ganzheitlichen kulturellen Umgang mit Lebens-Mitteln pflegen. Die Begegnungen mit den Preisträgern haben in den vergangenen zehn Jahren viel zur Klärung der hier vorgelegten Vision beigetragen.

Die Zukunft findet als Dialog statt. Die forschende Vorausschau in das, was morgen globaler Lebensalltag sein wird, kann nur in der Diskussion gelingen. Sie wird nie ein abgeschlossenes Ergebnis erreichen, sondern immer einen fortwährenden Prozeß der Visionsbildung darstellen. Zu diesem globalen *brainstorming* leisten die Kritiker der jeweils bestehenden Verhältnisse den besten Beitrag.

Das Welternährungssystem ist ein offenes Ganzes. Das Welternährungssystem ist ein offenes Ganzes, das sich unter dem Einfluß ökologischer, technischer, wissenschaftlicher, wirtschaftlicher, politischer, sozialer wie kultureller Faktoren ständig in selbstverändernder Bewegung hält. Aus all diesen Bereichen kommen erneuernde Einflüsse, die sich auf die Gesamtentwicklung der Welt der Lebensmittel im 21. Jahrhundert auswirken und die wir im folgenden aufzeigen.

Aufbruch in die ökologische Wissensgesellschaft

Eine Vision darüber entstehen zu lassen, wie Nahrung und Ernährungsweise in der Zukunft aussehen könnten, setzt eine klare Einschätzung von Entwicklungen und Trends für das Leben im 21. Jahrhundert voraus. Der globale Trend in Richtung Informations-

oder Wissensgesellschaft bildet eine Klammer, die alle möglichen anderen Entwicklungsdynamiken zusammenhält, seien sie technischer, ökonomischer, ökologischer, sozialer, politischer oder kultureller Art.

Nahrung für die Zukunft heißt damit in besonderer Weise auch Nahrung für die Informations- oder Wissensarbeiter von morgen. Dabei steht außer Frage, daß derzeit noch ein extremes Ungleichgewicht zwischen dem an Informationstechnologie und Wissensverarbeitung reichen Norden und dem armen Süden herrscht, der nur geringen Zugang zu den wertschöpfenden Informations- und Wissensquellen hat. Dennoch ist mit der rapiden Elektrifizierung und zunehmenden satelliten- und netzgestützten Kommunikationstechnologie schon für die Mitte des nächsten Jahrhunderts eine verhältnismäßig gerechte und gleichgewichtige Verfügbarkeit im globalen Maßstab absehbar. Wenn in Zukunft auf der Erde Wertschöpfungsprozesse laufen, werden sie verstärkt informations- und wissensbedingt sein. Das hat Folgen, auch im Bereich der Ernährung. Mit der steigenden Wissensorientierung wird nämlich die Kenntnis von der Beschaffenheit, der Qualität und den ökologischen Kosten der Lebensmittel weltweit spürbar zunehmen und somit nicht ohne Einfluß auf den Markt bleiben. Nicht zuletzt wird das Wissen um die Bedeutung der Ernährung für Gesundheit, Langlebigkeit und Lebenszufriedenheit eine wichtige Rolle spielen. Die Lebensmittelhersteller werden daher alles tun, um dem höheren Wissen der Verbraucher gerecht zu werden und verhältnismäßig bessere Produkte zu liefern.

Die zunehmende Wissensorientierung hat Folgen auch im Bereich der Ernährung.

Ernst Ulrich von Weizsäcker hat recht mit seiner Auffassung, daß das 21. Jahrhundert nicht nur ein Jahrhundert des Wissens, sondern auch ein *Jahrhundert der Umwelt* sein wird (so der Titel eines anderen Bandes dieser Buchreihe). In diesem wird jeder gezwungen, seine Handlungsweisen und seinen Lebensstil als Beitrag zum Erhalt der Umwelt zu rechtfertigen. Das betrifft vor allem die Art und Weise, wie Menschen sich ernähren. Ernährungsweisen mit hohen sozialen und natürlichen Kosten sind im Jahrhundert der Umwelt nicht mehr zu rechtfertigen. Der Kaffee- oder Bananenanbau in Brasilien z.B., der mit Kinderarbeit oder pestizidinduzierten Vergiftungen bei den Pflückern einhergeht, wird – so ist unsere Prognose – durch die Verbraucherablehnung sich genauso ändern müssen wie der weltweit die Gewässer schädigende Maisanbau.

Die Ernährung wird sich unseren Zukunftserwartungen gemäß

ebenfalls diesen ökologischen Notwendigkeiten unterordnen müssen. Die Ernährungspolitik wird Erd-Politik im wahrsten Sinne des Wortes. Also eine Politik, die unter dem Eindruck einer von Menschenhand gefährdeten und teilweise gestörten Natur stehen wird und – in Außen- und Entwicklungspolitik, Forschungs- und Technologiepolitik und vor allem in der Landwirtschaftspolitik – alles versuchen muß, mitweltverträgliche Wege zur Bedürfnisbefriedigung mit gutem Essen zu gestalten.

Die Nanotechnologie wird umwerfende Veränderungen für die Welt der Lebensmittel mit sich bringen.

In der zunehmend welt-ökologisch bewußten und vernetzten Wissensgesellschaft von morgen wird eine sich gerade abzeichnende neue Technologie möglicherweise umwerfende Veränderungen speziell auch für die Welt der Lebensmittel mit sich bringen: die Nanotechnologie. Schon Ende der 50er Jahre hat der Nobelpreisträger Richard Feynman die Nanotechnologie theoretisch begründet. Der derzeit prominenteste Forscher im Bereich der Nanotechnologie ist Eric Drexler, dessen Bücher *Engines of Creation* und *Nanosystems* vollständige Fabriken skizzieren, in denen Nano-Maschinen aus molekularen Rohstoffen makroskopische Gegenstände herstellen. Im Zentrum dieser revolutionären Wissenschaftsdisziplin steht die Vorstellung, daß der Mensch künstliche Welten erschaffen kann, indem er Atome und Moleküle so zusammenpuzzelt, daß jeder beliebige Gegenstand entsteht. In Kombination mit der derzeit schon für den Lebensmittelsektor relevanten Biotechnologie werden die von den Nanotechnologen modellierten Industrieroboter zunächst Kopien von sich selbst herstellen und dann Instrumente und Gegenstände bauen, die beispielsweise im Blutkreislauf schwimmend Krebszellen zerstören, oder auch Weltraumraketen, die samt Treibstoff nur noch vier Tonnen wiegen, oder Computer von der Größe eines Eiweißmoleküls. Zentraler Rohstoff für die Nanotechnologie sind einzelne Atome, vorwiegend Kohlenstoff und Silicium sowie organische Moleküle. Im Zentrum der Nanotechnologie steht ein sogenannter Assembler, der aus einem Depot Atome und Moleküle greift, und diese nach einem Programm, das im steuernden Roboter gespeichert ist, an ihren Platz setzt. Als Schnappverschluß dienen chemische Bindungen, komplexe Molekülketten arbeiten als Förderbänder. Im Prinzip fabriziert der Assembler ein riesiges Molekül mit Abermillionen von Atomen, das dann die Gestalt eines Tisches, einer Rakete oder – dies ist erklärtes Ziel entsprechender Forscher – beispielsweise einer Kartoffel oder anderer Lebensmittel annimmt.

Hintergrund der Nanotechnologie ist die Rastertunnel-Mikroskopforschung. Mit Rastertunnel-Mikroskopen ist es schon heute möglich, einzelne Atome oder Moleküle zu manipulieren und z.B. neue Aminosäuren herzustellen, die in der Natur nicht vorkommen, aber auch solche nachzubauen, die in der Natur anzutreffen sind. Gekoppelt mit den Fortschritten in der Chemie, wo in Zukunft weitgehend kontrolliert ständig neue Stoffe aus einzelnen Atomen und Molekülen synthetisiert werden, und mit der zunehmenden Dekodierung der DNS verschiedener Pflanzen und Tiere sowie den Möglichkeiten der Informationstechnologie, virtuelle Realitäten zu bauen und zu erproben, kann aus der heute noch als Fiktion gesehenen Drexler'schen Nano-Welt schnell eine den Alltag prägende Möglichkeit werden. Die Teilnehmer der neuen Delphi Studie[1] erwarten die ersten praktischen Ergebnisse der Nanotechnologie schon Ende des nächsten Jahrzehnts. Sie gehen davon aus, daß Mikroroboter, die sich autonom durch die Blutbahn bewegen, Werkstoffe, die sich mittels Selbstorganisation gleichsam von allein bauen, oder Quantenbauelemente für molekulare Computer jenseits des Jahres 2010 aktuell werden. Für den Futuristen Drexler soll sogar die Umweltverschmutzung der Vergangenheit angehören, weil Nanoroboter auch aus Abfall nützliche Dinge herstellen. Auch das Problem des Hungers auf der Welt soll nanomäßig überwunden werden, da aus einfachen und in nahezu unbegrenzter Fülle vorherrschenden Rohstoffen alle wesentlichen Grundnahrungsmittel erzeugt werden könnten.

Auch wenn diese *high tech*-Lösungen nicht der Weisheit letzter Schluß sind, müssen sie als ein möglicher Pfad in die Ernährungszukunft berücksichtigt werden. Jedoch spricht gegen sie, daß viel Energie und großmaschineller Einsatz nötig ist, um auf diesen feinen Ebenen der Schöpfung technisch tätig zu werden. Ob das ökologisch im Sinne eines ganzheitlich verträglichen Vorgehens zur Befriedigung des Hungers ist, ist sehr zweifelhaft. Zu sehr wird auf die maschinelle Machbarkeit gesetzt, zu wenig auf die Menschen und die natürliche Mitwelt selbst, die eigentlich genügend Potential haben, die Menschheit ohne noch höheren Energie- und Technikeinsatz zu ernähren.

Zu sehr wird auf maschinelle Machbarkeit gesetzt.

---

1 Bundesministerium für Bildung, Forschung und Technik (Hg.): *Delphi II – Umfrage zur Entwicklung von Wissenschaft und Technik.* Bonn 1997/1998

Die Wissensgesellschaft von morgen muß deshalb noch Alternativen im Sinne »mittlerer Technologien« entwickeln, die ökologisch angepaßter sind an das bisherige Leben des Menschen im Mesokosmos und sich nicht so sehr am Mikrokosmos ausrichten, wie das die Nanotechnologie zu tun scheint. Im Mittelpunkt dieses Denkens stehen für die Vertreter der offiziellen Landwirtschaftspolitik die zunehmend verbesserten Verfahren des integrierten Landbaus, z.B., wo mit weniger Agrargiften und einer Rekultivierung von strukturbereinigten Flächen hohe Erträge erwirtschaftet werden.

Im Mittelpunkt unserer Vision hingegen steht der ökologische Landbau, der mit seinen regenerativen Potentialen für Boden, Wasser und Pflanzen als Ganzes auch eine mittlere Technologie darstellt und weit über den integrierten Landbau als gesamtheitlicher Kulturentwurf für einen nachhaltigen Ernährungsstil hinausgeht.

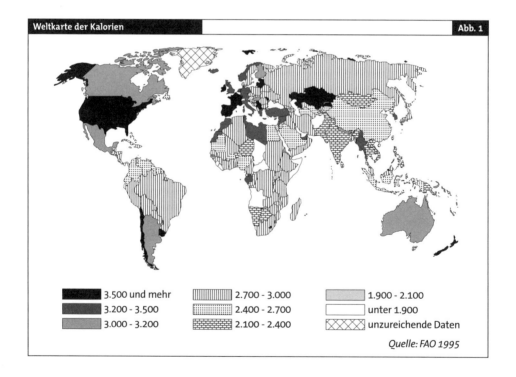

Weltkarte der Kalorien — Abb. 1

3.500 und mehr | 2.700 - 3.000 | 1.900 - 2.100
3.200 - 3.500 | 2.400 - 2.700 | unter 1.900
3.000 - 3.200 | 2.100 - 2.400 | unzureichende Daten

Quelle: FAO 1995

Das Problem des Welthungers

Bis es – wenn überhaupt – mit den technologischen Entwicklungen à la Nanotechnologie so weit sein wird, daß sie einen nennenswerten Beitrag zur Linderung des Hungers bieten werden, muß durch ökologische, ökonomische, politische und soziale Maßnahmen zur Sicherung der Versorgung mit Lebensmitteln und an deren Weiterentwicklung gearbeitet werden. Die Pro-Kopf-Versorgung für den direkten menschlichen Verbrauch von Lebensmitteln ist heute etwa 19 Prozent höher als noch vor 30 Jahren. Die Mehrheit der sich entwickelnden Länder hat an diesem Fortschritt teil. Dort wuchs die Pro-Kopf-Versorgung im selben Zeitraum um etwa 32 Prozent. Zehn Prozent der Weltbevölkerung lebt derzeit in Ländern mit sehr geringer Pro-Kopf-Versorgung (unter 2.200 Kalorien pro Tag), 55 Prozent in Ländern, in denen die Pro-Kopf-Versorgung einen guten Mittelwert von etwas über 2.700 Kalorien erreicht hat.

So eindrucksvoll sich diese Wachstumsrate auch präsentiert, so darf nicht übersehen werden, daß viele Länder weiterhin einen sehr niedrigen Pro-Kopf-Verbrauch haben und kaum Fortschritte erzielen. In der Tat ist Afrika südlich der Sahara heutzutage hinsichtlich der Ernährungslage nicht besser gestellt als vor 20 Jahren; und Südasien befindet sich immer noch in einer Position im unteren Drittel der Rangskala. Zugleich führt das ständige Ansteigen der Weltbevölkerung dazu, daß die sinkenden Prozentzahlen der Unterernährung und der im Schnitt ansteigende Pro-Kopf-Verbrauch kein adäquates Bild von den absoluten Zahlen unterernährter Bevölkerungsgruppen vermitteln. Letztere sanken nur geringfügig und pendeln sich hartnäckig bei mehr als 800 Millionen hungernden Menschen ein. Hunderte Millionen Menschen, darunter vor allem auch Kinder, leiden an verschiedenen Formen von Unterernährung.[2]

Hunderte Millionen Menschen leiden an Unterernährung.

Daß Hunger mit Armut zusammenhängt, ist angesichts zunehmender Ökonomisierung und Monetarisierung auf diesem Globus von niemandem mehr zu leugnen. Wenn es Verbesserungen in der Lebensmittelversorgung in Zukunft geben soll, muß gleichzeitig das Problem der Armut attackiert werden. Dabei spielt das Bevölkerungswachstum keine so dramatische Rolle wie vielleicht in ande-

---

2 OECD – Organization for Economic Co-operation and Development (Hg.): *The Future of Food*, Paris 1998, S. 22

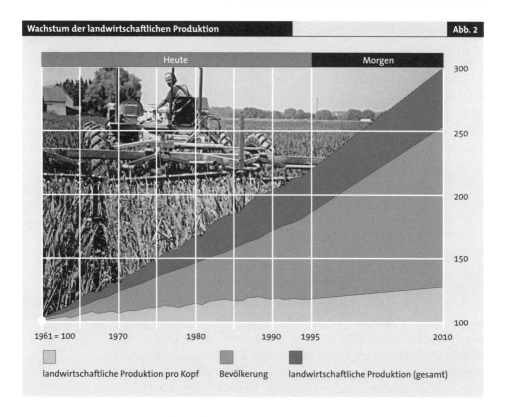

Wachstum der landwirtschaftlichen Produktion   **Abb. 2**

Heute   Morgen

300

250

200

150

100

1961 = 100   1970   1980   1990   1995   2010

landwirtschaftliche Produktion pro Kopf   Bevölkerung   landwirtschaftliche Produktion (gesamt)

ren Bereichen, beispielsweise der Energieversorgung. Bisher ist es weltweit immer gelungen, dem Bevölkerungswachstum mit einer größeren Produktivität in der Lebensmittelherstellung zu begegnen. Der kontinuierliche weltweite Verfall der Preise für Nahrungsmittel über die letzten Jahrzehnte bestätigt, daß es prinzipiell genügend Nahrungsmittel auf der Welt gibt. Eindeutig ist aber auch, daß die Armut in den sich entwickelnden Ländern nur bekämpft werden kann, wenn dort regional die Lebensmittelerzeugung nennenswert zunimmt. Das hat nicht zuletzt damit zu tun, daß die Mehrheit der Armen von der Landwirtschaft und von allen mit ihr zusammenhängenden Produktions- und Dienstleistungsbranchen abhängt. Klar ist auch, daß Hunger meistens ursächliche Folge der Zerstörung gewachsener Bauernkulturen ist. Wann immer Plantagenkulturen entstanden – sei es in Indien mit den britischen Teeplantagen, sei es in Brasiliens Nordosten mit den Zuckerrohrplantagen –, ging der Reichtum der wenigen Plantagenbesitzer einher mit dem Verlust einer ökologisch reichen und komplexen Landschaft sowie dem Wohlstandsverlust der vielen. Der mit den Globalisierungstendenzen erwartbare weitere Zusammenbruch von Bauernkulturen, beispielsweise in Mitteleuropa oder im Süden Brasiliens, läßt neue Armut in ungeahntem Ausmaß erwarten, wenn hier nicht zugunsten sozialer Gerechtigkeit schnell gegengesteuert wird.

Erste Anzeichen dieser neuen Verarmungswelle gibt es z.b. in Brasilien überall dort, wo der Sojaanbau industriell durchgesetzt wird und die Kleinbauern zur Aufgabe gezwungen werden, da sie sich das patentierte Saatgut nicht mehr leisten können. Sie wandern nach Norden in den Regenwald ab und führen ein kümmerliches Dasein. Auf ihren Flächen entstehen Plantagen oder Rohstofffabriken, die kaum mehr Arbeitskräfte benötigen und deren Gewinn meistens in die Kassen transnationaler Unternehmen fließt.

Erste Anzeichen dieser neuen Verarmungswelle gibt es in Brasilien.

Fortschritte in der Versorgung mit Nahrungsmitteln – nicht für alle

Die Schlüsse, die die demographischen und ökonomischen Entwicklungstendenzen nahelegen, und die Ergebnisse der FAO-Studie *World Agriculture: Towards 2010* hinsichtlich Produktion, Verbrauch und Handel lassen ferner vermuten, daß der Pro-Kopf-Verbrauch in den Entwicklungsländern allgemein ansteigen wird, und zwar von ungefähr 2.500 Kalorien 1988/90 über 2.550 Kalorien 1992/94 auf ungefähr 2.770 Kalorien bis zum Jahr 2010 – *summa summarum* etwa zehn Prozent mehr. Wahrscheinlich werden sich bis zum Jahr 2010 der Nahe Osten, Nordafrika, Ostasien (einschließlich China) und Lateinamerika sowie die Karibik an oder über der 3.000-Kalorien-Marke befinden – ein bemerkenswerter Fortschritt vor allem für Ostasien. Südasien wird sich ebenfalls bedeutend verbessern, obwohl es im Jahr 2010 erst eine mittlere Position einnehmen wird. Nur für Afrika südlich der Sahara ist weiterhin ein sehr niedriger Pro-Kopf-Verbrauch zu erwarten.

Nach diesen Rechenspielen würde die Unterernährung in Gegenden mit besseren Zukunftprognosen weiterhin abnehmen. Es könnte jedoch im Jahr 2010 immer noch 200 Millionen Unterernährte in Südasien geben, während der Hunger wahrscheinlich im Afrika südlich der Sahara grassieren wird, wobei ungefähr 30 Prozent (etwa 260 Millionen) Menschen betroffen sein werden. So wird die Geißel des Hungers, in absoluten Zahlen dargestellt, dahin tendieren, sich von Südasien in das Afrika südlich der Sahara zu verlagern. Diese Schätzungen geben nur in groben Umrissen das Ausmaß der zu erwartenden Veränderungen wieder und sind eher als Tendenzaussage zu verstehen, weniger als genaue Prognose über zukünftige Entwicklungen. Auf jeden Fall aber sind sie eindeutige Alarmsignale.[3] Unterernährung wird also in den Entwicklungsländern allgemein bis zum Jahr 2010 abnehmen, aber absolut gesehen auf nur unwesentlich niedrigerem Stand als gegenwärtig stehenbleiben. Daher darf die Problemlösung nicht auf die lange Bank geschoben werden: nämlich die Armut, die Hauptursache für Unterernährung, politisch zu bekämpfen und rechtliche Voraussetzungen sowie Subventionen zu schaffen, die kleinbäuerlichen Strukturen das Überleben gestattet.

Die Unterernährung wird bis zum Jahr 2010 nur unwesentlich abnehmen.

Die Entwicklungsländer: Selbstversorger, Nettoexporteur, Nettoimporteur

Ein gefährlicher Trend zeichnet sich jedoch ab: Konnten sich die Entwicklungsländer zu großen Teilen durch ihre bäuerlichen Selbstversorgungsstrukturen zwar bescheiden, aber immerhin zumeist hinreichend versorgen, werden sie durch Entwicklungshilfe und Investitionen in Plantagenkulturen zu Nettoexporteuren für Rohstoffe, die in den Industrieländern als Futtermittel oder sonstwie weiterverarbeitet werden. Diese Entwicklung ist falsch und führt mittelfristig dazu, daß diese Länder immer mehr von Nettoexporteuren landwirtschaftlicher Produkte zu Nettoimporteuren werden. Prognosen besagen, daß die gegenwärtigen oder zu erwartenden Nettoimportzahlen von landwirtschaftlichen Produkten in den Entwicklungsländern schneller ansteigen werden als die Nettoexportzahlen. Das ist ein untrügliches Anzeichen dafür, daß die gesamte Handelsbilanz von Agrarprodukten in den sich entwickelnden Ländern vom Überschuß ins Defizit abgleitet. Eine Tendenz in diese Richtung zeichnet sich z.B. in Ostasien ab, wo die jährliche Wachstumsrate von 4,3 Prozent (1990-94) mittlerweile auf 2,7 Prozent (1988/90-2010) abgesunken ist.[4]

Global gesehen sank die positive Nettobilanz im Agrarhandel ra-

---

3 Alexandratos 1995
4 OECD,1998, S. 27, Tabelle 3

pide erst in den 70er Jahren, als die Lebensmittelimporte der Wohlstandsländer explodierten. Die Gefräßigen holten es sich bei den Bedürftigen. Obwohl dieser Trend in den 80er Jahren eher eine Kehrtwendung vollzog, blieb der Gesamtüberschuß ein Bruchteil dessen, was er zwei Jahrzehnte zuvor betragen hatte. Diese Entwicklungen könnten zwar wieder rückläufig werden, wenn Entwicklungsländer mehr der sogenannten innovativen Agrarprodukte exportieren würden, die einen signifikanten Marktanteil in den Wohlstandsländern haben, wie z.b. Schnittblumen und tropische Früchte. Allerdings handelt es sich hier meist um Produkte, die mit großen gesundheitlichen und Transportkosten und in monokulturellem Plantagenanbau nicht gerade ökologisch erzeugt werden.

Die Gefräßigen holen es sich bei den Bedürftigen.

Sicher ist, daß dieser Trend negative Auswirkungen auf die Prosperität jener Länder haben wird, die weiterhin in großem Ausmaß abhängig sind von schwach ansteigenden Exportzahlen im Agrarbereich, um überhaupt ihre Importe an Nahrungsmitteln und anderen Waren finanzieren zu können. Dabei handelt es sich um jene Länder, deren steigende Import- oder sinkende Exportzahlen im Bereich unbearbeiteter Agrarprodukte mehr als ausgeglichen werden durch den wachsenden Export anderer Erzeugnisse: Der erhöhte Nahrungsmittelimport spiegelt das wachsende Einkommen jener Länder und ihren erhöhten Nahrungsmittelverbrauch wider, und er wird finanziert durch den Exportgewinn in anderen Sektoren. In der Tat werden einige Länder dieser Gruppe – z.B. in Ostasien – innerhalb der nächsten 20 Jahre den Status der entwickelten Länder erreichen.[5]

Daß das Problem des Hungers auf der Welt wieder größer werden und unerwartet plötzlich die Zahl der Unterernährten dramatisch wachsen könnte, hängt ferner mit heute schon meßbaren Veränderungen der Bodenfruchtbarkeit und anderen Umweltbedingungen zusammen. So nimmt z.B. die Bodenerosion in alarmierender Geschwindigkeit zu. Jährlich gehen mit steigender Tendenz etwa fünf bis sieben Millionen Hektar landwirtschaftlicher Nutzfläche verloren (das sind 14 bis 20 Prozent der Fläche der BRD). Es wird geschätzt, daß bis zum Jahr 2020 weltweit über 30 Prozent der fruchtbaren Böden betroffen sein werden. Auch die Wasserverschmutzung, die durch landwirtschaftliche Nutzung und ganz besonders durch den immer noch steigenden Verbrauch von Dün-

---

5 OECD,1998, S. 31 f.

gemitteln und Pestiziden verursacht wird, nimmt weiterhin zu und wird damit zu einem Risikofaktor für die Versorgung mit Lebensmitteln im ersten Drittel des nächsten Jahrhunderts. Aller Technikgläubigkeit zum Trotz ist das Problem des Welthungers noch lange nicht gelöst.

Wo landen die Trends in der Zukunft?

Wir haben als wesentliche Trends herausgestellt, daß die Weltgesellschaft sich in Richtung Informations- und Wissensgesellschaft verändert, daß es darüber hinaus zu technologischen Entwicklungssprüngen kommen wird, die auch für die Herstellung von Lebensmitteln dramatische Konsequenzen haben werden, und daß es schließlich auch in absehbarer Zukunft noch um die Bekämpfung des Hungers gehen muß, indem auf nationaler wie auch auf internationaler Ebene an der Entwicklung und Umsetzung von Möglichkeiten nachhaltig gearbeitet wird, um eine ausreichende Versorgung mit Lebensmitteln zu erreichen. Von diesen Trends her lassen sich drei Eckpfeiler unserer Vision ableiten:

Der Informationsgehalt eines Lebensmittels wird entscheidend für die Bewertung seiner Güte sein.

1. Auch Nahrung wird in Zukunft mehr denn je als Information begriffen. Das Paradigma, die Summe der Anschauungen, mit denen Menschen auf Lebensmittel blicken, ändert sich. Statt sich an Quantitäten oder stofflichen Aspekten zu orientieren, wird in Zukunft der Informationsgehalt eines Lebensmittels – letztlich die gesamte Geschichte oder der Produktionszyklus – entscheidend für die Bewertung seiner Güte sein.
2. Vom Nähr- und Genußwert wird es mehr zum ökologischen und Gesundheitswert gehen. Auf diesem Hintergrund werden die Welt der Lebensmittel und die Welt der Gesundheit verschmelzen. Funktionelle Nahrung (*functional food*) wird in Zukunft ein integraler Bestandteil der Ernährung sein.
3. Der durch die Globalisierung und den Tourismus sehr lebendige Trend zu »Ethno-Food«, also zu ethnischer Nahrung, mithin zu einer Vielfalt von Rohstoffen regionaler wie fremdländischer Küchen, die überall zur Verfügung stehen werden, wird stark zunehmen und die Ernährungsgewohnheiten ändern. Gleichzeitig wird die Vielfalt regionaler Küchen abnehmen: Globalisierung der Ernährungsstile.

Nahrung als Information. An der Schwelle zum Informations- oder Wissenszeitalter ändert sich das Verständnis aller Lebenszusammenhänge. Längst stellt sich nicht mehr nur die Frage, wieviel Substanz verbraucht wird, sondern wie es um die Energie steht. Auch die ökologischen Bilanzen, die für Produkte aufgestellt werden, lassen sich am besten über den gemeinsamen Nenner des Energieverbrauchs berechnen. Mithin geht es bei der Aufnahme von Nahrung nicht mehr um möglichst viel Gewicht und Masse, sondern vielmehr um ein ausgewogenes Nährstoffangebot und darum, dem Körper die nötige Energie zur Verfügung zu stellen, die er für seine Leistungen braucht. Über Essen und Trinken wird nicht mehr in Kilogramm und Litern gesprochen, sondern vielmehr in Kalorien oder Kilojoules. Die Gültigkeit dieses energieorientierten Maßstabes ist alles andere als zufällig. Sie gibt einen Paradigmenwechsel wieder, der Anfang des 20. Jahrhunderts begann und selbst schon in den ersten Jahren des nächsten Jahrhunderts durch das neue Paradigma der Information überholt sein wird, das dann auch für den Bereich der Ernährung gelten wird. Somit entsteht ein wissenschaftlich gestütztes Verständnis von Ernährung, das eine weiterentwickelte Informationstheorie zur Grundlage hat.

> Über Essen und Trinken wird nicht mehr in Kilogramm oder Litern gesprochen.

Der Verzehr eines Lebensmittels ist ein informationsübertragendes Ereignis. Es werden die Informationen des Bodens und Wassers übertragen, aus dem der Rohstoff stammt. Es werden die Informationen vermittelt, die während der Be- und Verarbeitung beispielsweise aus der Milch den Käse entstehen lassen. Jede Hand, durch die ein Lebensmittel gegangen ist, hinterläßt gleichsam informatorische Spuren; also werden auch Lagerungs- und Handelsinformationen mitgegessen. Schließlich werden durch die Art der Zubereitung und Anrichte eines Lebensmittels sowie die Form des Konsums dem Körper neue andere Informationen gegeben. Verzehr in Ruhe wirkt anders als Essen im Stehen oder Gehen, Gekochtes anders als Rohes. Der Konsument entscheidet durch seine Wahl, welche Informationen er seinem Leib zuführen möchte. Das Lebensmittel ist gleichsam die zu einer Signalform verdichtete Qualität seiner Herkunft, Erzeugung, Vermarktung und Art und Weise der Zubereitung sowie der Konsumption. Jeder Verzehr eines Lebensmittels ist wie eine Signalübertragung, bei der alle auf dem Weg des Lebensmittels zum Konsumenten eingetragenen Informationen vom Konsumenten mehr oder weniger bewußt aufgenommen werden. Der Verzehr eines Lebensmittels wird in Zukunft mehr als

Bedeutungsübertragung wahrgenommen werden denn als Energietransfer. Verbraucher werden in der Wissensgesellschaft von morgen nach dem Informationsgehalt auswählen. Ihr Wissensbedarf hinsichtlich einzelner Lebensmittel ist schon heute sehr hoch und wird noch zunehmen. Das scheinbar rein biologische Aufnehmen von Negentropie, von Anti-Unordnung, die der Physiker Erwin Schrödinger guten Lebensmitteln zuschreibt, um die biologische Ordnung des menschlichen Leibs aufrechtzuerhalten, wird in seiner kulturellen, ökologischen, politischen, ökonomischen, sozialen, ästhetischen, ethischen, gesundheitlichen und pädagogischen Hinsicht aufgeschlüsselt und für Konsumentscheidungen bewertet.

Die Wirkung, die ein scheinbar bloß physiko-chemisches Ereignis wie die Aufnahme eines Lebensmittels hat, wird also als ganzheitlicher Informationstransfer wahrgenommen werden. Menschen werden sich sehr bald schon der Tatsache bewußt werden, daß sie mit einem Lebensmittel nicht nur irgendeinen mehr oder weniger gesunden Stoff zu sich nehmen, sondern eine Erzeugungs- und Verarbeitungsweise sowie einen kulturellen und ästhetischen Kontext mitessen. Wenn es im altindischen Denken heißt: »Alles ist Brahman – Brahman ist Nahrung – Alles ist Nahrung«, so bekommt diese philosophische Aussage gerade im neuen Paradigma von Ernährung einen ganz konkreten Sinn. Im Prinzip kann nämlich alles zur Nahrung werden, was für den menschlichen Körper einen informationellen Unterschied macht. Nahrung wird deshalb in ihrer Bedeutungsvielfalt aufgeschlüsselt werden. Gerade deshalb wird Alltägliches, z.B. ein Stück Brot oder eine Handvoll Reis oder ein Maismehlfladen, zur Nahrung für die Zukunft. Denn der Konsument im 21. Jahrhundert weiß, fühlt, spürt und schmeckt, daß dieser jeweilige Bissen nicht nur die eigene Zukunft für die nächsten Stunden oder Tage sichert, sondern auch mit der Sicherheit und dem nachhaltigen Überleben der natürlichen und sozialen Mitwelt zusammenhängt – mithin wird sein Ernährungsverhalten am Wohl des Ganzen ausgerichtet sein. Und da ist das Einfache gerade das Richtige.

Eine Kartoffel ist eben nicht nur eine bestimmte Menge Stärke, Eiweiß oder ähnliches, sondern kommt aus einem besonderen Anbauverfahren, ist gentechnisch manipuliert oder nicht, hat mehr oder weniger viele Kilometer Transport hinter sich, hat zu Boden- oder Wasserschädigung geführt oder nicht, wird auf aufmerksame, energiesparende und gesunde Art und Weise zubereitet und schön

Eine Kartoffel ist eben nicht nur eine bestimmte Menge Stärke.

serviert – oder eben nicht. Jede dieser Dimensionen macht einen Unterschied, ökologisch und vom Wohlbefinden des Konsumenten her. Jede dieser Dimensionen wird mitverzehrt, ob in Zukunft bewußt oder heute noch eher unbewußt, sachlich in jedem Fall.

Lebensmittel als Heilmittel. So wie falsche Ernährung krank machen kann, vermag richtige Ernährung auch zu heilen. Lebensmittel stecken voller pharmakologischer Wirkstoffe. Immer wieder entdecken Wissenschaftler neue Wirkstoffe in bislang nur als Lebensmittel wahrgenommenen Produkten. Immer wieder bestätigen Forscher, daß manche Nahrungsmittel ähnlich oder sogar besser wirken als moderne Medikamente – sie sprechen deshalb sogar von der Lebensmittelapotheke. Und nicht zuletzt durch kulturanthropologische Forschungen wird auch immer wieder der Beweis erbracht, daß alte Überlieferungen wenig mit Aberglauben zu tun haben, sondern sich auf eine wirkungsvolle Information, die in einzelnen Lebensmitteln steckt, beziehen.

> Lebensmittel stecken voller pharmakologischer Wirkstoffe.

Aus der Lebensmittelapotheke

Joghurt schützt das Immunsystem besser als ein eigens zu diesem Zweck entwickeltes Medikament, heilt Durchfall schneller als ein medizinisches Präparat und enthält Wirkstoffe, die stärker antibiotisch wirken können als Penicillin.

Scharf gewürzte Speisen (mit Chili, Pfeffer, Meerrettich) wirken gegen erkrankte Atemwege, sie verdünnen die Lungensekrete und schwemmen Reizstoffe aus.

Fischöle können wie Aspirin wirken und schützen vor infarktauslösenden Blutgerinnseln.

Kreuzblütlergemüse (Kohl und Rüben) vermindert das Risiko, Dickdarmkrebs zu bekommen, ganz erheblich.

Bananen sind gut gegen Magengeschwüre; sie wirken wie das entsprechende Medikament Carbenoxolon, allerdings ohne dessen Nebenwirkungen.

Bohnen, regelmäßig verzehrt, können manchem Diabetiker einen Teil seiner Insulinspritzen ersparen.

Grapefruit senkt den Cholesterinspiegel im Blut und hilft bei Organverpflanzungen, die Abstoßreaktionen des Körpers zu verringern.

Kirschen beugen Karies vor.

Honig war schon im alten Ägypten als erstklassiges Desinfektionsmittel für Wunden bekannt.

Ingwer, Knoblauch und **Zwiebeln** sind exzellente Blutverdünner, beugen also dem Herzinfarkt vor.

Pflaumen sind ein starkes Abführmittel.

Albert Schweitzer benutzte **Knoblauch** gegen Typhus und Cholera.

Zwiebeln wirken wie starke Antibiotika: Wer fünf Minuten lang eine rohe Zwiebel kaut, bekommt eine sterile Mundhöhle.

Quelle: *Nahrung ist die beste Medizin*, Düsseldorf/Wien 1992.

Die Einsicht in die hier angedeuteten Zusammenhänge hat den Wettlauf zwischen Lebensmittelindustrie und pharmazeutischer Industrie stark angeheizt. Der neue Markt, das mögliche Milliardengeschäft, liegt im sogenannten funktionellen Lebensmittelbereich (Functional Food). Je mehr Human-Biologie, -Chemie und Stoffwechselmedizin Vorgänge heute bis auf die Zellebene verfolgen können, umso leichter können sie Brücken zu Nahrungskomponenten bauen, die gesundheitsförderlich sind. Bei Functional Food geht es nicht um artifizielle Nahrung, sondern um Ernährung plus wissenschaftlich begründeten Zusatznutzen. Auch wenn es sich heute noch bloß wie eine neue Verkaufsmasche darstellt, wird Functional Food wichtig werden, nicht zuletzt, weil es darauf abzielt, ernährungsbedingte Krankheiten zu reduzieren oder sogar Beiträge zur Gesundung im Fall von Artheriosklerose, Diabetes, Gicht, Herz-Kreislauf-Problemen, Karies, Übergewicht und Verstopfung zu leisten.

Bei Functional Food geht es nicht um artifizielle Nahrung.

Die Zukunft hat bereits begonnen. Im Herbst 1999 bringt der Schweizer Multi Novartis klinisch getestete, sogenannte funktionelle Nahrungsmittel auf den Markt, so u.a. einen Orangendrink und einen Schokoriegel gegen Knochenschwund sowie einen Getreideriegel gegen zu hohe Cholesterinwerte. In den USA hat die Firma Bionutrics ein weiteres derartiges Nahrungsmittel in Form eines Reisderivats auf den Markt gebracht, das ebenfalls cholesterinsenkende Eigenschaften hat. Glaubt man den Marktforschern, die die Absatzmöglichkeiten für cholesterinsenkende Mittel auf zehn Milliarden US-Dollar schätzen, so stehen die Marktchancen für diese »Nahrungsmittel« gut. Eine ganz neue Kombination auf dem Markt der funktionellen Nahrungsmittel wird das sogenannte Joint Disease Management Program sein: Hierbei geht es darum, z.B. fettleibigen Menschen nicht nur eine Schlankheitspille anzubieten, sondern gleichzeitig paßgenau ergänzende Spezialnahrungsmittel.

Mit den Möglichkeiten der neuen Mikrophysik und Strukturchemie, der Werkstoff- und Verfahrenstechnik soll der uralte menschliche Traum, den feinsten Feinheiten der Materie auf die Schliche zu kommen und sie für Langlebigkeit und Wohlergehen zu nutzen, erfüllt werden. So werden in Zukunft die industriellen Lebensmittelwerke mehr als bislang Chemiebetriebe mit eßbaren Produkten sein, die auch und verstärkt als *performance nutrition* gelten, also in klinischen Studien getestete Mittel zur Leistungsanhebung in bestimmten Funktionsbereichen des Menschen sind. Wir werden im Gesundheitteil unserer Vision auf das Thema Functional Food oder Performance Nutrition als mögliche zukünftige Nahrungsformen eingehen. Doch gleich vorneweg: Angesichts der kapital- und energieintensiven Produktion dieser Nahrungsmittel sind Zweifel angebracht, ob sie zu einer ökologisch verträglichen Entwicklung der Lebensmittel-Welt ganzheitlich beitragen.

Die Globalisierung von Ethnischer Nahrung. Gefördert durch die weltweit größte Industrie, die Tourismusindustrie, lernen immer mehr Menschen auf ihren Reisen nationale Küchen kennen und schätzen. Daraus erwächst das Bedürfnis, sich ähnliche Geschmacks- oder Genußerlebnisse auch im heimischen Umfeld zu verschaffen. Dieses Bedürfnis ist die Wurzel der zunehmenden Beliebtheit von Ethno Food, also von einheimischen Speisen aus dem Ausland, die mittlerweile häufig als Fertig- oder Halbfertigprodukte zugänglich sind und mithin bequem und ohne weiteren Aufwand schnell auf den Tisch kommen können. Von der Pizza bis zur chinesischen Nudelsuppe, vom US-amerikanischen Farmersalat über die spanisch-mexikanische Paella bis hin zum thailändischen Fruchtcocktail-Dessert gibt es im Supermarkt alles.

> Ethno Food kommt häufig als Fertigprodukt bequem auf den Tisch.

Die gute Seite an dieser Vielfalt ethnischer Küchen ist der auch ökologisch sinnvolle Erhalt von möglichst vielen Rohstoffquellen. Durch Ethno Food kann möglicherweise der von der Biotechnologie favorisierten Vereinheitlichung im Saatgut entgegengewirkt und damit dem ökologischen Überlebenskriterium der Vielfalt der Arten entsprochen werden. Andererseits trägt der wachsende Transport von Lebensmitteln zur zunehmenden Bedrohung durch Klimaveränderung und zu anderen Belastungen der natürlichen Mitwelt bei, ganz zu schweigen von der sozialen und ökonomischen Ausbeutung derjenigen Menschen in den Herkunftsländern, die die Rohstoffe herstellen und verarbeiten.

Wenn Nahrung als Information begriffen wird, wird das auch in absehbarer Zukunft für eine sorgfältigere und bewußtere Auswahl von Lebensmitteln aus den nationalen Küchen der Welt sorgen. An der mit diesem Trend einhergehenden Globalisierung der Geschmäcker wird sich wahrscheinlich wenig ändern. So bleibt nur zu hoffen, daß möglichst viele der in den indigenen Küchen vorhandenen Rohstoffe in Zukunft auch in den Regionen erzeugt werden können, wo es neue Liebhaber für die entsprechenden Lebensmittel gibt. Und es bleibt zu wünschen, daß die regionale Vielfalt trotz der Globalisierung und der McDonaldisierung dort erhalten bleibt, wo sie ihren Ursprung am jeweils heimischen Kochtopf hat.

Die im folgenden näher umrissene Vision einer Welt der Lebensmittel, in der Nahrung zukunftsverträglich erzeugt und verzehrt wird, entfaltet sich im Spannungsfeld zwischen einem an Nachhaltigkeit und Mitweltverträglichkeit orientierten Lebensstil einerseits und ökonomischen und technisch-wissenschaftlichen Fortschrittsinteressen andererseits. Letztere heizen derzeit und auch in absehbarer Zukunft den schleichenden und von vielen kaum wahrgenommenen Prozeß der Zerstörung unserer natürlichen Lebensgrundlagen an. Der Fortschritt steht zwar unter dem Motto: Unsere Tische sind reichlich gedeckt, vermitteln aber den in den Tafelfreuden Schwelgenden nicht, welchen Preis sie auf Dauer dafür zahlen müssen. Zwei Seiten einer Medaille: Die Fülle auf dem Tisch wird mit einem folgenschweren Aussterben von Pflanzen- und Tierarten erkauft, mit einer Vergiftung von Boden und Grundwasser, einer verstärkten Belastung unserer Nahrungsmittel mit Fremdstoffen und einer Verwandlung von blühenden Landschaften in öde Produktionsgebiete.

Die Fülle auf dem Tisch wird teuer erkauft.

Unsere Vision einer nachhaltigen Lebensmittelwirtschaft richtet sich gegen diese Entwicklung und wendet sich an diejenigen, die letztlich durch ihre Kauf- und Konsumentscheidungen darüber mehrfach täglich abstimmen, wie denn in Zukunft ihre Nahrung aussehen soll. Wir fragen uns, was eine heilsame Mischung aus regional erzeugten und verarbeiteten Lebensmitteln und ganzheitlich verträglichen, industriell hergestellten, funktionell wirkenden und mit einem gesundheitssteigernden Ergebnis ausgestatteten Anteilen im täglichen Speiseplan sein könnte. Wir fragen uns, ob es nach dem Aufbruch in die Wissensgesellschaft auf Dauer zu global verfügbaren industriell gefertigten Einheitsmenues kommt, die vornehmlich denen zur Verfügung stehen, die sie sich leisten können und naturvergessen konsumieren – auf Kosten aussterbender Arten, Bauern und ländlicher Lebensräume. Gegen diese Entwicklung setzen wir uns ein. In der Schweisfurth-Stiftung haben wir deshalb schon 1989 ein klares Leitbild für eine ökologische Land- und Lebensmittelwirtschaft erarbeitet. Dieses Leitbild umfaßt sieben Merkmalsfelder, in denen ein ökologischer Betrieb aktiv sein sollte:

Leitbild für eine ökologische Land- und Lebensmittelwirtschaft	Tab. 1

Ökologische Merkmale: Umweltverträgliche Bewirtschaftung, Reinhaltung des Wassers und der Luft, Erhaltung der Bodenfruchtbarkeit, naturgemäße Pflanzen- und Tierzucht, artgemäße Tierhaltung. Verantwortungsbewußter Umgang mit erneuerbaren und nicht erneuerbaren Resourcen, Verwendung umweltfreundlicher Energieformen.

Gesundheitliche Merkmale: Erzeugung natürlicher, gesundheitsfördernder Produkte für die Herstellung von Lebens-Mitteln mit hoher Qualität. Erhalt und Verbesserung des ländlichen Bereichs als Lebensraum und Erholungslandschaft.

Marktstrategische Merkmale: Neue Wege der Be- und Verarbeitung sowie der möglichst verbrauchernahen Vermarktung bei regionaler Orientierung und Kooperation.

Soziale Merkmale: Sinnerfülltes Zusammenleben und Zusammenwirken der Menschen im Betrieb, deren soziale Absicherung sowie Integration von Benachteiligten. Erhalt und Verbesserung des ländlichen Raums als Kulturraum.

Pädagogische Merkmale: Initiativen zur Umwelterziehung, Weitergabe ökologischen Wissens, Nutzen der verschiedenen Bildungspotentiale des Lebens und Wirtschaftens auf dem Land.

Ästhetische Merkmale: Verbindung des Nützlichen mit dem Schönen bei der Gestaltung von Haus, Hof und Produktionsanlagen.

Ethische Merkmale: Ehrfurcht vor dem Leben und der Natur, Sicherung der Lebensgrundlagen künftiger Generationen.

Diese Landwirtschaft versteht sich als Agrar-Kultur. Sie ist sich neben den ökonomischen Aufgaben auch ihrer ökologischen und sozialen Verantwortung bewußt. Sie bietet den in der Landwirtschaft tätigen Menschen eine sinnvolle Arbeit sowie eine dauerhafte wirtschaftliche Grundlage und produziert für die Gesellschaft gesunde Lebensmittel mit hoher ökologischer und ethischer Qualität. Sie arbeitet mit der Natur, nicht gegen die Natur, und hilft so, die Grundlagen für das Leben auf der Erde nachhaltig zu sichern.

Die agrar-kulturelle Herstellung, Be- und Verarbeitung sowie eine entsprechende Kultur der Zubereitung und des Genusses gehören zum guten Essen. Das Leitbild der Agrar-Kultur setzten

Agrar-Kultur gehört zum guten Essen.

Menschen um, die sich neben den ökonomischen Aufgaben auch ihrer ökologischen und sozialpolitischen sowie ihrer gesundheitspädagogischen Verantwortung bewußt sind.

Diese in der folgenden Vision entfalteten vier Hauptdimensionen des guten, informierten Essens werden durch die Dimension der Eß-Kultur ergänzt, die Bernward Geier in seinem Beitrag zu diesem Band vorstellt.

Essen und Ökologie: Vom Leben im Boden zum lebendigen Lebens-Mittel

Wenn Menschen sich in Zukunft mit dem Thema Ernährung auseinandersetzen, wird die ökologische Dimension eine prägende Rolle spielen. International muß das Agrarpotential, d.h. die Kraft der ländlichen Räume für die Welternährung, bedeutend aktiver werden, damit eine Nahrungssicherung für die erwarteten zehn Milliarden Menschen gewährleistet werden kann. Auch in der möglicherweise im nächsten Jahrhundert einsetzenden Nano-Zeit wird die technische Entwicklung noch nicht so weit sein, daß sich Menschen nur mit Produkten aus der Retorte oder gar nanotechnisch gebauten Lebensmitteln ernähren können. Überdies ist es sehr zweifelhaft, ob das erstrebenswert wäre. Zwar wird das in Europa und den von ihm geprägten Ländern in der Neuen Welt seit Jahrhunderten mehr oder weniger sublim umgesetzte Programm einer Entkoppelung von der Natur, um nicht Opfer der Naturwidrigkeiten, Katastrophen und unvorhersehbarer Entwicklungen in ökologischen Systemen zu werden, auch im nächsten Jahrhundert weiter verfolgt werden. Aber Menschen werden immer angewiesen sein auf die Früchte des Bodens, die Qualität des Wassers und der Luft und eine ausreichende Versorgung mit Licht. Und mehr und mehr werden sie ökologischer essen wollen. Das schon heute verfügbare Wissen über die Gefährdungen der elementaren Quellen der Ernährung wird schon in naher Zukunft von einer Mehrheit der Weltbevölkerung geteilt werden, also nicht mehr Expertenwissen einer Elite sein. Dank der Informations- und Kommunikationstechnologie wird der Kenntnisstand über die ökologische Dimension der Befriedigung des Grundbedürfnisses nach gutem Essen in bisher nie gekanntem Maße weltweit anwachsen. Die Kommunika-

Die Menschen werden immer mehr ökologischer essen wollen.

tion über ökologisch angemessene, lokale Lösungen bei Problemfällen im Umgang mit den elementaren Quellen zur Erzeugung von Lebensmitteln wird dank der vielfältigen Agrarinformationsnetzwerke auch entfernte Regionen auf diesem Globus erreichen können.

Boden, Wasser, Luft: Drei elementare Quellen der Ernährung

Drei der elementaren Quellen für die Sicherung einer ausreichenden Ernährung der Weltbevölkerung – also Boden, Wasser und Luft – sind zweifelsohne extrem bedroht. Die Zerstörung der natürlichen Mitwelt ist so weit fortgeschritten, daß nicht nur der Lebensraum für die Menschen knapper wird, sondern auch der für die Land- und Lebensmittelwirtschaft nötige elementare Rohstoffkreislauf empfindlich gestört ist. Ein Blick in die Zukunft kann von der erschreckenden Gegenwart aus genommen werden. Ein paar Daten aus den Horrorszenarien:

Boden, Wasser und Luft sind zweifelsohne extrem bedroht.

1. Die Böden werden weltweit zerstört. Zwischen 1945 und 1990 gingen 17 Prozent der Vegetationsfläche verloren. Das entspricht der Größe Lateinamerikas. Überweidung in vielen Teilen der Welt, überraschend intensive und langanhaltende Regenfälle, über die Ufer tretende Flüsse und Ströme vernichten im übrigen dort, wo gerodet wurde und der Boden an Festigkeit verloren hat, in ungeahntem Ausmaß weitere für die agrarische Bewirtschaftung wichtige Flächen. Die Versteppung weiter Teile der Welt ist nicht mehr aufzuhalten. Dazu kommt die Versiegelung von Böden durch Straßenbau und Besiedlung. Allein in Deutschland fällt entsprechenden Maßnahmen pro Jahr eine Fläche so groß wie der Bodensee zum Opfer.
2. Die Gewässer der Welt sind zu weiten Teilen zur Kloake geworden. In den Industrieländern hat eine jahrzehntelange Entsorgung von chemischen Abfällen in die Gewässer zu einer nur mit äußerster Mühe bewältigbaren Verschmutzung geführt. Flüsse und Seen sind – auch über den Regenwasserkreislauf und die Lufttransporte – durch zahlreiche giftige Stoffe verseucht worden. An der Zerstörung der Gewässer hat nicht zuletzt die Landwirtschaft einen großen Anteil. Mit Massentierhaltung, künstlicher Düngung und dem Einsatz von Pestiziden gehört sie zu den

großen Umweltverschmutzern. Studien der UNO zeigen, daß es auf der ganzen Welt mittlerweile keine unberührten Süßwasservorkommen mehr gibt. Selbst in der Arktis wurden Spuren giftiger Chemikalien gefunden. Nicht nur die Inlandsgewässer, sondern auch die Küstengewässer sind erheblich verschmutzt. Das ist besonders gravierend, da die Hälfte der Weltbevölkerung direkt am Meer lebt und sich auch von den »Früchten des Meeres« ernährt. Flußläufe werden gestaut, um Kulturland zu bewässern. Deren Wasser fehlt an den Mündungen. Deshalb drängt salziges Meerwasser landeinwärts. Die Mangrovenwälder sterben weltweit ab und bieten keinen Schutz mehr vor Sturmfluten und deren Zerstörung der Böden und Lebensräume. Und auch das offene Meer ist bedroht. Zuviele Industrieabfälle werden in immer noch wachsendem Ausmaß dort entsorgt. Dazu gehören Klärschlamm, traditioneller Müll, Haushaltsmüll, radioaktives Material, unabbaubare Plastikstoffe etc. Über die Nahrungskette gelangen die Stoffe schließlich auch zu den Menschen und aus den Meeren über die Luft und den Regen in die Böden und ins Süßwasser. Insgesamt ist ein Schneeballsystem ökologischer Zerstörung zu beobachten, das durch den ständig anwachsenden Verbrauch an Gütern und damit einhergehendem Produktionsmüll in einer Weise angeheizt wird, daß nur multi-national vereinbarte, von allen Beteiligten beispielsweise im Sinne der Rio-Konferenz von 1992 dann auch umgesetzte Maßnahmen innerhalb der nächsten 50 Jahre überhaupt hoffen lassen, daß von Rohstoffseite her genügend brauchbare Quellen für die Ernährung der Zukunft gegeben sind.

3. Wenn man zu den Böden und Wässern auch die ständig zunehmende Luftverschmutzung hinzunimmt, die Pflanzen, Tiere und Menschen gleichermaßen schädigt, kann einen schon Hoffnung und Mut verlassen, daß sich überhaupt eine Sicherung der Ernährung für die Weltbevölkerung erreichen läßt. Nur eine radikale ökologische Konversion kann der Welt der Lebens-Mittel eine Zukunft geben.

Selbst in der Arktis wurden Spuren giftiger Chemikalien gefunden.

Ökosystem Boden

Diese Konversion muß beim Boden und der Bodenfruchtbarkeit beginnen. In der lebendigen Erde, dem Boden, finden die ersten und wichtigsten Umsetzungen statt, die Pflanzenleben erst ermöglichen, und hier laufen alle die Vorgänge ab, die das Pflanzenleben und das Tierleben miteinander verbinden, so daß sich beide gegenseitig ergänzen. Schadstoffe (z.B. Methan, N_2O und NO_x) müssen in der Luft abgebaut werden; wenn nicht, gelangen sie in die Erde und werden dort verändert oder organisch eingebunden. Welches enorme Potential unsere Erde bei der Schadstoffbeseitigung entwickelt, zeigen die zunehmend beliebter werdenden Schilfkläranlagen. Das Verfahren ist verblüffend einfach: Abwasser sickert durch ein Pflanzenbeet, wo kleinste Mikroorganismen die meisten Schadstoffe abbauen. Das derart gereinigte Wasser kann man in naheliegende Bäche und Flüsse einleiten. Bisher ist das Verfahren in erster Linie für einzelne Häuser und Anwesen im Einsatz, neuerdings auch verstärkt in Gemeinden, die ihre veralteten technischen Kläranlagen nicht erneuern wollen.

Schilfklär-anlagen – ein verblüffend einfaches Verfahren

Die trotz aller Umweltschäden immer noch vorhandenen großen Flächen an fruchtbaren Böden stellen einen Hauptgaranten für den Glauben an die mögliche Sicherung der weltweiten Lebensmittelversorgung dar. Die Nettoprimärproduktion natürlicher Ökosysteme, die den Hintergrund für die Bestimmung der Bodenfruchtbarkeit abgibt, ist zwar nicht gleichmäßig über die Landoberfläche verteilt, sondern auf zwei Gürtel, die Tropen und die gemäßigten Breiten, konzentriert. Wenn aber zukünftig eine richtige Auswahl für die Nutzung von Böden getroffen wird und deren Inventar gut bekannt ist, können diese guten Kulturböden erhalten oder dort, wo sie bedroht, gar zerstört sind, allmählich wiederhergestellt werden. Um die nötige Produktivitätssteigerung der Böden zu erreichen, bedarf es einer massiven Förderung von angepaßten Produktionsmethoden unter Berücksichtigung der örtlichen Bedingungen. Mehr als bisher müssen standortgerechte, nachhaltige und mitweltschonende Anbaumethoden zur Steigerung der Nahrungsmittelproduktion gerade in diesen Regionen entwickelt werden.

Gisborne im Norden Neuseelands steht repräsentativ für diese Ausrichtung. Die Region hatte in der Vergangenheit große Probleme mit unkontrollierter Bodenerosion. Ein Prozent der Sedimente, die in den vergangenen Jahren vom Land in die Weltmeere gespült wurden, stammen von hier. Noch weiden auf 60 Prozent der landwirtschaftlichen Fläche Kühe und Schafe. Dafür wurden Millionen Bäume gefällt – mit fatalen Folgen. Bei den regelmäßig auftretenden Unwettern rutschen ganze Rasenmatten die Hügel hinab; der

Regen spült den Mutterboden tonnenweise in die Täler. Zurück bleibt eine kahle Landschaft mit schroffen Abhängen. Aber jetzt wird die Trendwende vorbereitet und bereits vollzogen: Die Bewohner von Gisborne wollen eine Vorreiterrolle in nachhaltiger Land- und Forstwirtschaft spielen und so die Bodenverluste eindämmen.

Das neuseeländische Forstministerium unterstützt vor allem die Anpflanzung schnellwachsender kalifornischer Kiefern. Deren Wurzeln sind schon nach wenigen Jahren metertief und fixieren den Boden. Ein zweiter Effekt des Programms: Die Holzwirtschaft sorgt für Jobs in einer Gegend fernab der Industriezentren. Wissenschaftler, Bauern und Unternehmer haben gemeinsam überlegt, welche Hindernisse sich einer nachhaltigen Landwirtschaft entgegenstellen – und wie sie beseitigt werden können. Ein Informationssystem sorgt dafür, daß alle Bevölkerungsgruppen ökologische Erkenntnisse anwenden können. Auch die Maoris von Te Tairawhiti mit ihrem spirituellen Verhältnis zu »Mutter Erde« beteiligen sich an dem Programm. Geplant ist eine Ausbildung, die jungen Maoris eine wirtschaftliche Nutzung traditioneller Heilpflanzen ermöglicht.

Auch die Maoris beteiligen sich an diesem Programm.

Weil der größte Nahrungsmittelhersteller des Landes, Heinz-Wattie, den Bauern einen guten Preis für chemiefrei erzeugte Lebensmittel garantiert, breitet sich die biologische Landwirtschaft schnell aus. Die Ausfuhr von Ökogetreide und -erbsen hat sich bereits als lukrativ erwiesen. Jetzt unterstützt der Konzern weitere Landwirte dabei, sich für eine Registrierung zu qualifizieren. Vorreiter der Nachhaltigkeit sind außerdem einige Winzer, deren Chardonnay inzwischen international bekannt ist.

Mehrere Biobauern erzeugen Kiwis, Äpfel und Getreide für den Export. Auch hier sind zahlreiche neue Jobs entstanden, weil eine ökologische Landwirtschaft wesentlich arbeitsintensiver ist als die konventionelle Wirtschaftsweise, die stark auf Maschinen und Chemie vertraut. Schließlich sorgt man sich an der Nordostküste Neuseelands auch um die biologische Vielfalt der Erde: In einem der bedeutendsten Baumgärten der Erde werden mittlerweile 1.666 verschiedene Arten gepflegt.

Der Kampf gegen die Bodenerosion wird aber auch an vielen anderen Orten der Erde geführt. Im Mittelpunkt des anzustrebenden natürlichen Gleichgewichts in den Böden steht der Stickstoffkreislauf. Stickstoff ist unentbehrlicher Nährstoff für organisches Leben,

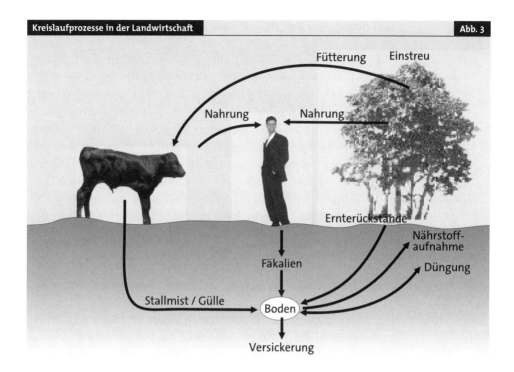

und der Grad der Differenzierung von Ökosystemen entspricht dem in ihnen vorhandenen und genutzten Stickstoffangebot. Im Ökosystem Landwirtschaft (und Ernährung) stellt sich der Kreislauf der Nahrung wie in *Abb. 3* dar.

Natürliche oder naturnahe Ökosysteme haben einen intensiven internen Stickstoffumsatz, und der Kreislauf ist normalerweise geschlossen. Es kommt wenig von außen herein, und es geht dem Ökosystem mit dem Sickerwasser wenig verloren. Naturnahe oder natürliche Ökosysteme und naturnahe Wirtschaftsweisen gehen mit Stickstoff im allgemeinen sehr sparsam, sozusagen »haushälterisch« um und haben dafür besondere Mechanismen entwickelt. Eine gute Bodenbewirtschaftung, die das Bodenleben und die Humusbildung fördert, braucht Stallmist, Gründüngung und gelegentlich Mineralien- oder Wirtschaftsdünger sowie schonende Methoden der Bodenbearbeitung.

Hoffnungsfaktor Bodenkonvention

Vor dem Hintergrund eines weltweit nicht-nachhaltigen Umgangs mit Böden ist es verwunderlich, daß das Bodenthema in der nationalen und internationalen Umweltpolitik nicht einen vergleichbar hohen Rang einnimmt wie etwa der globale Klimawandel. So hatte bereits 1994 der Wissenschaftliche Beirat »Globale Umweltveränderungen« in seinem Sondergutachten über Böden die deutsche Bundesregierung mit Nachdruck aufgefordert, sich für die Entwicklung einer völkerrechtlich verbindlichen Bodenkonvention stark zu machen. Das Gutachten kommt zu dem Ergebnis, daß die Zerstörung der Böden innerhalb der nächsten Dekaden selbst die sich bereits abzeichnenden Veränderungen durch den globalen Klimawandel deutlich übertreffen wird.

> Die Zerstörung der Böden wird noch gravierender sein als der globale Klimawandel.

Hieraus ergibt sich die Notwendigkeit und Dringlichkeit, angesichts der global fortschreitenden Bodenverluste in absehbarer Zeit international verbindliche Regeln für einen nachhaltigen Umgang mit Böden aufzustellen. Das für diesen Zweck am ehesten geeignete Instrument ist eine völkerrechtlich bindende Konvention. Beispiele hierfür sind aus dem Umweltbereich das »Rahmenübereinkommen der Vereinten Nationen über Klimaänderungen« (Klima-Rahmenkonvention) und daneben das »Übereinkommen über biologische Vielfalt« (Biodiversitätskonvention).

Zu nennen wäre auch das in Rio mitbeschlossene, Ende 1996 in Kraft getretene »Internationale Übereinkommen zur Bekämpfung der Wüstenbildung in von Dürre und/oder Wüstenbildung betroffenen Ländern, insbesondere in Afrika«. Diese Wüstenkonvention, deren Sekretariat 1998 seine Arbeit in Genf aufgenommen und heute seinen Sitz in Bonn hat, ist bereits ein wichtiger erster Schritt zum Schutz der Böden. Die Einschränkung auf die Trockengebiete und semi-ariden Gebiete hat jedoch zur Folge, daß der globale Charakter der Bodendegration verkannt wird und das Problem für die übrigen Gebiete nicht zu existieren scheint. Insofern hat die UN-Konferenz für Umwelt und Entwicklung in Rio de Janeiro 1992 eine Chance verpaßt, die Erhaltung der Böden weltweit als umweltpolitisches Ziel festzuschreiben. Es kommt daher darauf an, die bestehende Wüstenkonvention weiterzuentwickeln und in eine umfassende internationale »Konvention zum nachhaltigen Umgang mit Böden« (Bodenkonvention) zu überführen, die auch von den Ländern des Nordens ratifiziert wird. Eine solche international verbindliche Bodenkonvention würde für den weltweiten Erhalt der Böden jene Lücke schließen, die auf der Rio-Konferenz mit der Verabschiedung der Wüstenkonvention noch offen geblieben ist.

Inzwischen liegt ein solcher Konventionstext als weltweit erster Vorschlag in vier Sprachen vor (im Internet: www.soil-convention.org). Er entstand 1997 im Rahmen des von der Schweisfurth-Stiftung mitgetragenen Tutzinger Projekts »Ökologie der Zeit«.

Pflanzliche und tierische Anteile in der Ernährung der Zukunft

Die elementaren Quellen der Nahrung werden von Pflanzen und Tieren so umgesetzt, daß sie als Nährstoffe für den menschlichen Leib dienen können. Derzeit geben pflanzliche Lebensmittel etwa 85 Prozent der vom Menschen genutzten Nahrungsenergie ab. Dabei sind es immer noch nur verhältnismäßig wenige der möglichen nutzbaren Pflanzenarten, die für Lebensmittel verwendet werden. Reis gehört dazu, Weizen, Mais und Hirse, also Getreidearten, und dann Wurzel- und Knollenfrüchte wie Kartoffeln, Süßkartoffeln, Maniok, schließlich Hülsenfrüchte wie Erdnüsse oder Bohnen. Die Eiweißversorgung wird immer noch zu fast 50 Prozent vom Getreide gedeckt. Getreide, kombiniert mit Hülsenfrüchten, ergibt eine Proteinqualität, die diejenige tierischen Eiweißes erreicht.

Nur verhältnismäßig wenige der möglichen nutzbaren Pflanzenarten werden für Lebensmittel verwendet.

Anteil von Nahrungsmittelgruppen an der Energieversorgung			Tab. 2
Nahrungsmittelgruppe	Welt	Industrieländer	Entwicklungsländer
pflanzliche Nahrungsmittel	84,3	70,9	89,7
Getreide	51,2	30,4	59,6
Zucker	8,8	12,8	7,2
pflanzliche Öle und Fette	8,2	11,1	7,0
Wurzel- und Knollenfrüchte	5,0	3,8	5,4
Obst und Gemüse	4,3	4,9	4,8
Hülsenfrüchte	4,0	2,3	4,7
alkoholische Getränke	2,4	4,9	1,3
Gewürze und Stimulantien	0,4	0,6	0,4
tierische Produkte	15,7	29,1	10,3
Fleisch und Innereien	7,4	12,8	5,2
Milch	4,3	8,6	2,6
tierische Fette und Öle	2,0	4,4	1,1
Eier	0,9	1,8	0,7
Fisch	1,0	1,3	0,7

Aus: Spektrum der Wissenschaft, Dossier 2/97, S.26 (nach FAO 1996)

Ein wichtiger Bestandteil unserer Vision ist, daß für die Ernährung im nächsten Jahrhundert der pflanzliche Anteil mindestens erhalten bleibt, wenn nicht noch zunimmt. Das begründet sich zweifach: Zum einen werden die durch die Massentierhaltung ausgelösten sozioökologischen Probleme – beispielsweise durch Futteranbau wie Soja in Ländern wie Brasilien – immer sichtbarer und nötigen zu einem Umdenken im Fleischverzehr. Zum anderen ist auch die Entwicklungsgeschichte des Menschen eindeutig: Er kann zwar alles »fressen«, ist aber seit den ersten Ackerbaukulturen entwicklungsgeschichtlich darauf geprägt, die ökologisch unbedenklichen Anteile an der Nahrung, also die Pflanzen, den Tieren vorzuziehen, anders als es die Nomadenkulturen heute und vor 50.000 Jahren taten.

Menschen können sich entscheiden, was und in welcher Kombination und Häufigkeit sie essen. Und gerade hier müßte die ökologische Entwicklung mehr in Richtung pflanzlicher als tierischer Nahrungsmittel gehen. Denn die industrielle Herstellung von tierischem Eiweiß setzt ein Vielfaches an pflanzlichem Eiweiß voraus. Heute werden die Tiere mit Getreide, Mais, Soja und anderen pflanzlichen Rohstoffen gefüttert, die auch direkt vom Menschen verzehrt werden könnten. So werden beispielsweise zwei Kilogramm Getreide als Futter für jedes Kilogramm Geflügel verbraucht, vier Kilogramm für jedes Kilogramm Schweinefleisch und sogar sieben Kilogramm pro Kilogramm Rindfleisch. Ganz zu schweigen von dem Wasserverbrauch, der bei der Fleischerzeugung auch erheblich ist. Lester R. Brown, der Präsident des World Watch Institute in Washington, D.C., hat zur Welternährungslage unter Berücksichtigung des sogenannten Chinafaktors folgendes geschrieben:

Es werden beispielsweise zwei Kilogramm Getreide für jedes Kilogramm Geflügel verbraucht.

»Wie sehr der Konsum von Tierprodukten in China zunimmt, wird im dramatischen Anstieg des Getreideverbrauchs für Viehfutter sichtbar. Vor 1980 betrug der Anteil des Getreides für Viehfutter noch weniger als 20 Mio. Tonnen; dann begann er in die Höhe zu schnellen und erreichte 100 Mio. Tonnen 1996; damit steht China im Getreideverbrauch für Viehfutter an zweiter Stelle nach den USA. ... Noch 1994 war China ein Exportland für Getreide. Bereits 1995 jedoch importierte es 16 Mio. Tonnen und wurde damit gewissermaßen über Nacht zum zweitgrößten Getreideimporteur der Welt.«[6]

---

6 *Spektrum der Wissenschaft,* 2/97, S. 95 f.

Wenn diese Entwicklung weitergeht, ist absehbar, daß schon Anfang des nächsten Jahrhunderts der Getreidebedarf nicht mehr zu decken sein wird. Die USA, deren Bevölkerung voraussichtlich in den nächsten vier Jahrzehnten um 9,5 Millionen Menschen anwachsen wird, werden mehr Getreide brauchen, ebenso China, das darüber hinaus mit Verlusten an Land und Wasser für nichtlandwirtschaftliche Zwecke konfrontiert ist, Afrika sowieso, das im Jahr 2030 etwa 250 Millionen Tonnen Getreide benötigen wird, ganz zu schweigen von allen Ländern mit voraussichtlich hohem Bevölkerungswachstum wie Iran, Ägypten oder Mexiko. Wenn nicht dem Fleischverzehr ebenso entschieden zügig entgegengesteuert wird, wird es zu akuten Nahrungsmittelknappheiten kommen. Die Folge könnten sogar nahrungsmittelbedingte Kriege werden. Gefahrenherde gibt es auf der Weltkarte einige. China könnte die wohlhabenden Länder Südostasiens bedrohen, Ägypten sein nordafrikanisches Umland und Mexiko in den Süden der USA mit seinen Massen nicht mehr um Arbeit, sondern um Brot eindringen.

Auch die Fischreserven in den Ozeanen gehen dramatisch zurück. In einer Studie der FAO[7] wurde jüngst eine indirekte Bestandsaufnahme der Fischressourcen in den Hauptfanggebieten der Weltmeere vorgenommen: Die 200 ausgewählten Fanggebiete erbringen demnach etwa 77 Prozent der gesamten Seefischproduktion. Dabei bilden die ansteigenden oder abnehmenden Fangerträge die Grundlage für die hier vorgenommenen Schätzungen: Schon 1994 wurden 35 Prozent der Fanggründe als »zurückgehend«, 25 Prozent als »dauernd ausgebeutet«, 40 Prozent als »ansteigend« und null Prozent »als dauerhaft wenig abgefischt« bezeichnet. Daraus kann geschlossen werden, daß sich ungefähr 60 Prozent der großen Fanggebiete entweder »auf dem Höhepunkt der Ausbeutungsmöglichkeit« befinden oder schon darüber hinaus und somit in ihren Beständen rückläufig sind. Da nur wenige Länder eine wirksame Kontrolle ihrer Fischfanggründe durchführen, sind hier dringend Maßnahmen erforderlich, um ein weiteres Ausbeuten der Fanggründe zu unterbinden und/oder um die geschädigten Ressourcen zu erneuern. Wenn etwa der Lachs seit den 60er Jahren eine Karriere von der kulinarischen Delikatesse als Wildlachs zum Dauerbrenner auf Brunch-Buffets in Form von Zuchtlachs gemacht hat,

Auch die Fischreserven in den Ozeanen gehen dramatisch zurück.

---

7 Food and Agriculture Organization of the United Nations: *Fisheries Circular* No. 886, Rev. 1, S. 6

der große Mengen Kraftfutter aus der Dritten Welt verschlingt, dann wird das Widersinnige unserer westlichen Ernährungsgewohnheiten und Tischgelüste deutlich.

Wir sollten uns mehr darauf besinnen, daß wir von den verschiedenen Arten von Pflanzen nur noch einen Bruchteil nutzen. Im Laufe seiner Geschichte hat der Mensch etwa 3.000 meist samen-, knollen- oder früchtespendende Arten für die Lebensmittelerzeugung erschlossen. Heute dagegen spielen bloß noch etwa 150 eine Rolle. Hier liegt eine große Hoffnung für die Welternährung von morgen: Die Vielfalt der pflanzlichen Angebote muß systematisch erschlossen und eine regional, dem Pflanzenangebot angepaßte Land- und Lebensmittelwirtschaft zügig entwickelt werden.

Die Vielfalt der pflanzlichen Angebote muß systematisch erschlossen werden.

Gute Beispiele hierfür gibt es insbesondere in Afrika. Dieser Kontinent erlebt vielleicht schon bald eine Rückkehr zu alten Nahrungsquellen – seinen einheimischen Ernteerzeugnissen. Afrika verfügt über mehr als 2.000 Korn- und Obstsorten, Wurzelgemüse und andere eßbare Pflanzen. Die Verwertbarkeit als Nahrungsmittel vieler dieser Erzeugnisse wurde bisher nicht erschöpfend erforscht und belegt, wie in einem kürzlich erschienenen Bericht des National Research Council zu lesen ist.[8] Zu dieser Ignoranz westlicher Technokraten trugen Mythen bei, die während der Kolonialzeit in Afrika entstanden und die Bedeutung einheimischer Ernteerzeugnisse abqualifizierten. Wenn man diese Vorurteile in ihrem düsteren Reich beläßt, erblickt man ein riesiges Lager an Nahrungsquellen, deren Qualitäten vielversprechend scheinen, nicht nur für Afrika, sondern für die ganze Welt. In *Tab. 3* sind einige der zahlreichen einheimischen Ernteerzeugnisse Afrikas aufgeführt, die ein beachtenswertes Potential an ergänzenden Nährstoffen enthalten.

Gentechnik: Der Königs-Holzweg

Während die gerade vorgestellten Beispiele und der Trend zu einer »aus der Region für die Region« arbeitenden Land- und Lebensmittelwirtschaft – insbesondere für »das Jahrhundert der Umwelt« – als ein ökologisch richtiger Weg eingeschätzt wird, ist es unabweisbar, daß Politiker und Unternehmer massiv auf die Weiterentwicklung von gentechnologischen Verfahren setzen. In Anzeigen der

---

8 *Lost Crops of Africa*, Volume 1: *Grains*

agrarchemischen Industrie heißt es etwa: Die Weltbevölkerung wächst weiter, der Bedarf an Nahrungsmitteln wird sich in den nächsten 30 Jahren voraussichtlich verdoppeln – die landwirtschaftlich nutzbaren Flächen dagegen sind begrenzt – die Pflanzen-Gentechnologie eröffnet uns neue Chancen, auf den vorhandenen Flächen die Ernährung der Menschen auch in Zukunft zu sichern und gleichzeitig die Umwelt zu schonen – unsere Forscher entwickeln biotechnologische Verfahren, die Pflanzen ertragreicher machen oder ihnen helfen, sich besser gegen Unkräuter, Krankheiten und Schädlinge zu schützen.

Die industriellen Nahrungsmittelerzeuger gehen davon aus, daß in wenigen Jahren praktisch bei allen auf lebenden Organismen basierenden Herstellungsverfahren die Gentechnologie mit im Spiel sein wird. Dabei müssen drei Hauptgruppen gentechnisch hergestellter oder gentechnisch veränderter Nahrungsmittel unterschieden werden:

Die industriellen Nahrungsmittelerzeuger setzen bei allen lebenden Organismen auf die Gentechnologie.

• Nahrungsmittel, die aus gentechnisch veränderten Pflanzen oder Tieren hergestellt wurden,

Einige nährstoffreiche Ernteerzeugnisse Afrikas	Tab. 3

Afrikanischer Reis: Bauern züchteten seit mindestens 1.500 Jahren einheimischen Reis in Teilen Westafrikas. Einige Sorten reifen sehr schnell und überleben unter Bedingungen, die andere Getreidesorten ausschließen.

Fingerhirse: Diese Hirseart, in Ost- und Zentralafrika vorkommend, ist eines der nährstoffhaltigsten aller Getreide. Es enthält viel Methionin, eine Aminosäure, die in der Nahrung der meisten unterentwickelten Länder in einem kritischen Maß fehlt. Es ist genügsam und anspruchslos, und sein aromatisches Korn hält sich auch bei langer Lagerung.

Fonio: Diese westafrikanische Pflanze wird hauptsächlich auf kleinen Farmen zum Hausgebrauch angepflanzt und für Porridge, Suppen und Kouskous verwendet. Sie ist wahrscheinlich die Pflanze, die weltweit am schnellsten reif wird, und spielt besonders als Absicherung eine Rolle, wenn andere Nahrungsmittel knapp werden.

Perlenhirse: Erstmals vor 4.000 Jahren als Nahrungsmittel verwendet. Ursprünglich aus der Region südlich der Sahara stammend, verträgt diese Sorte Hitze und Dürre äußerst gut und bringt so in Landstrichen, die für größere Pflanzen zu trocken und heiß sind, verläßlich gute Erträge.

Sorghum: Diese Sorte gedeiht in manchen Landstrichen, wo andere Getreidearten eingehen. Ihre Körner werden gekocht wie Reis, für Porridge gemahlen wie Hafer oder wie Gerste für Bier, gebacken wie Weizen für flache Laibchen oder sogar für Snacks. Die Stiele einiger Sorten sind sogar zuckerhaltig.

Tef: Dieses äthiopische Korn ist eine hohe Getreidepflanze, die zu Mehl und zu Brotfladen verarbeitet wird. Sie enthält ca. 13 Prozent Proteine, ausgewogen als Aminosäuren und ist sehr eisenhaltig.

- Nahrungsmittel, die mit Hilfe gentechnisch veränderter Mikroorganismen hergestellt wurden,
- Nahrungsmittel, deren Zusatzstoffe mit Hilfe gentechnisch veränderter Mikroorganismen gewonnen wurden.

Schon heute zählen viele Nahrungsmittel zu allen drei Kategorien. Gentechnisch veränderte Organismen gelangen z.b. über Viehfutter in das Rindersteak, Schweineschnitzel oder Suppenhuhn. Das Tiermischfutter kann z.b. Anteile von Mais, Ölschrote aus Raps und Soja und anderen Pflanzen enthalten, die zu den Favoriten für gentechnische Manipulation zählen. Mit der Schweinehaxe können in Zukunft auch Arzneimittelrückstände aus gentechnisch hergestellten Pseudorabis-Impfstoffen gegen die Aujeszkysche Krankheit bei Schweinen mitverspeist werden. Richard Fuchs zeigt in seinem Buch *Gen-Food. Ernährung der Zukunft?*, daß es kaum eine Pflanze gibt, die den gentechnischen Eingriff in ihr Erbgut verweigern wird. Schon jetzt ist die Liste der Kulturpflanzen lang, in die ein Transfer von Fremdgenen gelingt. Etwa 850 genmanipulierte Pflanzensorten werden derzeit im Freiland getestet.

Nahrungspflanzen bzw. -pflanzenprodukte mit gentechnisch vorgenommenen Veränderungen					Tab. 4
Obst	**Gemüse**	**Getreide**	**Nutzpflanzen**	**Holzpflanzen**	**Zierpflanzen**
Apfel	Aubergine	Gerste	Baumwolle	Fichte	Chrysantheme
Dattel	Avocado	Hafer	Ölpalme	Birke	Lilie
Erdbeere	Chicoree	Mais	Flachs	Eukalyptus	Nelke
Himbeere	Blumenkohl	Reis	Luzerne	Pappel	Kalonchoe
Kiwi	Bohne	Roggen	Pfeffer	Neembaum	Petunie
Papaya	Brokkoli	Hirse	Raps	Espe	Rose
Pfirsich	Erbse	Weizen	Sonnenblume		
Pflaume	Karotte	Swede	Tabak		
Preiselbeere	Gurke		Zuckerrohr		
Weintraube	Kürbis				
Zitrusfrüchte	Süßkartoffel				
Zuckermelone	Yams				
Wassermelone	Kartoffel				
	Meerrettich				
	Kohl				
	Zuckerrübe				
	Kopfsalat				
	Mohrrübe				
	Spargel				
	Tomate				
	Zwiebel				

Quelle: R. Fuchs, Gen-Food. Ernährung der Zukunft?, Berlin 1997, S. 15

Einen guten Überblick über die derzeitige Entwicklung liefert die Menge an Patententwicklungen allein der Firma Monsanto, die im Bereich der sogenannten grünen Gentechnologie führend ist. Monsanto hat in den Jahren 1978 bis 1989 22 Patente, die gentechnische Verfahren beinhalten, beim Europäischen Patentamt angemeldet. Von 1990 bis 1994 waren es 36 und von Januar 1995 bis September 1996, also innerhalb von neun Monaten allein 18 Patente. 1997 wurden 30 »neue Pflanzen«, also Pflanzen mit verändertem Genotyp angemeldet und 72 Mutationen und mit gentechnischem Ingenieurwissen modifizierte Pflanzen patentiert. 1998 noch einmal so viel in beiden Klassen. Die Patente zielen unter anderem darauf ab, Pflanzen gegen Herbizide (die ja nur die sogenannten Unkräuter vernichten sollen) zu schützen, insektenresistent zu machen, ihre Virus-, Pilz- und Nematodenresistenz auszubilden, ihren Ölgehalt zu verändern, ihre Lagerqualität oder ihr Wachstum zu steigern.

Die Entwicklung nicht nur im Pflanzenbereich, sondern auch im Bereich der Züchtung transgener Tiere, die beispielsweise eine höhere UV-Licht-Bestrahlung vertragen oder für Functional Food nötige Rohstoffe liefern, wird politisch gefördert und als Beitrag zur Bewältigung des Hungers von morgen gesehen. Und die Vertreter des konventionellen Landbaus setzen sich hierfür genauso ein wie die Lobbyisten der Agrarchemie. Gesetzgebungsprozesse in Brüssel und Washington werden zugunsten der Biotechnologie beeinflußt, Bürgerinformationssysteme aufgebaut und großangelegte Werbekampagnen gegen Verbraucherinitiativen geführt, wie beispielsweise von Monsanto 1998 in England.

Wenn man bedenkt, daß die Menschheit heute jeden Tag etwa 2,4 Millionen Tonnen Getreide, zwei Millionen Tonnen Obst und Gemüse, mehr als eine halbe Million Tonnen Fleisch und 200.000 Tonnen Meeresgetier ißt, wird es noch eine Weile dauern, bis der gentechnische Anteil an Lebensmitteln nennenswert sein wird. Auch wenn heute dessen Spuren, beispielsweise über das Soja oder den gentechnisch veränderten Mais, in sehr vielen industriell hergestellten Nahrungsmitteln nachweisbar sind, wird der überwiegende Anteil dessen, was wir zu uns nehmen noch ohne Einsatz von Gentechnik produziert.

Die Option für die Ernährungssicherheit von morgen ist eindeutig und ohne Wenn und Aber: ökologischer Landbau. Denn die grüne Gentechnologie ist im ökologischen Landbau weder erfor-

Die Option für die Ernährungssicherheit von morgen ist eindeutig der ökologische Landbau.

Intakte Öko-systeme zeich-nen sich durch die Fähigkeit zur Selbst-regulation aus.

derlich noch akzeptiert. Intakte Ökosysteme zeichnen sich aus durch die Fähigkeit zur Selbstregulation und brauchen keine Eingriffe über synthetische Kunstdüngung oder Schädlingsbekämpfung. Da die langfristigen Auswirkungen gentechnisch veränderter Pflanzen oder Tiere auf das globale Ökosystem nicht absehbar sind, ist äußerste Vorsicht geboten. Bevor derart technisch manipulierten Organismen weiter Gelegenheit zur Ausbreitung gegeben wird, sollten alle Erkenntnisse über ökologische Anbauverfahren weltweit durch massive politische und bildende Kampagnen umgesetzt werden, um den gesteigerten Bedarf an Nahrungsmitteln zu sichern.

Ein »grünes« Informationsnetz ist hierzu global im Aufbau. Organisationen wie IFOAM, das World Watch Institute, die internationale Permakulturbewegung und andere arbeiten an dieser konkreten transnationalen Bürgerbewegung für gutes, sprich ökologisches Essen. IFOAM ist die internationale Vereinigung biologischer Landbaubewegungen. Über 500 Mitgliedsorganisationen und Institutionen in mehr als 100 Ländern sorgen für die Verwirklichung der Grundideen des ökologischen Landbaus. Generalsekretär ist Bernward Geier, der für dieses Buch einen Report über Europa geschrieben hat und dort auch näher auf die Arbeit seiner Organisation eingeht.

Freie Bahn für den Ökolandbau

Schon 1993 hat Arnim Bechmann in einer Studie zur flächendeckenden Umstellung der Landwirtschaft auf ökologischen Landbau in Deutschland festgestellt, daß eine solche Umstellung nicht nur agrarpolitische Probleme lösen, sondern der Gesellschaft insgesamt einen Gewinn bringen würde: eine Verbesserung der Umweltqualität, eine Stärkung der Entwicklungsmöglichkeiten im ländlichen Raum und letztlich eine technologiegestützte Minderung des Welthungerproblems. Die Studie kommt u.a. zu folgenden Ergebnissen:

1. Bei einer flächendeckenden Umstellung der Landwirtschaft auf regenerativen Landbau würde der Ernährungsbedarf selbst bei niedrigeren Erträgen auf der Basis pflanzlicher Produktion zu decken sein.

2. Eine Umstellung der Landwirtschaft in Deutschland wäre bei Zugrundelegung derzeitiger Agrarsubventionen finanzierbar – auch mit den heute von der konventionellen Landwirtschaft erzielten Preisen, so daß der Verbraucher nicht zwangsläufig mit höheren Kosten rechnen müßte.[9]

Auch für Europa kann eine entsprechende Landwirtschaft flächendeckend modelliert werden. Sie würde es erlauben, den Konflikt zwischen Ernährung und Naturerhaltung zu überwinden. Der von der modernen Landwirtschaft durch ihren Einsatz von Kunstdünger, chemischem Pflanzenschutz, Bewässerung und Maschinen herbeigeführte Verlust an Biodiversität bzw. genetischer Vielfalt könnte in einem Zeitraum von 14 Jahren rückgängig gemacht werden. Wahrlich keine gigantische Zeitspanne! Die nötige Produktivitätssteigerung auf den vorhandenen landwirtschaftlichen Flächen kann durch eine angepaßte, agrarökologische und an den Kriterien der Nachhaltigkeit orientierte landwirtschaftliche Technologie erreicht werden.

Regenerativer Landbau überwindet den Konflikt zwischen Ernährung und Naturerhaltung.

Richtschnur hierfür sind die Methoden des ökologischen Landbaus. Dazu gehören u.a.:

- ein Umgang mit Beikräutern, der diese nicht mit chemisch-synthetischen Herbiziden als Unkräuter bekämpft, sondern ökologisch nutzt,
- eine Bodenbewirtschaftung, die die Böden nährstoffmäßig langfristig optimiert,
- eine vielseitige und durchrhythmisierte Bepflanzung bzw. Fruchtwechsel,
- der Einsatz nur leichter Maschinen, so daß der Boden nicht verdichtet wird.

Die konventionelle Landwirtschaft vernachlässigt heute noch immer ihre eigenen Produktionsgrundlagen. Im 21. Jahrhundert werden dagegen regenerative Produktionsweisen entstehen, die auf der Grundlage ökologischer Rohstofferzeugung Lebensmittel in naturgemäßer Weise verarbeiten, wodurch Boden und Wasser gleichermaßen geschont werden. Die Biologisierung der Technik, beispielsweise in der Bionik, die im übrigen auch eine Voraussetzung

---

9 Zukunfts-Institut, Institut für ökologische Zukunftsperspektiven, Barsinghausen 1993, Heft 27.

für die Nanotechnologien des nächsten Jahrhunderts sein wird, schafft eine neue operative Basis für die Erzeugung und Verarbeitung von ökologisch zu nennenden Lebensmitteln. Technik kann in diesem Zusammenhang sehr wohl ein Beitrag zur Erhaltung der Natur sein, gerade und in besonderem Maße auch im Rahmen einer ökologischen Agrar-Kultur. Schon die frühen Entwicklungsstufen der Landwirtschaft waren nicht nur ein kultivierter, sondern auch ein technischer Umgang mit Pflanzen und Tieren. Das Anlegen von Feldern ist durchaus eine kunstvolle Technik. Eine Technik, die mit der Ordnung der Natur im Einklang steht, die pflegende und nicht bloß konsumptive Technik ist, nennen wir naturgemäße Technik. Diese wird auch für das regenerative Produzieren im nächsten Jahrhundert von Bedeutung sein.

Das Anlegen von Feldern ist eine kunstvolle Technik.

Die in der intensiven Landwirtschaft aufkommenden Probleme durch die Abhängigkeit von nur wenigen Pflanzensorten und Hochleistungsnutztieren, die zwar kurzfristig zu höheren und sicheren Erträgen führen, aber auch eine Abhängigkeit von den Sortenhändlern mit sich bringen, ist hier nicht mehr gegeben. Nebeneffekt: Das vorhandene genetische Material würde nicht weiter verarmen, sondern stünde für die gegenwärtigen und zukünftigen Generationen zur Verfügung.

Auch die Industrie hat mittlerweile erkannt, daß es gerade für ihre biotechnologischen Entwicklungen absolut notwendig ist, auf den Genpool traditioneller Arten zurückzugreifen, um die Krankheits- und Schädlingsresistenz der Hochleistungsarten zu gewährleisten. Weitere Verluste dieser Vielfalt sind deshalb auch aus ihrer Sicht überaus riskant für die Ernährungssicherung der Zukunft.

Daß ökologischer Landbau und eine sanfte genetische Forschung sowie biotechnologische Entwicklungsarbeit Hand in Hand arbeiten könnten, ist nicht nur für uns vorstellbar. Bedenkt man, daß schon seit den 30er Jahren pflanzengenetische Ressourcen gesammelt und in Genbanken konserviert werden und heute in über 1.300 Genbanken sechs Millionen Sammelproben schlummern, ist es nicht weit hergeholt, daß die für lokale Bedingungen geeigneten Sorten von Getreiden oder Wurzel-, Knollen-, Hülsenfrüchten und anderen Kulturpflanzen wiederbelebt werden könnten. Es ist zu erwarten, daß die konventionellen ökologischen und die biotechnologischen Zuchtverfahren sich im nächsten Jahrhundert entsprechend ergänzen, um aus der Sackgasse der heutigen Landwirtschaft mit ihren monströsen Züchtungen und einem immensen Gift-, Energie- und Wasserverbrauch herauszuführen. Mittlerweile sind die Freisetzungsexperimente mit gentechnisch veränderten Pflanzen global so weit fortgeschritten, daß von gentechnikfreien Zonen sowieso nicht mehr die Rede sein kann und deshalb Schadensbegrenzung durch Kooperation betrieben werden muß.

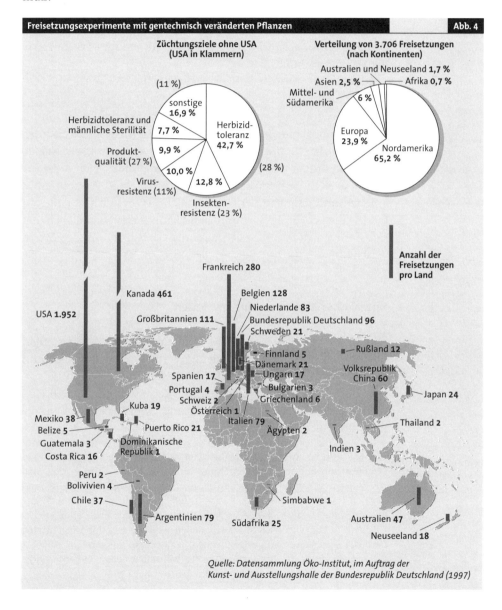

Freisetzungsexperimente mit gentechnisch veränderten Pflanzen Abb. 4

Züchtungsziele ohne USA
(USA in Klammern)

(11 %)

sonstige 16,9 %

Herbizidtoleranz und männliche Sterilität 7,7 %

Herbizid-toleranz 42,7 %

Produkt-qualität (27 %) 9,9 %

10,0 %

12,8 %

(28 %)

Virus-resistenz (11%)

Insekten-resistenz (23 %)

Verteilung von 3.706 Freisetzungen
(nach Kontinenten)

Australien und Neuseeland **1,7 %**
Asien **2,5 %** — Afrika **0,7 %**
Mittel- und
Südamerika **6 %**

Europa **23,9 %**

Nordamerika **65,2 %**

Anzahl der Freisetzungen pro Land

Frankreich **280**

Kanada **461**

Belgien **128**
Niederlande **83**

USA **1.952**

Großbritannien **111**

Bundesrepublik Deutschland **96**
Schweden **21**

Finnland **5**
Dänemark **21**
Ungarn **17**

Rußland **12**

Volksrepublik China **60**

Spanien **17**
Portugal **4**
Schweiz **2**
Österreich **1**

Bulgarien **3**
Griechenland **6**

Japan **24**

Kuba **19**

Italien **79**

Ägypten **2**

Thailand **2**

Mexiko **38**
Belize **5**
Guatemala **3**
Costa Rica **16**

Puerto Rico **21**
Dominikanische Republik **1**

Indien **3**

Peru **2**
Bolivivien **4**

Chile **37**

Argentinien **79**

Südafrika **25**

Simbabwe **1**

Australien **47**

Neuseeland **18**

Quelle: Datensammlung Öko-Institut, im Auftrag der
Kunst- und Ausstellungshalle der Bundesrepublik Deutschland (1997)

Gentransfer ist in freier Natur nicht kontrollierbar. Transgene Pflanzen übertragen ihre veränderten Merkmale durchaus auf Pflanzen in der Nachbarschaft oder auf verwandte Wildpflanzen. Auch Kreuzungen durch Pollenflug sind mittlerweile bekannt. So kann es im nächsten Jahrhundert nicht mehr um die gegenseitige Verteufelung oder ein Entweder-Oder gehen, sondern nur um sinnvolle und intelligente Kombinationen, Pflanzengesundheit und Bodenfruchtbarkeit zu stärken und regional angepaßte Sorten auszuwählen, im Rückgriff auch auf die jeweils neusten Erkenntnisse der Erbgutforschung.

Für Europa und auch darüber hinaus hat das hier vertretene Leitbild ökologischer Agrar-Kultur Zukunft, wenn es gelingt, diese angedeuteten Kooperationen in die Praxis umzusetzen. Ernährungssicherheit mit ökologischen Mitteln zu schaffen ist weltweit möglich. Daß dabei Kompromisse eingegangen werden müssen, ist klar. Aber es ist immer noch besser, z.B. im Sinne integrierten Anbaus – also einer Kompromißlösung – mit deutlich weniger Agrargiften zu arbeiten und damit in der Summe auch ökologisch viel Gutes zu bewirken, als beim konventionellen Landbau stehenzubleiben, der nur wenigen nutzt und auf Dauer die Globalisierung der Armut verschärft.

Permakultur: Die kommende Revolution

Eine wirkliche Revolution für die Land- und Lebensmittelwirtschaft im nächsten Jahrhundert würde die Verbreitung der Permakultur darstellen. Sie könnte für regionale Ernährungssouveränität sorgen, ist in Städten gleichermaßen möglich wie in ländlichen Räumen und schafft vielfältige Betätigungsfelder für Menschen, die nach sinnvollen Aufgaben suchen.

»Permakultur ist eine Kunst, die uns zeigt, wo etwas hingehört, damit es in Übereinstimmung mit anderen Dingen arbeiten kann. Wann immer man das mißachtet, kommt man in Schwierigkeiten. Jede Zugabe, die nicht automatisch ersetzt wird, muß man selbst ersetzen. Arbeit ist die Befriedigung unbefriedigter Bedürfnisse. Jedes Produkt, das nicht dorthin weitergereicht wird, wo es benötigt wird, muß vermieden werden. Alle unbeabsichtigten Produkte sind Verunreinigungen, und alle Verunreinigungen sind unbeabsichtigte Produkte. Nichts davon ist nötig, wenn man jedes Element richtig, gemäß seiner Bedürfnisse und Produkte plaziert hat.«[10]

Das jedenfalls behauptet Bill Mollison, der Begründer der Permakultur und weltweit anerkannter Praktiker in dieser Landbauform. Permakultur – von englisch *permanent agriculture* – ist ein Kulturentwurf, der auf die Grundlagen der menschlichen Zivilisation zurückverweist: die Landwirtschaft. Ursprünglich als dauerhafte Landwirtschaft gemeint, umfaßt das Konzept heute mehr: eine Planungs- und Designstrategie mit dem Ziel, stabile, sich selbst erhaltende Systeme im Einklang mit ökologischen Prinzipien zu schaffen, die den Menschen nicht nur Nahrung schenken, sondern auch Energie, Wärme, sinnvolle Freizeitbeschäftigung und einen neuen, sinnlichen Bezug zu elementaren Lebensgrundlagen. Die Grundideen zur Permakultur entstanden in den 70er Jahren in Australien und wurden seitdem in zahlreichen anderen Ländern erprobt und weiterentwickelt.

Die Grundideen zur Permakultur entstanden in den 70er Jahren in Australien.

Das Architektenehepaar Margret und Declan Kennedy hat in Deutschland bis hin zum Eigenheimbau Permakulturprojekte verwirklicht. Ein permakulturelles Planungsvorhaben wurde Mitte der 80er Jahre für die Dortmunder Universität und ihre Umgebung durchgeführt.

Wie *Abb. 5* zeigt, gliedert sich das Permakulturgelände in fünf Zonen, von einer baulich genutzten Zone bis hin zu einer Waldzone. Die Zonen werden so miteinander verbunden, daß eine sogenannte eßbare Landschaft entsteht. Es wird größter Wert darauf gelegt, möglichst viel Synergien zwischen menschlicher Nutzung, Tieren als Mitarbeitern, Pflanzenkulturen und Wald aufzubauen. Permakultur verknüpft beispielsweise durch Anlehngewächshäuser energie- und wassersparende Ver- und Entsorgungstechniken mit der ganzjährigen Produktion von Nutzpflanzen, der Verwendung von Sonnen- und Windenergie sowie biologischer Baustoffe.

Ernte Gut – Permakultur in Oberbayern. 35 Kilometer östlich von München liegt auf einem sieben Hektar großen Grundstück das Permakulturprojekt Ernte Gut. Der Betrieb wurde 1993 von Peter Birkett gegründet, der sich aus seiner Position als Leiter der Landschaftsgestaltung bei den Herrmannsdorfer Landwerkstätten heraus als Permakulturpraktiker, -berater und –lehrer selbständig machte. Hauptziel des Projektes ist es, Beziehungen und Zusam-

---

10 Bill Mollison, *Permakulture, A Designer's Manual*, Tagari Publications, Tyalgum, Australia, Dez. 1988

Permakulturgelände im Umweltkulturpark Dortmund Abb. 5

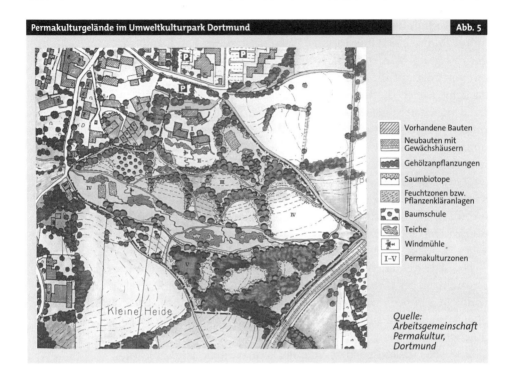

Vorhandene Bauten

Neubauten mit
Gewächshäusern

Gehölzanpflanzungen

Saumbiotope

Feuchtzonen bzw.
Pflanzenkläranlagen

Baumschule

Teiche

Windmühle

I–V Permakulturzonen

Quelle:
Arbeitsgemeinschaft
Permakultur,
Dortmund

menhänge in der Natur zu erkennen und deren Umsetzung in praktische Arbeitsformen für eine Permakulturlandwirtschaft zu untersuchen. Der Betrieb ist als einschlägiger Ausbildungsbetrieb anerkannt.

Für den Besucher ist Ernte Gut schon auf den ersten Blick ganz »anders«. Die Betriebsfläche unterscheidet sich deutlich von den benachbarten Äckern und Feldern, vor allem durch die Hecken-strukturen, die sie durchziehen. Im Süden des Geländes wurde 1988 die »Sonnenfalle« angelegt, als zentrales Element jeder Perma-kultur eine Mischung aus geplanter Anpflanzung und natürlichem Wildwuchs, um möglichst viel Syntropie zu erhalten. Ganze Felder werden nach Norden hin mit Sträuchern, Bäumen oder wider-standsfähigen Stauden geschützt, sind nach Süden dagegen offen. So entsteht ein Mikroklima, das – neben Beeren, Kräutern und Blu-men – für mitteleuropäische Witterungsverhältnisse eher untypi-sche Pflanzen wie Paprika oder Artischocken heranreifen läßt, aber auch für Wein und Auberginen geeignet ist.

Auf dem Gelände lebt eine gemischte Gemeinschaft von Tieren. Shropshire Schafe sorgen für das saubere Abweiden der Flächen zwischen den Hecken, die auch als Schattenplätze dienen, und halten das Gras unter den jungen Obstbäumen kurz. Gänse unterstützen diese Arbeit und sorgen für eine gute Weidequalität. Die Hühner pflegen die Obstbäume im Sommer und putzen den Garten im Winter durch. Laufenten sorgen dafür, daß im Sommer die Schnecken nicht überhandnehmen können.

Die maschinelle Arbeit steht ganz im Hintergrund. Ein Balkenmäher und ein 43 Jahre alter Eicher-Schlepper erledigen die meisten Arbeiten. Das Ziel wäre, ganz auf Maschinen zu verzichten, entsprechende Lösungen werden gesucht. Das Leben mit den Tieren ist in diesem Projekt ein wichtiges Thema, die Verantwortung für die domestizierten Tiere wird ernstgenommen, bewußt werden Wege gesucht, sie in ein Ökosystem zu integrieren, das ihren natürlichen Bedürfnissen gerecht wird und wo sie nicht nur als Mast- oder Produktionseinheiten gesehen werden.

Durch das Permakulturkonzept wird die Entstehung und Produktion von Nahrungsmitteln in ein umfassendes Gesamtsystem von Mensch, Tier, Pflanze, Behausung und Umwelt eingebettet. Im Ernte Gut-Hof werden diese vormals isolierten Elemente zu einem engmaschigen, stabilen und ertragreichen Beziehungsnetzwerk verknüpft – zugunsten eng gekoppelter ökologischer Kreisläufe. Die Abfälle der einen Tier- oder Pflanzenart werden als Rohstoff für die nächste genutzt. Permakulturanhänger sind auch überzeugt, daß die einzelnen Bereiche eines landwirtschaftlichen Betriebes – also Wohn- und Gewächshaus, Hühnerstall, Obstfelder und Teiche – nicht getrennt anzulegen sind. Der Effekt jedes einzelnen Teiles kann nun zur Stabilität und Gesundheit des Ganzen beitragen. Ernte Gut bietet so ein glänzendes Beispiel für die regenerative Produktion von gutem Essen.

Die Herrmannsdorfer Landwerkstätten am Kronsberg

Den Mittelpunkt der EXPO 2000 in Hannover bilden exemplarische Modellversuche, die sich mit den Herausforderungen der Weltwirtschaft auseinandersetzen. Neben dem Themenpark sind es insbesondere die verstreut außerhalb des Ausstellungsgeländes liegenden und auf nachhaltige Verbesserung der Umwelt- und Lebensqualitäten zielenden weltweiten Projekte wie z.B. die Herrmannsdorfer Landwerkstätten am Kronsberg in Hannover.

> Die Hühner pflegen die Obstbäume im Sommer und putzen den Garten im Winter durch.

Diese Landwerkstätten sind eine vom Lebensmittelunternehmer Karl Ludwig Schweisfurth inspirierte und organisierte Dorfneugründung, mit der aber durchaus nicht die romantische Vorstellung vom alten Dorf heraufbeschworen werden soll. Das geht nicht, und das will auch niemand. Im Blickpunkt steht vielmehr der Bauer, der Ackerbau und Viehzucht betreibt. Der neue Bauer weiß um Bodenfruchtbarkeit und Pflanzengesundheit. Er weiß, wie man ohne Kunstdünger und Agrochemikalien gute Ernten in guter Qualität in die Scheuer einfährt. Er weiß mehr über die artgerechten Bedürfnisse seiner Tiere. Ihm sind Begriffe wie Würde der Tiere oder Tiere als Mitgeschöpfe oder Achtung vor der Kreatur nicht fremd. Er weiß auch moderne Techniken sinnvoll einzusetzen, solange sie sich im Einklang mit der Natur befinden und nicht gegen die Natur und auch nicht gegen die Natur des Menschen gerichtet sind.

Der neue Bauer weiß um Bodenfruchtbarkeit und Pflanzengesundheit.

Der Bauer bzw. die Gemeinschaft von Bauern arbeiten zusammen mit dem Gärtner, der Gemüse anbaut, dem Metzger, dem Bäcker, dem Käser, dem Brauer, dem Schnapsbrenner und dem Imker. Sie haben wieder gelernt, achtsam und schonend Pflanzen und Tiere in Lebens-Mittel umzuwandeln, so daß deren naturgegebene Kräfte und Wirkungen – das, was das Leben ist – erhalten bleiben, ohne unnötige Zwischenlagerung und Transporte und ohne unnötige Verpackung, die nur die Kosten erhöhen sowie Qualität und Frische mindern. Die Lebens-Mittel-Handwerker, die sich auf gute alte handwerkliche Techniken rückbesonnen haben, können diese mit dem modernen Wissen auf der Höhe der Zeit verbinden und moderne Technologien sinnvoll einsetzen, ohne daß dadurch die Menschen überflüssig würden. Sie machen ökologische und nachhaltige Wirtschaftsweisen zum selbstverständlichen Prinzip ihres Handelns.

Die Herrmannsdorfer Landwerkstätten am Kronsberg schaffen eine ökologische Lebens-Mittel-Qualität, die Gesundheit und Wohlbefinden fördert und wie vorbeugende Medizin für ein gutes und langes Leben wirkt. So entsteht eine Eß-Genuß-Kultur, die vom Aussterben bedroht ist. Der inneren Logik folgend sind solche Lebens-Mittel gentechnikfrei.

Das EXPO-Projekt Herrmannsdorfer Landwerkstätten am Kronsberg – Rahmenbedingungen und Prinzipien

1. *Der landwirtschaftliche Betrieb*
   Der Ackerbau ohne Chemie fördert eine natürliche und nachhaltige Bodenfruchtbarkeit. Die gesamte landwirtschaftliche Nutzfläche befindet sich im Besitz der Landeshauptstadt Hannover und wird über einen langfristigen Vertrag (50 Jahre) in Erbpacht zur Verfügung gestellt, ebenso das Baugrundstück für die Wirtschaftsgebäude. Die Fläche ist arrondiert und umfaßt 100 Hektar. Hiervon sind je 50 Hektar für Ackerbau- und Grünlandbewirtschaftung vorgesehen. Es ist beabsichtigt, ca. 20 Hektar Ackerland hinzuzupachten. Weitere 60 Hektar stehen als Extensivgrünland für die Schafbeweidung zur Verfügung.

2. *Tierhaltung*
   Die Tierhaltung respektiert und orientiert sich an den Bedürfnissen und der Würde der Tiere. Die Schweinehaltung findet im »Schweinedorf« mit ca. 300 Mastplätzen statt. Milchvieh wird im Laufstall mit Weidegang gehalten. Ca. 50 Milchkühe mit einem Kontingent von 300.000 Litern Milch im Jahr liefern gute Milch für die Käseherstellung. Schafe werden in einer Herde von ca. 80 Muttertieren mit Nachzucht im Rahmen der Landschaftspflege als Dienstleistung für die Stadt Hannover auf Extensivgrünlandflächen gepflegt. Ca. 2.000 Hühner leben in Bodenhaltung.

3. *Lebens-Mittel-Verarbeitung*
   Pflanzen und Tiere werden in eigenen Werkstätten (Metzgerei, Käserei, Bäckerei, Brauerei, Brennerei und Imkerei) handwerklich und werterhaltend zu Lebens-Mitteln von höchster ökologischer Qualität verarbeitet. Abfälle werden am Ort in Energie und Dünger umgewandelt.

4. *Lebens-Mittel-Vermarktung*
   Brot, Fleisch, Wurst, Schinken, Käse, Bier und vieles mehr werden frisch und direkt an den Endverbraucher vermarktet – aus der Region für die Region. Die Vermarktung und der Verkauf von hofeigenen Erzeugnissen soll erfolgen über ein Wirtshaus, einen Hofladen mit ca. 200 qm Verkaufsfläche, sechs Verkaufsläden in verschiedenen Stadtteilen mit einer Verkaufsfläche von jeweils ca. 120 bis 150 qm, einen Verkaufsstand in der Markthalle, Messe- und EXPO-Stände, Belieferung von öffentlichen und sozialen Einrichtungen, Belieferung von privaten Unternehmen und Catering.

5. *Dorfwerke*

Der gesamte Energie- und Technikbereich ist entscheidender Bestandteil des Projekts. Die Dorfwerke umfassen eine Windkraftanlage, eine Biogasanlage mit Blockheizkraftwerk, eine Solaranlage, Pflanzenkläranlage, Regenwassersammelanlage sowie den Anschluß an das öffentliche Versorgungsnetz. Die Dorfwerke können als selbständiger Unternehmensbereich oder durch die Betreibergesellschaft geführt und organisiert werden. Daß dieses Projekt Schule macht, ist angesichts der zunehmenden Verdichtung von Lebensräumen weltweit zu erwarten. Immer dort, wo ein regionaler Käufermarkt von etwas mehr als einer Million Menschen vorhanden ist, ließe sich ein land- und lebensmittelwirtschaftliches Zukunftsprojekt ähnlich der Herrmannsdorfer Landwerkstätten am Kronsberg praktisch realisieren und wirtschaftlich führen. Daß dabei pro Betrieb ca. 100 Vollerwerbsarbeitsplätze geschaffen werden konnten, ist nur ein kleiner Nebeneffekt.

6. *Bildungswerk*

Ein wesentliches Anliegen der Herrmannsdorfer Landwerkstätten ist neben der Synthese von landwirtschaftlicher Primärerzeugung, Lebens-Mittel-Verarbeitung und Lebens-Mittel-Vermarktung auch die Synthese von Bildung, Erziehung und Kommunikation. Unsere Kinder und Enkel müssen lernen zu entscheiden, welche Wege in die Zukunft unserer Erde und der Menschheit führen. Dafür sollen sie sensibilisiert und vorbereitet werden. Kinder und sicher auch Erwachsene werden an die Geheimnisse der Natur und des Lebens herangeführt. Die Sinne können geschult und ein neuer Umgang damit erlernt werden: lernen zu riechen, zu schmecken, zu sehen und zu fühlen – lernen zu erkennen und zu gestalten. Kopf, Herz und unsere Hände müssen gleichrangig und gleichwertig nebeneinander leben, lernen und erfahren, um dann miteinander das Gelernte in allen Lebensbereichen und Berufen einzubringen und umzusetzen. Diese Ziele will das Bildungswerk verfolgen und in praktischen Unterricht und Lehrgänge umsetzen.

Essen und Wirtschaft: Gutes Essen als Beitrag zu einer nachhaltigen Entwickung

Mit jeder Kaufentscheidung, die der Befriedigung seines Grundbedürfnisses nach hinreichender und sättigender Nahrung dient, entscheidet der Konsument über die Zukunft des Lebens auf der Welt mit. Heute wird die Welt als globaler Markt begriffen – in einer Ausschließlichkeit, die allerdings gewiß nicht mehr lange unbestritten bleiben wird, denn im nächsten Jahrhundert wird sich dieses Paradigma zugunsten eines nachhaltigen Verständnisses von Leben auf der Welt und mit der Natur ändern müssen. Essen und Trinken haben immer auch eine ökonomische Seite: auf der Ebene des privaten Haushaltes genauso wie auf der Ebene regionaler Wirtschaftsräume und globaler Austauschprozesse von Rohstoffen für Lebensmittel und auch von industriell aufbereiteten Nahrungsmitteln, die derzeit weltweit von überallher nach überallhin transportiert werden. Als Leitbild für den globalen Markt der Lebensmittel gilt, daß alles zu allen Zeiten überall zur Verfügung steht. Derzeit ist die Welt ein globales Treibhaus für die asaisonale Befriedigung von Lüsten und ehemals saisonalen Gewohnheiten rund um die Ernährung. Schon deshalb ist zu erwarten, daß sich der Trend zur Konzentration der »guten Sachen« bei den kaufkräftigen Konsumenten fortsetzt und der Markt bestenfalls zur minimalen Sättigung der ärmeren Bevölkerungskreise funktioniert. Daß das alles nicht im Einklang mit einem Überleben der Gattung Mensch auf diesem Erdball steht, ist offensichtlich.

Derzeit ist die Welt ein globales Treibhaus für die asaisonale Befriedigung von Lüsten.

Der Weg ins nächste Jahrhundert muß deshalb durch eine ökologisch-soziale Wirtschaft gekennzeichnet sein, die global so strukturiert ist, daß gerade im Bereich der Lebensmittelversorgung die regionalen und lokalen Kräfte wieder voll wirksam werden können. Ein EXPO-Projekt ganz im Westen des Bodensees hat in diesem Zusammenhang echte Vorbildfunktion. Wer den Bodanrück erstmalig besucht, traut seinen Augen kaum. Satte Wiesen, aus denen Wiesensalbei, Kuckuckslichtnelken und Orchideen hervorlugen, umschmeicheln die Südhänge. Inmitten der südlichen Hangausläufer liegt Kaltbrunn. Am Ortsrand thront der Hof von Helmut Müller. Der Landwirt bewirtschaftet 300 Meter über Seehöhe etwa 100 Hektar landwirtschaftliche Flächen nach Demeter-Richtlinien. Im eigenen Hofladen werden neben Fleisch, Wurst und Milch auch Auszugsmehle aus der Dinkel- und Emmerverarbeitung angeboten.

Auf den ersten Blick ein Biobauer wie viele andere in der Republik. Doch Müller pflegt darüber hinaus noch 200 Hektar Naturschutzflächen. Die Natur dankt es mit üppiger Blumen- und Kräuterpracht. Müller ist einer der Vorzeigelandwirte des seit 1991 laufenden Modellprojekts Konstanz, das mehrere Ziele gleichzeitig verfolgt: einerseits Naturbiotope zu vernetzen sowie eine umwelt-schonende Landbewirtschaftung (Extensivierung) zu erreichen, andererseits die daraus hervorgehenden Produkte regional zu verarbeiten und zu vermarkten. Helmut Mussgay, Chef des zuständigen Amtes für Landwirtschaft in Stockach, will möglichst viele Bodenseebauern gewinnen: »Nur mit Hilfe der Landwirte ist es möglich, die ausgeprägte Kulturlandschaft am Bodensee zu erhalten.«

Radolfzell ist die eigentliche Keimzelle des Projekts. Auf Initiative des BUND-Vorsitzenden Gerhard Thielcke wurden dort bereits Ende der 80er Jahre erste Projekte einer umweltschonenden Landbewirtschaftung und Biotopvernetzung angestoßen. Schon bald erfolgte der Brückenschlag zu Fachbehörden, Landratsamt und schließlich zum Ministerium für den Ländlichen Raum (MLR) in Baden-Württemberg. Ziel war die Ausweitung von der Modellgemeinde zur Modellregion. Ende 1991 trafen sich Landwirte und private Naturschützer aus dem Landkreis Konstanz sowie Vertreter der Landwirtschafts- und Naturschutzverwaltung zur konstituierenden Sitzung eines Kernarbeitskreises. Dieser Runde Tisch kommt seither alle vier bis sechs Wochen zusammen, um Ideen aufzugreifen und neue Vorhaben anzuschieben.

Darüber hinaus wurde in der Funktion eines Quasi-Aufsichtsrates ein projektbegleitender Arbeitskreis ins Leben gerufen, in dem überregionale Fachbehörden die Leitziele des Projekts abstimmen. Neben Zuschüssen vom Ministerium und von der Stiftung Naturschutzfonds wird die Hälfte des Gesamtetats seit 1994 von der EU gefördert. In den letzten Jahren sind vor allem auch Vermarktung und Absatz landwirtschaftlicher Produkte in den Mittelpunkt der Aktivitäten geraten. Insgesamt wird das im Jahr 2000 auslaufende Modellprojekt Konstanz 2,7 Millionen Mark kosten.

Um für das Projekt breite Unterstützung zu gewinnen, hat man in den letzten Jahren auch mit der wirtschaftlichen Beratung von bäuerlichen Betrieben im Landkreis Konstanz begonnen. Hier steht das Modellprojekt Pate für viele Einzelbetriebe. Das erfolgreichste Vermarktungsbeispiel der gesamten Bodenseeregion betrifft den preisgekrönten Apfelsaft von Streuobstwiesen. Damit sind im Gegensatz zu den Plantagen Einzelbäume und Baumgruppen gemeint, die nicht in Reih und Glied gepflanzt werden, sondern verstreut in der Landschaft stehen. Der Name Streuwiese kommt übrigens ursprünglich daher, daß man das für Viehfutter wenig geeignete Mähgut als Einstreu verwertet hat.

Das erfolgreichste Vermarktungsbeispiel betrifft den preisgekrönten Apfelsaft der Streuobstwiesen.

Ausgangspunkt des Vorhabens waren die am Bodensee weit verbreiteten hochstämmigen Streuobstwiesen. Durch den Preisverfall bei Äpfeln fielen in der Vergangenheit die weniger ergiebigen Streuobstbäume immer öfter der Rodung zum Opfer. Gerade einmal 20 Mark pro 100 Kilogramm wurde für Streuobst gezahlt. Der einzige Ausweg: ein besserer Preis für den Produzenten. Bereits 1987 begann der BUND mit kleinen Projekten und einem garantierten Abnahmepreis von mindestens 35 Mark pro Doppelzentner. Die jährlich hergestellten 10.000 Liter Apfelsaft wurden zunächst von privaten Naturschutzgruppen verkauft. 1993 fanden sich dann, unter Beteiligung des Modellprojekts, vier interessierte Keltereien. Alle beteiligten Apfelbauern mußten strenge Richtlinien beim Anbau anerkennen: kein Spritzen, keine leicht löslichen Stickstoffdünger, regelmäßige Kontrollen und Saftproben. 1997 wurden 650.000 Liter Apfelsaft von Streuobstwiesen am Bodensee über Getränkefachhandel und Gastronomie abgesetzt. 200 Landwirte bewirtschaften hierfür 230 Hektar Wiesen. Das entspricht etwa einer Million Kilogramm Äpfel.

Der jüngste Coup des Modellprojekts Konstanz ist der hiesige Bauernmarkt, der bisher größte in ganz Baden. Mitten in der Fußgängerzone in einer Geschäftspassage hat eine Kooperative aus 15 Betrieben unter dem Namen Bauernmarkt Verein e.V. über 400 Quadratmeter Ladenfläche angemietet. Die regionale Produktpalette reicht vom Süßwasserfisch über Fleisch, Wurst, Obst und Gemüse bis hin zu Topf- und Zierpflanzen. Der Verkauf läuft zweigleisig. Innerhalb einer Bio-Insel verkaufen fünf Betriebe streng nach ökologischem Landbau hergestellte Produkte.

Ein Lichtblick, sicher! Die schnöde Realität sieht leider in vielen Teilen noch anders aus. Wenn wir nämlich das Ernährungsgewerbe in der Bundesrepublik Deutschland näher betrachten, zeigt sich, daß zwar die Umsätze leicht zu-, die Arbeitsplätze hingegen abnehmen, daß ständig weitere Betriebe schließen müssen und Unternehmenskonzentrationen an der Tagesordnung sind. Dadurch erleidet der mittelständische Charakter der Ernährungsbranche kontinuierlich Schaden, und der Import von Lebensmitteln wird weiter angekurbelt. Darüber hinaus ist die Branche seit Jahren durch sinkende Investitionen gekennzeichnet und durch unterdurchschnittlich ausgeprägte Aktivitäten im Bereich der Forschung und Entwicklung. Auch der Export ist schwach. Diese Strukturmerkmale des Ernährungsgewerbes im hochindustrialisierten

Die regionale Produktpalette reicht vom Süßwasserfisch über Fleisch bis hin zu Zierpflanzen.

Deutschland lassen sich auch in anderen Industrieländern finden. Das heißt für uns, daß es nur noch wenige Jahre möglich sein wird, auf eine Gewerbestruktur zurückzugreifen, die für ein nachhaltiges, regionales Lebensmittelversorgungssystem taugt. Umso wichtiger ist eine zügige ökologische Ausrichtung der Marktwirtschaft.

Lebensmittelwelt Europa:
Der Ausbau zur Ökologischen Marktwirtschaft

In seiner Studie *Nachhaltiges Deutschland. Wege zu einer dauerhaften umweltgerechten Entwicklung* schreibt das Umweltbundesamt, was unter einer nachhaltigen Lebensmittelwirtschaft zu verstehen ist:

Ein wichtiges Zwischenziel ist die Minderung der CO$_2$-Emissionen.

»Nachhaltigkeit der Nahrungsmittelindustrie verlangt, Lebensmittel in einem Umfang und einer Qualität zu produzieren und zu verarbeiten sowie zu transportieren, daß die Einflüsse auf Boden, Wasser, Luft und Klima auch bei Fortsetzung über zahlreiche Generationen keine relevanten Schäden am Naturhaushalt und den natürlichen Lebensgrundlagen zur Folge haben. Ein wichtiges Zwischenziel ist dabei die Minderung der CO$_2$-Emissionen in Deutschland um mindestens 25 Prozent bis zum Jahre 2005 auf der Basis von 1990.

Eine Vielfalt des Nahrungsmittelangebots kann nur durch Handel und Austausch von Warenströmen sichergestellt werden. Dieser Handel darf jedoch nicht unter hohen Umweltbelastungen und anderen externen Effekten betrieben werden. Das bedeutet u.a. die Senkung der Energieintensität der Nahrungsmittelerzeugung und -verarbeitung. Eine Vermarktung von Nahrungsmitteln unter Nachhaltigkeitsaspekten vermeidet umweltbelastende Transporte durch regionale Versorgungskonzepte, fordert die Stärkung lokaler Absatzmärkte und legt um externe Kosten korrigierte Transportpreise zugrunde, die allein schon viele Transporte vermeiden und/oder verringern würden. Hierdurch wird gewährleistet, daß der verbleibende Handel mit Nahrungsmitteln und landwirtschaftlichen Einsatzstoffen auch tatsächlich die Wohlfahrt erhöht, und nicht hauptsächlich die Einkommen der Handelsunternehmen auf Kosten der Allgemeinheit und der Umwelt. Eine nachhaltige Nahrungsmittelproduktion schließt auch einen möglichst geringen Energieaufwand bei der Herstellung und Verpackung der Lebensmittel ein.

Ziele einer nachhaltigen Nahrungsmittelverarbeitung und der Transporte umfassen:

• Minderung der CO$_2$-Emissionen bei der Verarbeitung im Blick auf das Gesamtreduktionsziel von 25 Prozent bis 2005;
• Einführung von Abgasgrenzwerten für landwirtschaftliche Maschinen und Geräte und Minimierung der motorseitigen Emissionen;

- Anrechnung der externen Kosten auf die Transportpreise;
- Reduktion des Transportaufwandes bei Lebensmitteln;
- Stärkung regionaler Versorgungskonzepte und Absatzmärkte;
- Berücksichtigung von Verbraucherinteressen.«[11]

Wenn wir dieses Leitbild wirklich umsetzen wollen, dann müssen wir uns auf eine ganze Reihe von Maßnahmen verständigen: Da wäre zunächst mit allen Mitteln daran zu arbeiten, Abfall und Energieverbrauch zu verringern. Das betrifft neben der Herstellung auch die Verpackung von Nahrungsmitteln.

Des weiteren muß es darum gehen, die sogenannten externen Kosten, die sich auf Umweltgüter wie Luft und Wasser, aber auch den Schadstoffeintrag in den Boden beziehen, der durch Nahrungsmittelproduktion und -verarbeitung entsteht, zu internalisieren. Das heißt im Klartext: Wir benötigen gesetzliche Regelungen, die idealerweise die Verursacher solcher Kosten zu entsprechenden Zahlungen an die Geschädigten und Betroffenen verpflichtet. Studien, die schon in den 70er Jahren gemacht wurden, haben beispielsweise gezeigt, daß Staub und Abgase in der Luft nicht nur die menschliche Gesundheit, sondern auch den Organismus von Tieren schädigen. Luftverschmutzung mindert z.B. die Milch- und Fettleistung von Rindern. Genauso führt sie zu Wachstums- und Ertragsminderung bei Obst und Gemüsen und bringt landwirtschaftliche Einkommenseinbußen und Verluste durch den sogenannten »Artentod«. Von dieser Internalisierung der Kosten sind aber auch die Bauern direkt betroffen, die bei unökologischer Bewirtschaftung zu Boden- und Wasserschäden beitragen, die letztlich der Verbraucher über höhere Kosten des aufwendig wiederaufzubereitenden Trinkwassers ausgleichen muß. In diesem Zusammenhang gehört auch die Begrenzung der Emissionen landwirtschaftlicher Maschinen und Nutzfahrzeuge durch gesetzliche Einführung von Abgasgrenzwerten.

Staub und Abgase in der Luft schädigen nicht nur die menschliche Gesundheit.

Für das angesprochene Leitbild ökologischer Lebensmittelversorgung gehören von Verbraucherseite breit angelegte Kampagnen zur Unterstützung und Förderung gesundheitsbewußter Ernährung dazu. Diese Kampagnen müssen das individuelle Konsum- und Ernährungsverhalten in den Mittelpunkt der Veränderung rücken. Dazu gehört zuallererst die Reduktion des Fleischkonsums.

---

11 Umweltbundesamt (Hg.), *Nachhaltiges Deutschland. Wege zu einer dauerhaft umweltgerechten Entwicklung*, Berlin 1997, S. 137 f.

Schließlich kann die Ökologisierung nur durch umfassende regionale Versorgungskonzepte gewährleistet werden, die die Lebensmitteltransporte deutlich reduzieren und die externen Kosten des Verkehrswesens dort, wo sie noch nötig sind, auf die Produktpreise schlagen. Die Preise müssen endlich die Wahrheit sagen. *Abb. 6* zeigt, daß das ökologische Leitbild vom guten, informierten Essen beispielsweise bei der regionalen und handwerklichen Erzeugung von Schweinen, Schweinefleisch und Schweinefleischerzeugnissen auch unter Kostengesichtspunkten besser abschneidet als in einer hocharbeitsteilig spezialisierten, industrialisierten Produktion. Letztere führt nämlich durch die vielfältigen Transport-, Kühl- und Lagerkosten, die zwischen den einzelnen Produktions- und Vermarktungsgängen liegen, zu Kosten, die der Verbraucher zwar heute noch nicht sieht, weil sie hinwegsubventioniert werden, aber in Zukunft sehr wohl sehen wird, da das Subventionssystem sich gerade für den Landwirtschafts- und Ernährungsbereich im nächsten Jahrhundert nicht wird halten lassen.

Die Preise müssen endlich die Wahrheit sagen.

Die Enquête-Kommission »Schutz der Erdatmosphäre« des Deutschen Bundestags hat in drei Fallstudien gezeigt, daß die Umorientierung in Richtung einer nachhaltigen Lebensmittelwirtschaft dringend notwendig ist, um, gemessen an CO_2-Äquivalenten, die knappen natürlichen Ressourcen nicht überzustrapazieren.

In einer ersten Fallstudie wurde beispielsweise die saisonale mit der asaisonalen Bereitstellung von Tafelobst verglichen. Während die saisonale Bereitstellung von 20 Kilogramm Äpfeln aus regionalem Anbau eine Belastung in Höhe von 9,25 Kilogramm CO_2-Äquivalent verursachen, führt die asaisonale Versorgung mit Äpfeln aus Neuseeland zu einer um 14 Prozent höheren Belastung (12,7 Kilogramm).

In einer zweiten Fallstudie wurden eine fleischhaltige (Frikadelle) und eine fleischlose (Backling) Menükomponente miteinander verglichen. Es konnte nachgewiesen werden, daß die Primärenergiemenge zur Bereitstellung einer Frikadelle doppelt so hoch ist wie die zur Bereitstellung eines Getreidebacklings. Bezogen auf die Klimabelastung ergab sich bei der fleischhaltigen Komponente die 13fache Menge an CO_2-Äquivalenten gegenüber der fleischlosen Komponente.

Eine dritte Fallstudie verglich die Klimarelevanz eines Fertiggerichts mit der Direktzubereitung einer gleichwertigen Mahlzeit. Trotz aller Unterschiede im einzelnen standen sich beide Gerichte

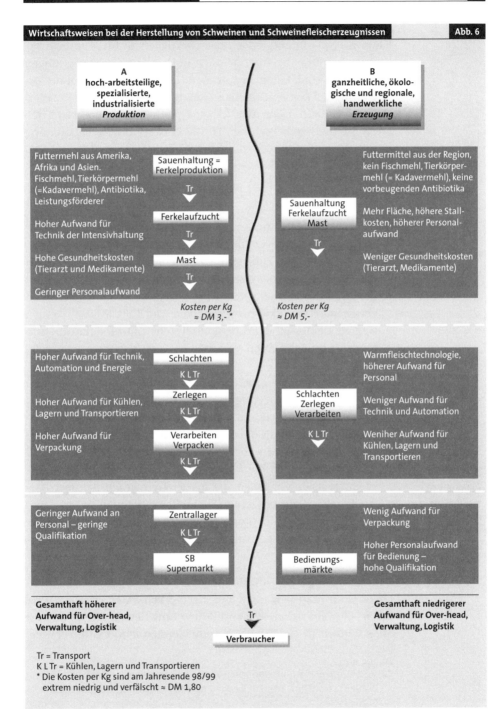

Wirtschaftsweisen bei der Herstellung von Schweinen und Schweinefleischerzeugnissen　Abb. 6

A
hoch-arbeitsteilige, spezialisierte, industrialisierte *Produktion*

B
ganzheitliche, ökologische und regionale, handwerkliche *Erzeugung*

Futtermehl aus Amerika, Afrika und Asien. Fischmehl, Tierkörpermehl (=Kadavermehl), Antibiotika, Leistungsförderer

Hoher Aufwand für Technik der Intensivhaltung

Hohe Gesundheitskosten (Tierarzt und Medikamente)

Geringer Personalaufwand

Sauenhaltung = Ferkelproduktion
Tr
Ferkelaufzucht
Tr
Mast
Tr

Kosten per Kg ≈ DM 3,-*

Futtermittel aus der Region, kein Fischmehl, Tierkörpermehl (= Kadavermehl), keine vorbeugenden Antibiotika

Mehr Fläche, höhere Stallkosten, höherer Personalaufwand

Weniger Gesundheitskosten (Tierarzt, Medikamente)

Sauenhaltung Ferkelaufzucht Mast
Tr

Kosten per Kg ≈ DM 5,-

Hoher Aufwand für Technik, Automation und Energie

Hoher Aufwand für Kühlen, Lagern und Transportieren

Hoher Aufwand für Verpackung

Schlachten
K L Tr
Zerlegen
K L Tr
Verarbeiten Verpacken
K L Tr

Warmfleischtechnologie, höherer Aufwand für Personal

Weniger Aufwand für Technik und Automation

Weniher Aufwand für Kühlen, Lagern und Transportieren

Schlachten Zerlegen Verarbeiten
K L Tr

Geringer Aufwand an Personal – geringe Qualifikation

Zentrallager
K L Tr
SB Supermarkt

Wenig Aufwand für Verpackung

Hoher Personalaufwand für Bedienung – hohe Qualifikation

Bedienungsmärkte

Gesamthaft höherer Aufwand für Over-head, Verwaltung, Logistik

Tr

Gesamthaft niedrigerer Aufwand für Over-head, Verwaltung, Logistik

Verbraucher

Tr = Transport
K L Tr = Kühlen, Lagern und Transportieren
* Die Kosten per Kg sind am Jahresende 98/99 extrem niedrig und verfälscht ≈ DM 1,80

in puncto Energieeinsatz und Klimabelastung (CO_2-Äquivalente) kaum nach. Während jedoch beim Fertiggericht für Verarbeitung, Verpackung und Lagerung deutlich höhere Energieaufwendungen festzustellen sind, fallen entsprechende Energiemengen bei der Zubereitung des konventionellen Gerichts an (Elektroherd) – allerdings bloß dann, wenn sich lediglich ein einsamer Esser zu Tisch setzt. Bei mehreren Personen ist die konventionelle Zubereitung mit Blick auf die Umweltkosten erheblich günstiger zu bewerkstelligen.

Wir ziehen für unsere Vision aus diesen Fallstudien drei vorläufige Schlußfolgerungen:

- Im nächsten Jahrhundert werden die Endverbraucher wissen, daß die Energieaufwendungen, die durch ihr Einkaufsverhalten, durch ihre Art der Zubereitung der Lebensmittel, durch ihre Art des »Mahl-Haltens« entstehen, von erheblicher Bedeutung für das Wohl der Mitwelt sind. Energieintensive und hochtechnisch verarbeitete Produkte (u.a. Konserven und Tiefkühlkost) werden weniger häufig auf dem Speisezettel stehen als Produkte, die aufgrund ihrer geringeren Verarbeitung von positiver Klimarelevanz sind.
- Die Verbraucher werden ferner Konsumentscheidungen mit Blick auf die Verpackung ihrer Lebensmittel treffen. Ihnen ist nämlich bewußt, daß die Klimarelevanz der Verpackungen tendenziell größer ist als die der Transportvorgänge. Sie werden nur noch hygienisch notwendige Verpackungen tolerieren.
- Schließlich werden die Konsumenten von morgen pflanzliche Produkte jenen vorziehen, die aus der Tierhaltung stammen. Getreide und Gemüse werden die Teller bei einem guten Essen mehr füllen als Milchprodukte. Fleischprodukte werden zunehmend bei kulturellen Anlässen als Delikatesse aufgetischt werden.[12]

Die Konsumenten von morgen werden pflanzliche Produkte vorziehen.

Um die ökologische Umorientierung auf Nachhaltigkeit zu erreichen, kann man sich nicht nur auf die Marktkräfte verlassen. Es bedarf der politischen Willensbildung und Gesetzgebung, um vor allen Dingen in einem alles entscheidenden Punkt eine Verände-

---

12 Vgl. Enquête-Kommission »Schutz der Erdatmosphäre« des Deutschen Bundestages (Hg.), Band 1: *Landwirtschaft*, Teilband II, Resumee S. iii, Bonn 1994

rung auszulösen: die Einbeziehung aller Kosten in das Preissystem. Wer das konsequent durchdenkt, stößt auf einschneidende Berechnungen. Letztlich geben Preise auf Lebensmittel heute nur einen beliebigen, eher zufälligen Teil der tatsächlichen Herstellungs-, Nutzungs- und Beseitigungskosten wieder. Aber es ist davon auszugehen, daß noch vor 2010 ein entsprechend neues Preisgefüge entsteht, in dem die einzelnen Lebensmittel zwar teurer werden, aber Steuern, Krankenkassen und Versicherungsbeiträge sinken und damit all diejenigen entlastet werden, die bestimmte Nahrungsmittel nicht genießen wollen.

> **Es ist davon auszugehen, daß noch vor 2010 ein neues Preisgefüge entsteht.**

Bereits heute sind in den Preisen für Lebensmittel Steuern enthalten, beispielsweise die Mehrwertsteuer, die Lohn- und Einkommensteuer, Gewerbesteuern und andere. Wenn in diesem Gefüge von Steuern und Abgaben eine neue Ordnung im Sinne sozial-ökologischer Verträglichkeit geschaffen wird und möglichst viele der zuordnungsfähigen Kosten einzelnen Produkten direkt angelastet werden, dient das einer größeren Transparenz und einem besseren Wettbewerb. Alternativ wäre eine radikale Vereinfachung des Steuersystems, in der nur noch Steuern an der Quelle – sprich: Energie, Rohstoff-, Bodensteuer – erhoben würden. Das würde auch eine Entlastung der Bürokratie bedeuten.

Wer den wahren Preis für knappe Güter – und dazu gehören Lebensmittel – bezahlt, leistet als Käufer einen Verzicht in Geld dafür, daß andere Menschen oder die Natur für dieses Gut ihrerseits auf etwas haben verzichten müssen. In einer sozial-ökologischen Marktwirtschaft sind die Preise so zu gestalten, daß der potentielle Konsument genau überlegen wird, ob sein subjektives Bedürfnis groß genug ist, um den durch die Befriedigung verursachten Verzicht bei Dritten oder der Natur aufzuwiegen. Wer sich mit den Preisen für Lebensmittel intensiv auseinandersetzt, wird sich des Ausmaßes der eigenen Verantwortung viel stärker bewußt. Eine sozial-ökologische Umorientierung der Wirtschaft vertieft deshalb die Verantwortung des Konsumenten für seine eigenen Entscheidungen – und zwar viel wirkungsvoller als jeder ethische Appell an das Mitfühlen in Richtung Mitmensch und natürlicher Mitwelt. Die theoretische Modellierung und die Ausarbeitung politischer Instrumente zum Aufbau einer ökologisch-sozialen Marktwirtschaft in Europa sind weit gediehen und zeigen die Funktionsfähigkeit, ökologische Angemessenheit und Menschenwürdigkeit dieser zukünftigen Wirtschaftsordnung.[13]

Eine grüne Markt-Agenda für die Land- und Lebensmittelwirtschaft

Wenn die Öko-
nomie weiter-
hin ohne
soziale und
ökologische
Beschränkun-
gen wirken
kann ...

Das bisherige ökonomische Wachstum geht auf Kosten ökologischer Gesundheit und auf Kosten der Vielfalt der Arten. Wenn die Ökonomie weiterhin ohne soziale und ökologische Beschränkungen wirken kann, überleben nur noch die Arten, die in ökonomischer Hinsicht nützlich sind. Das bisherige Wachstum in der Land- und Lebensmittelwirtschaft wird erkauft mit großen Verlusten an Mutterboden, hoher Wasser- und Bodenverschmutzung, Entfremdung der Bauern ihrer bäuerlichen Tätigkeit gegenüber, dem Verfall von ländlichen Gemeinschaften und Gemeinden und einer zunehmenden Störanfälligkeit des Welternährungssystems und der Welternährungsvorräte aufgrund ihrer Abhängigkeit von dem Ernteerfolg nur noch weniger Sorten. Eine grüne Markt-Agenda muß aus diesem kostenintensiven Leitbild der ständig steigenden Produktivität aussteigen, sie muß umsteigen in ein Wachstumsverständnis, das sich in Begriffen von sozialer und ökologischer Verträglichkeit bemißt sowie an dem Kriterium der langandauernden Lebensfähigkeit. Erst wenn Wachstum in diesem Sinne als Entwicklung in Richtung Nachhaltigkeit verstanden wird, fängt eine grüne Markt-Agenda zu wirken an. Dann wird sie sich in dreifacher Hinsicht bewähren. Zum einen werden Regionen wieder als Lebensräume erlebt, zum anderen wird die Vielfalt ländlicher Räume gesellschaftlich wieder wertgeschätzt, und drittens wird mittels einer organischen Kreislaufwirtschaft ein hinreichendes Maß an gesunden Lebensmitteln regional hergestellt und vertrieben.

Um Regionen als gute Lebensräume, in denen gut gegessen werden kann, ins öffentliche Bewußtsein zu rücken, braucht es ferner ein neues Verständnis der wechselseitigen Abhängigkeiten von Stadt und Land. Die ökologischen und ökonomischen Probleme, die in ländlichen Räumen vorherrschen, und diejenigen, die in Städten und Ballungsräumen ein bedrohliches Ausmaß annehmen, lassen sich nur gemeinsam lösen. Das Verständnis für die gegenseitige Abhängigkeit wird zwischen städtischen und ländlichen Räumen zunehmend wachsen. Schon jetzt zeigen die Kooperationsmodelle zwischen Wasserversorgern und Landwirten aus einzelnen

---

13 Vgl. Holger Bonus, Marktwirtschaft im Umweltbereich. Eine ordnungspolitische Aufgabe. In: L. Wicke/B. Huckestein (Hg.), *Umwelt Europa – der Ausbau zur ökologischen Marktwirtschaft*, Gütersloh 1991

Regionen in den USA und in Europa, daß es eine neue Agenda der Kooperation braucht, und wenn es nur darum ginge, in Zukunft mit dem Problem der Gewässerbelastung durch die Landwirtschaft fertig zu werden.

Wie komplex dieses Wechselspiel sein kann, zeigt das Beispiel Berlin. Auch dort ist die Grundwasserqualität in Gefahr. Diese Gefahr kommt zuallererst von oben. 60 Prozent des wieder neu angereicherten Grundwassers stammt aus Flüssen und Seen, deren Wasser an der Sohle und am Ufer in die Tiefe versickert. Auf diesem Weg nach unten filtern Sand- und Kiesschichten feste Bestandteile heraus, Mikroorganismen bauen Schadstoffe ab. Die Qualität der Oberflächengewässer beeinflußt entscheidend das Berliner Trinkwasser.

Nächstes Problem: Durch die künstliche Flutung der Braunkohle-Tagebaulöcher in der Lausitz werden der Spree dort Wassermengen entzogen, wodurch immer weniger Spreewasser in Berlin ankommt. Problematisch ist außerdem, daß die vorwiegend durch die landwirtschaftliche Düngung eingetragenen Schadstoffe (Nitrate, Phosphor) mengenmäßig gleich bleiben. Weniger Wasserzufluß aber bedeutet weniger Mengenausgleich des entnommenen Grundwassers. Die Folge: Der Grundwasserspiegel sinkt. Fazit: Was der Bauer in Brandenburg aufs Feld schüttet, kommt in Berlin unter Umständen irgendwann aus dem Wasserhahn.

Was der Bauer in Brandenburg aufs Feld schüttet, kommt in Berlin irgendwann aus dem Wasserhahn.

Die Städte müssen die ländlichen Räume neu entdecken. Nicht nur, weil sie Interesse an ökologischen Verbesserungen haben, sondern auch, weil die ländlichen Räume als Naherholungsgebiete mehr und mehr genutzt werden, und schließlich auch, weil sie Lebensmittel zur Verfügung stellen, deren Herkunfts- und Verarbeitungsgeschichte bekannt und damit vertrauenswürdig ist. Die Städte ihrerseits sind als Märkte für den Absatz der unterschiedlichen Produkte speziell der ökologisch wirtschaftenden Bauern aus der jeweiligen Region für diese lebenswichtig. Eine grüne Markt-Agenda wird die regenerativen Kräfte des Landes, die das Stadtleben erst ermöglichen, honorieren, indem sie beispielsweise eine gestaffelte Flächennutzungsabgabe in das Gesamtkonzept einer ökologischen Steuerreform integriert. Diese Abgabe bemißt sich danach, ob und inwieweit möglichst viele Ansprüche bei einer bestimmten Flächennutzung gerecht bedient werden, und zwar im Sinne nachhaltiger Zukunftsfähigkeit. Das Prinzip ist denkbar einfach: Flächenversiegelung, Bebauung, Intensivlandschaft werden mit hohen oder immerhin mäßigen Abgaben belegt. Mitweltverträgliche Landnutzungen, die Artenvielfalt ermöglichen, Erholungsraum schaffen, und gleichzeitig Nahrung erzeugen helfen, sind abgabenfrei und werden aus den Abgabeneinnahmen der anderen Nutzungsarten gefördert.

Zur grünen Markt-Agenda gehört auch das Zurück zur Vielfalt ländlicher Räume. Die immer noch verhältnismäßig weiträumig vorherrschende Kulturlandschaft mit ihrer Arten- und Biotopvielfalt stellt eine Quelle von unschätzbarem Wert für die Regeneration der ländlichen Räume dar. Kulturlandschaften sind Lebensgrundlagen, die weder von außen eingeführt noch neu hergestellt werden können, wenn sie erst einmal zerstört worden sind. Sie müssen in ihren vielfältigen Funktionen als Lebens- und Wirtschaftsraum, als Ausgleichs- und Erholungsraum erhalten bleiben. Landwirtschaft und Naturschutz fangen an, an einem Strick zu ziehen. Hecken entstehen wieder, abwechslungsreiche Fruchtfolgen werden angebaut und standortgerechte, artenreiche Mischwälder gezogen. Freiflächen werden in die Bewirtschaftung integriert, so daß ein flächendeckender Verbund von Biotopen entsteht und Wanderungsprozesse von Arten zur Anpassung an klimatische Veränderungen möglich sind.

Schließlich gehört zur grünen Markt-Agenda auch die organische Kreislaufwirtschaft zur Bereitstellung gesunder Lebensmittel.

Die organischen Kreisläufe der Zukunft werden nicht nur vom Landbau aus betrieben.

Die organischen Kreisläufe der Zukunft werden nicht nur vom Landbau aus betrieben, sondern auch durch eine Integration der Abfälle aus den Privathaushalten in die zu nutzenden und zu pflegenden Flächen der jeweiligen Region. Wirtschaften in Kooperation mit der Natur nutzt alle biologischen Stickstoffverbindungen, allen Stallmist und alle organischen Haushaltsabfälle zu einer intelligenten Humuswirtschaft, die aus Abfällen neue Lebensmittel entstehen läßt. Es wird sich im nächsten Jahrhundert vermehrt die Einsicht verbreiten, daß durch diese regionale Humuswirtschaft die Selbstheilungskräfte in der Natur wieder belebt werden. Das kommt Flora und Fauna zugute bei gleichzeitiger Herstellung eines Bodens, der für exzellente Nahrungsrohstoffe geeignet ist. So können im nächsten Jahrhundert mindestens zwei Drittel der Waren, die uns als Essen und Trinken erfreuen, in den einzelnen Teilregionen Europas selbst produziert werden. Der Rest wird über einen internationalen Rohstoff- und Produkthandel zur Verfügung stehen. Wenn im nächsten Jahrhundert wieder regionale, kleinräumige

Strukturen zur Lebensmittelerzeugung entstehen werden, dann bietet das die Chance für neue Kooperationen von Erzeugern und Verbrauchern in Form von Lebensmittel-Ringen, Food-Coops oder »Gemüsekistenabos« und anderen Möglichkeiten. Die Verbraucher werden die Chance haben, sich jenseits von Fast Food, Novel Food oder Food Design vor Ort mit Lebensmitteln aus der Region zu versorgen und vermehrt Spaß zu bekommen an der Erfahrung des »Woher, Wann und Wie«. Die damit gewonnenen Erlebniswelten und die Transparenz erzeugen Konsumentenmärkte, lokaler und regionaler Art, die die Erzeuger und Verarbeiter stärker ermuntern werden, immer mehr gesunde Erzeugnisse anzubieten.

> Die Verbraucher bekommen Spaß an der Erfahrung des »Woher, Wann und Wie«.

Die Wiedergewinnung der Subsistenz-Ökonomie: Wirtschaften für den eigenen Lebensunterhalt

Es würde ein Traum wahr werden, wenn es langfristig wieder zu einer verstärkten Subsistenzwirtschaft käme, bei der die Nahrungsmittelproduktion für den je inländischen Bedarf wieder den Boden zurückgewönnen, den sie durch die kapitalistische Entwicklung der Landwirtschaft, das Agrobusiness, die transnationale Nahrungsmittelherstellung und den transnationalen Nahrungsmittelvertrieb verloren hat.

Um das weitere Anwachsen von Hunger und Mangelernährung zu verhindern, braucht es eine neue Form der Integration der Welt der Lebensmittel. Nicht länger sollten sich Landwirtschaft und Lebensmittelwirtschaft nur an den Erfordernissen und Möglichkeiten des Weltmarkts orientieren. Vielmehr muß globales Denken mit »lokalem« Essen vereinbar sein, dem wiederum regionale und lokale Herstellung, Verarbeitung und Vermarktung vorgeordnet sind. Der Imperativ lautet: global denken, lokal essen.

Selbst in den wüstenähnlichen Gebieten der Erde ist der Wandel möglich. Dort haben Hungerprobleme in den letzten Jahrzehnten bekannterweise stark zugenommen, wie z.B. Somalia auf bittere Weise vorgeführt hat. Oft reagiert der Westen in seiner Hilflosigkeit damit, seine Betroffenheit (und vielleicht auch das schlechte Gewissen) mit plötzlichen Nahrungsmittellieferungen in die bedrohten Gebiete zu beruhigen. Das lindert die Not zwar für den Moment, ändert aber strukturell nichts am Grundproblem des Hungers. Die Deutsche Welthungerhilfe versucht deshalb schon seit vielen Jahren, in den Entwicklungsländern eine selbständige, also lokale Nahrungsmittelproduktion zu fördern und aufzubauen – ohne Abhängigkeit von der globalen Lebensmittelverteilung. Der lineare Pfad der westlichen Länder zur Getreidewüste und zur Massentierhaltung führt hierfür allerdings in die Irre. Statt dessen muß es gehen um die quantitative und qualitative Anpassung an die Bedürfnisse der Region und ihrer Bewohner, was jedoch leichter gesagt ist als getan. Denn schließlich müssen auch die betroffenen Menschen mitziehen.

Ein Beispiel, das diese Problematik schlagend illustriert, ist das zunehmende Seßhaftwerden der Nomaden. Die Hungerprobleme in ihren angestammten Regionen hängen nicht so sehr mit dem lebensfeindlichen Klima zusammen, sondern vielerorts mit den veränderten Lebensgewohnheiten. Immer mehr Nomaden werden seßhaft, ziehen in Dörfer und Städte, weil sie sich dort bessere Lebensbedingungen versprechen. Doch im städtischen Kontext verändert sich ihr traditioneller Lebensentwurf weitestgehend. Das jahrhundertealte Spezialwissen vom (Über-)Leben in der Wüste geht immer mehr verloren.

Immer mehr Nomaden werden seßhaft, ziehen in Dörfer und Städte.

Z.B. wird die Pflege der Kamelherden zunehmend vernachlässigt bzw. ganz aufgegeben. Mit fatalen Folgen, denn Kamelmilch ist ein extrem nahrhaftes Lebensmittel. Vom Fett- und Proteingehalt her hält sie locker mit Kuh- und Ziegenmilch mit, der Vitamin C-Gehalt ist gar dreimal so hoch wie in der Kuhmilch. Der Geschmack ist zwar für unseren Gaumen etwas bitter und salzig, doch alles hängt davon ab, welches Futter den Tieren vorgesetzt wird. Ein besonderer Vorteil der Kamele ist ihre allseits bekannte Genügsamkeit. Kamele sind tausendmal genügsamer als andere Tierarten und benötigen gerade einmal alle zehn Tage Trinkwasser für ihr Wohlbefinden. In der Sahara halten es die Tiere sogar bis zu 30 Tage ohne Wasser aus. Der Milchertrag ist erstaunlich hoch. Kamelhirten in Somalia berichten von über 25 Liter täglich. In der Regel liefern Kamele drei- bis viermal am Tag etwa vier Liter Milch.

Ein besonderes Projekt der EXPO 2000, das von der Deutschen Welthungerhilfe unterstützt wird, widmet sich deshalb der Kamelzucht sowie der Gewinnung von Kamelmilch in trockenen Steppen- und Wüstengebieten. Klingt exotisch, ist es aber nicht, denn es entspricht lediglich der Rinderzucht in unseren Breitengraden. Frisches Fleisch und Milch sind hier wie dort wertvolle Lebensmittel und in trockenen Wüstengebieten lebenswichtige Nahrungsspender. Diese

Erkenntnis hilft allerdings auch nicht weiter, wenn die Nomaden weiter in die Städte ziehen und ihre Kinder mittlerweile das traditionelle Nomadenleben unbequem und primitiv finden.

Der Ausweg könnte in einer, wenn man so will, halb-nomadischen Lebensführung liegen. Hierfür gibt es verschiedene Möglichkeiten. Im Sudan beispielsweise herrscht zwischen Kamelhirten und Kamelbesitzern echte Arbeitsteilung. Letztere verkaufen Kamelmilch auf den lokalen Märkten und bezahlen aus den Erlösen die Hirten, die ihrerseits als Angestellte für die Pflege der Herden sorgen. Ein weiterer Ansatzpunkt liegt im Aufbau einer professionelleren Kamelwirtschaft. In Kenia, wo diese Tiere traditionellerweise keine Rolle spielen, wird gerade ein Kamel-Center aufgebaut, das den frisch gekürten Kamelhirten und -besitzern mit Rat und Tat zur Seite steht: über Haltung, Pflege, aber auch die Produktvermarktung auf lokalen Märkten. Die Möglichkeiten einer angepaßten, artgerechten und effizienten Kamelwirtschaft sind noch längst nicht ausgeschöpft. Wer mehr darüber wissen will, dem sei eine kleine Broschüre empfohlen: *The Camel in Today's World. A Handbook on Camel Management* (über Deutsche Welthungerhilfe, Adenauerallee 134, 53113 Bonn).

Wenn wir den Berichten Glauben schenken, die u.a. das International Food Policy Research Institute veröffentlicht, dann nehmen Hunger und Mangelernährung weltweit zu – und zwar nicht nur in den von Dürreperioden heimgesuchten Ländern, sondern auch in Ländern, die hohe Nahrungsmittelüberschüsse erwirtschaften und als sogenannte Nettoexporteure von Nahrungsmitteln gelten. Auch dort sind große Teile der Bevölkerung unzureichend ernährt. Blickt man beispielsweise nach Latein- und Mittelamerika, so sind gerade in den wohlhabendsten und landwirtschaftlich wie industriell entwickeltsten Ländern dieser Region – also in Brasilien, Chile und Mexiko – die Anteile der hungernden und mangelhaft ernährten Menschen am höchsten und werden weiter zunehmen, obwohl diese Länder in großem Ausmaß Agrargüter für den Export herstellen. Schon 1986 hat das Starnberger Institut zur Erforschung globaler Strukturen, Entwicklungen und Krisen in einer Studie belegt, daß auch in Nord-, West- und im Südlichen Afrika sowie in großen Teilen Asiens die Zahl der unzureichend ernährten Menschen wieder zunimmt. Für Indien wurde exemplarisch gezeigt, daß selbst dann, wenn die Produktion von Nahrungsmitteln, die für den Bedarf der Bevölkerung geeignet

Im Sudan herrscht zwischen Kamelhirten und Kamelbesitzern echte Arbeitsteilung.

wären, zunimmt, keine Verbesserung ihrer Ernährungslage zu verzeichnen ist. Dem stehen nämlich die gegebenen Produktions-, Einkommens- und Verteilungsverhältnisse entgegen. Mehr als die Hälfte der ländlichen Bevölkerung Indiens (ein Drittel der Gesamtbevölkerung) und große Teile der städtischen Bevölkerung, darunter vor allem Kinder und Frauen, leben unterhalb der offiziellen Armutsgrenze und leiden unter unzureichender Ernährung.

Diese und ähnliche Untersuchungen belegen die Notwendigkeit, daß es zu Beginn des nächsten Jahrhunderts – also sehr bald – zu einer Umkehr des Wirtschaftens in Richtung einer sozial-ökologischen Marktwirtschaft und einer besonders im Lebensmittelbereich verstärkten Subsistenzwirtschaft kommen muß. Unter Subsistenzwirtschaft verstehen wir eine Produktions- und Lebensform, in der Menschen für ihren eigenen Bedarf produzieren und ihre Produkte oder Dienste innerhalb lokaler, realer Beziehungen austauschen. Dabei spielen monetäre oder marktwirtschaftliche Gesichtspunkte keine größere Rolle, auch wenn lokale Subsistenzökonomien an ihren Rändern immer in Geldströme und Marktprozesse eingebunden sind. In der Subsistenzwirtschaft werden außerhalb der formellen Erwerbswirtschaft lebens- und gesellschaftserhaltende Werte geschaffen. Selbstversorgung geht mit Eigenarbeit, Versorgungsarbeit oder Alltagsarbeit einher. Die Sicherung des Lebensnotwendigen wird durch diese Wirtschafts- und Lebensform gewährleistet, und zusätzlich werden gesellschaftlich unverzichtbare, wenn auch nicht erwerbswirtschaftlich rentable Tätigkeiten oder Leistungen erbracht.

Ein Blick nach Kenia zeigt, wie es geht.

Ein Blick nach Kenia zeigt, wie es geht. Übrigens handelt es sich hier auch wieder um ein weltweites Projekt der EXPO 2000. Dort will man die einheimischen Ressourcen nützen, vor allem Obst und Gemüse. Im Bezirk Bungoma haben zwölf Frauengruppen mit jeweils 20 Mitgliedern 1987 begonnen, eigene Felder und Gärten anzulegen und die Erzeugnisse daraus in unterschiedlicher Weise zu verarbeiten. Sie bieten u.a. getrocknetes Obst und selbst eingekochte Gemüsekonserven an. Dabei wurden die Frauen in den grundlegenden Arbeitsvorgängen geschult, vor allem auch in Fragen des biologischen Landbaus. Mit der Zeit entwickelte sich daraus eine Art indigener Ernährungsratgeber, der über Seminare und Arbeitsgruppen, aber auch über TV-Programme und Regierungsbeamte über den ganzen Distrikt weiter verbreitet wurde. Als besonders wertvoll erwies sich diese regionale Ernährungsvariante für

Kinder unter fünf Jahren, vor allem, was die Versorgung mit Vitamin A und C betrifft. Ein nachahmenswertes Beispiel für nachhaltige Ernährung in Afrika!

Gerade weil in Asien und Afrika die Verdrängung der ländlichen Subsistenzwirtschaft erst begonnen hat, erscheint es als nicht aussichtslos, diesen Trend zu stoppen. Denn die kapitalintensive Organisation von Produktionsprozessen bringt gerade in diesen Regionen mehr Nachteile als Vorteile mit sich. Die aus den ländlichen Räumen in die Städte abwandernden Menschen werden als Arbeitskräfte nicht gebraucht und fallen auch als Konsumenten für den Weltmarkt weitgehend aus. Um hier entgegenzuwirken, müssen staatlich geförderte Ökologisierungsprogramme, die arbeitsintensiv und umweltschonend sind, aufgelegt und mit Bildungsprogrammen gekoppelt werden, in die auch der Computer als Kennzeichen einer modernen Subsistenzwirtschaft integriert wird: High-Tech-Self-Providing im Rahmen einer auf Suffizienz und Bedürfnisbefriedigung hin ausgerichtete Lebensführung – das ist das Leitbild von morgen, und zwar nicht nur für die Entwicklungsländer.

Gerade die ökoeffiziente technische Entwicklung wird im nächsten Jahrhundert zunehmend lokales Wirtschaften begünstigen, da sie dezentrale Energiegewinnung, Nahrungsmittelproduktion und geschlossene Produktions- und Konsumptionsstoffkreisläufe und kommunikative Vernetzung erlaubt. All das kann die Energieproduktivität steigern und einen großen Teil des überregionalen Gütertransports entbehrlich machen. Eigenproduktion und Realtausch werden auch auf der Ebene zwischen den Einzelhaushalten genauso funktionieren wie zwischen kleinen regionalen Wirtschaftsräumen. Gerade in der Herstellung, Be- und Verarbeitung sowie dem Vertrieb von Lebensmitteln kann es in Zukunft zu einer gesellschaftlich bejahten Koexistenz von Geld- und Realwirtschaft kommen. Die nicht mehr in die Erwerbsarbeit gesteckte Potenz für sinnvolles Tätigsein erlaubt gerade in diesem Bereich der Primärbedürfnisdeckung eine an Suffizienz orientierte Tauschwirtschaft auf der Basis von Subsistenz oder Eigenarbeit.

> Die aus den ländlichen Räumen in die Städte abwandernden Menschen werden als Arbeitskräfte nicht gebraucht.

Ökologische Qualität neu vermarkten

Bei allem, was Menschen in Zukunft essen und trinken, wird ihnen die Dimension des Einkaufens einen entscheidenden Mehrwert

Schon heute
wird jedes
Lebensmittel
in einen »Er-
lebniskontext«
gestellt.

oder Lustgewinn verschaffen. Schon heute wird jedes Lebensmittel in einen »Erlebniskontext« gestellt, der es dem Käufer besonders schmackhaft machen soll. Daß beim Essen und Trinken ein Image mitgegessen und -getrunken wird, ist klar. Andernfalls würden nicht derart große Summen in die Bewerbung von Lebensmitteln gesteckt werden – schon 1993 waren es allein in Deutschland 2,42 Milliarden Mark, Tendenz steigend. Von Handelsorganisationen wurden zusätzlich noch etwa eine Milliarde Mark an Werbeaufwand für Nahrungsmittel und Getränke aufgebracht.

Interessant ist, daß für Produkte, die energetisch aufwendig hergestellt werden und darüber hinaus gesundheitlich problematisch oder ernährungsphysiologisch unerwünscht sind, der Vermarktungsaufwand höher ausfällt, um diese Produkte dennoch in die Gunst des Konsumenten zu rücken. Die enorme Fülle von Lebensmitteln dieser Art (und jährlich kommen mehr als 1.000 neue Produkte hinzu) erfordert geradezu eine Inflation der Werbung – ökologisch betrachtet höchst problematisch. Hinzu kommt, daß derzeit der Kommunikations- und Vermittlungsaufwand zwischen den Produzenten und Konsumenten von Lebensmitteln mitweltrelevante oder klimaschädigende Emissionen in Höhe von ca. 15 Millionen Tonnen CO_2 verursacht. Es ist zu erwarten, daß die technisch möglichen Einsparungen die Zunahme der Emissionen aufgrund des derzeitigen Wachstums dieser Branchen nicht wird kompensieren können, ganz im Gegenteil. Das stellt jedenfalls die Enquête-Kommission »Schutz der Erdatmosphäre« des Deutschen Bundestags in ihrem Landwirtschaftsbericht fest.

Dieser Dynamik unterliegen allerdings die Anbieter von ökologischen Produkten nicht. Sie vermarkten ihre Erzeugnisse regional oder lokal, von der Ab-Hof-Vermarktung bis zum Großverbrauchermarkt, und sind deshalb in unserer Vision vom Guten Essen die einzig Zukunftsfähigen.

Ab-Hof-Vermarktung. Mit der Ab-Hof-Vermarktung hat der Markt für ökologisch erzeugte Produkte seinen Anfang genommen. Engagierte Verbraucher besuchten landwirtschaftliche Betriebe und holten sich deren Erzeugnisse direkt vor Ort ab. Mittlerweile haben viele Betriebe des Ökologischen Landbaus Hofläden, die nicht nur mit eigenen Erzeugnissen handeln, sondern auch von »befreundeten Höfen« zukaufen.

Zustellservice. Wie schon einige ihrer konventionellen Kollegen, die insbesondere mit Eiern und Lagerkartoffeln städtische Wohngebiete anfahren, liefern ökologisch wirtschaftende Landwirte ihre Erzeugnisse zunehmend selbst direkt zum Endverbraucher. Eine besonders erfolgversprechende Variante stellt dabei die sogenannte »Abonnement-Vermarktung« dar, bei der der Verbraucher beim Erzeuger regelmäßig Produkte aus ökologischem Anbau bestellt und diese dann frei Haus geliefert bekommt. Für den Bauern garantiert das übrigens ein stabiles Grundeinkommen, und der Konsument kann sich auf feste Kosten einstellen.

Wochenmärkte. Mittlerweile hat fast jeder Wochenmarkt einen Stand mit Erzeugnissen, die aus ökologisch produzierenden Betrieben stammen. Das gilt ganz besonders für die »Erzeugermärkte«, auf denen nur Produkte aus eigener Herstellung angeboten werden.

Verarbeiter. Parallel zur Entstehung ökologisch wirtschaftender Landwirtschaftsbetriebe entstand ein Netz von Verarbeitungsbetrieben (Bäcker, Metzger, Molkereien, Mostereien usw.), die ihre Rohstoffe von Öko-Betrieben beziehen und sich durch Lizenzverträge das Recht sichern, mit den Warenzeichen des Ökologischen Landbaus (Demeter, Bioland usw.) zu werben.

Naturkostläden. Unter Naturkostläden werden Ladengeschäfte verstanden, die in ihrem Angebot fast ausschließlich Produkte aus Ökologischem Landbau führen. Anfang der 70er Jahre bildeten sich erste Naturkostläden mit dem Ziel, Lebensmittel mit höherer Gesundheits- und Umweltverträglichkeit anzubieten. Im Angebot waren anfänglich in der Regel Flocken, Körner, Trockenfrüchte und Tee. Moderne Naturkostläden bieten heute ein Vollsortiment mit Frischwaren. Derzeit existieren in der Bundesrepublik etwa 2.000 Naturkostläden.

> Anfang der 70er Jahre bildeten sich erste Naturkostläden.

Konventioneller Lebensmittelhandel. In einigen Konzernen des konventionellen Lebensmittelhandels sind mittlerweile ökologisch erzeugte Produktlinien fest etabliert. Als Beispiele seien die Eigenmarken Naturkind (Tengelmann) sowie Füllhorn (Rewe) genannt.

Großverbraucher. Der Großverbrauchermarkt (Gastronomie und Gemeinschaftsverpflegung) erschließt sich hingegen für ökologisch erzeugte Produkte nur langsam. Vor allem in der Gastronomie und Hotellerie scheitert eine Belieferung mit ökologischen Erzeugnissen häufig an den relativ geringen Mengenansprüchen. Auch im Bereich der Anstalten (Krankenhäuser, Altenheime usw.) bestehen bisher noch kaum Erfahrungen mit ökologischen Erzeugnissen, was hauptsächlich auf die Problematik der festen Kostensätze für den Wareneinsatz zurückzuführen ist. Alle diese Vermarktungsformen werden um so besser funktionieren, je mehr der Werbewahnsinn von den Verbrauchern als große Täuschung durchschaut wird.

Eine neue grüne Kauf-Agenda

Die Zukunft der Vermarktung auch von Lebensmitteln wird verstärkt computergestützt sein.

Die Zukunft der Vermarktung auch von Lebensmitteln wird sich verstärkt um Informationsnetzwerke, also computergestützt, aufbauen. Dort werden die Verbraucher detaillierte Informationen über Produkte und Preise finden, auch und nicht zuletzt von den Herstellern und Verarbeitern ökologischer Waren. Wahrscheinlich werden virtuelle Märkte für stadt- oder regionsbezogene Lebensmittel dafür sorgen, daß sie zu günstigeren Preisen an den Verbraucher gebracht werden, als das durch die traditionellen Handelswege bislang möglich war. Electronic Commerce und Tele-Shopping werden eine zunehmende Rolle in der Vermarktung auch von Lebensmitteln spielen. Zukunftsprognosen gehen davon aus, daß schon in etwa zehn Jahren bis zu 15 Prozent der Obst- und Gemüseernten in Frankreich, Deutschland und Großbritannien auf diesem Wege vermarktet werden.

Es ist keineswegs vermessen zu prognostizieren, daß der zunehmend umwelt- und gesundheitsbewußte Lebensstil bei den Verbrauchern zumindest in den reichen Ländern des Nordens dazu führt, daß sie bis in die Familien hinein über einen ökologischen Konsum auch und gerade der Lebensmittel debattieren werden. Beim geselligen Mittagessen oder Abendbrot dreht sich die Unterhaltung immer öfter um die Frage, was denn da gerade auf dem Tisch steht und wo es her ist. Die Institution der Verbraucherberatung verstärkt durch ihre Arbeit diesen Trend zur bewußteren Auseinandersetzung mit dem Woher von Lebensmitteln sowie den ökologischen und gesundheitlichen Konsequenzen, die der Verbrauch einzelner Produkte hat. Die marketingorientierte Konsumforschung zeigt, daß es eine große ungesättigte Nachfrage nach

»Öko-Produkten« gibt: die ideale Voraussetzung für eine neue »grüne Kauf-Agenda«. Diese Kauf-Agenda wählt Lebensmittel nach ökologischen Kriterien aus: nach Möglichkeit Produkte aus der Region, um den Weg vom Erzeuger zum Hersteller kurz zu halten, sowie keine bestrahlten oder genmanipulierten Produkte.

Essen und Gesundheit: Heil-Sein im Stoffwechsel mit der Natur

Ernährung werden wir im nächsten Jahrhundert mehr und mehr als einen Stoffwechsel mit der Natur begreifen. Ein ökologisches Verständnis von Gesundheit, von Nahrung, die zum Heil-Sein beiträgt, von einer Erziehung zum maßvollen Umgang mit den Nahrungsangeboten wird angesichts der knapper werdenden Ressourcen für Lebensmittel immer dringender.

In unserer Vision des guten, informierten Essens von morgen dominiert ein vertieftes Verständnis des Stoffwechsels zwischen Mensch und Natur. Durch die verschiedenen Teildisziplinen der ökologischen Wissenschaft und besonders durch die Arbeiten von James Lovelock zur Gaia-Hypothese wissen wir, daß die Erde ein lebender Organismus ist, in dem alles mit allem stoffwechselt.

Lovelocks Gaia-Hypothese geht davon aus, daß der physikalische und chemische Zustand der Erdoberfläche, der Atmosphäre und der Ozeane aktiv durch die Gegenwart des Lebens geregelt und »lebenswert« erhalten wurde und wird. Seine Auffassung steht im Gegensatz zur üblichen Meinung, daß sich das Leben an die gegebenen Bedingungen auf dem Planeten angepaßt hat und daß diese Bedingungen sich nach eigenen Gesetzen gewandelt haben.

Grundlage für dieses neue Verständnis des lebenden Planeten Erde sind Funktionseinheiten wie der Sauerstoff- und Kohlendioxid-Kreislauf.

Die Pflanzen nehmen Kohlendioxid auf und geben Sauerstoff ab. Die Tiere verbrauchen diesen Sauerstoff und geben an die Umwelt Kohlendioxid ab. Der Kreis schließt sich. Der Motor, der dieses Karussell bewegt, ist die Sonne.

> **Der Motor, der dieses Karussell bewegt, ist die Sonne.**

Pflanzen und Tiere werden so Teil einer Funktionseinheit. Sie sind Organe innerhalb eines größeren Organismus, einer Einheit: Die Pflanzen sind nicht nur für uns da, wir sind auch für sie da.

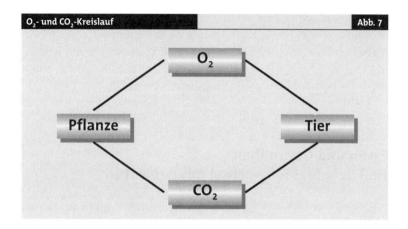

O_2- und CO_2-Kreislauf   Abb. 7

Bäume, Urwald, Wiesen, Sümpfe, die winzigen Algen der Ozeane – sie alle sind unsere Organe, ebenso sehr Teil von uns wie Lunge, Herz, Leber oder Milz. Wir könnten sie unsere externen Organe nennen, im Unterschied zu unseren inneren Organen, für die wiederum wir die externen Organe sind.

Diese Eigenschaft von Ergänzung und gegenseitiger Abhängigkeit, charakteristisch für die Vorgänge von Photosynthese und Atmung, kann jederzeit nachgewiesen werden in einer unendlichen Vielzahl von Interaktionen, die zusammen den großen Lebensprozeß ausmachen. Die richtigen Lebensbedingungen werden also durch das Leben selbst in einer dauernden, sich selbst organisierenden Neu-Schöpfung erhalten und weiterentwickelt.

Die Vorstellung von der Erde als Raumschiff ist inzwischen weit verbreitet. Es ist zwar eine hübsche Metapher aus dem Blickwinkel einer konventionellen Auffassung von Welt, für die die Erde nur Nährboden oder Bühne für das Leben ist und andere Lebensformen nur die notwendigen Quellen für menschliches Leben darstellen. Diese Vorstellung von der Erde als einem Raumschiff ist jedoch trügerisch. Ein Raumschiff hat Passagiere. Gaia hat keine Passagiere; jeder und alles ist Gaia. Um ein anderes Beispiel zu nennen: Es wäre unsinnig zu sagen, mein Herz oder mein Verstand wären meine Passagiere. Sogar die Mineralien, die Kontinente, die Felsen – gar nicht zu sprechen von Luft und Wasser – sind ein Bestandteil von Gaia, so, wie das Schneckenhaus Teil des Weichtieres ist.

Für das Fließgleichgewicht des Lebens besonders wichtig sind die Regenwälder. Wenn der Amazonas oder andere Ökosysteme, die sich im Gleichgewicht befinden, mehr oder auch weniger Sau-

Die Vorstellung von der Erde als Raumschiff ist inzwischen weit verbreitet.

erstoff produzierten als sie verbrauchen, wäre Gaia schon längst tot. Aber Gaia »weiß«, seitdem die Atmosphäre mit Sauerstoff angereichert ist, die Sauerstoffkonzentration bei ca. 20 Prozent zu halten. Niedrigere Werte würden tierisches Leben fast unmöglich machen, und da alles mit allem verbunden ist, würden sämtliche Lebensformen leiden. Höhere Werte hingegen würden noch gefährlichere Konsequenzen haben. Sie bedeuteten praktisch Vernichtung. Bei einer Konzentration von 25 Prozent würden grüne Blätter, sogar nasse, brennen wie Papier. Ein einzelner Blitzschlag würde das Ende für den Regenwald am Amazonas bedeuten.

Ein einzelner Blitzschlag würde das Ende für den Regenwald am Amazonas bedeuten.

Ein annäherndes Gleichgewicht zwischen Produktion und Verbrauch von Sauerstoff reicht, für sich genommen, nicht aus. Denn es gibt immer bestimmte Ökosysteme, die in der Anfangsphase ihrer ökologischen Entwicklung stehen und weitaus mehr Sauerstoff produzieren können, als sie verbrauchen. Bedrohliche Schwankungen wären unvermeidlich. Aber Gaia mit ihrem fein abgestimmten Rückkoppelungsmechanismus ist fähig, die großen und kleinen biochemischen Zyklen zu kontrollieren. Erst kürzlich haben die Menschen diese Systeme entdeckt. Im Fall des Sauerstoffs scheint Methan eine Rolle zu spielen – ein seltenes Gas in unserer jetzigen Atmosphäre, das von jenen Organismen hergestellt wird, die fähig waren, die Veränderung unserer Atmosphäre zu überleben, indem sie sich in sauerstofflose Schlammablagerungen und in die Eingeweide von Tieren zurückzogen haben. Der Mensch allerdings hat es bereits geschafft, auch hier Unordnung zu stiften. Denn es gibt nur noch wenige Sumpflandschaften auf dem Planeten, die nicht von Trockenlegung bedroht sind.

Im Organismus von Gaia sind wir einzelnen Menschen nur Zellen eines komplexen Gewebes – eines Gewebes, das in unseren Tagen Krebsgeschwüre hat, das aber, hoffentlich, noch ein Heilmittel kennt. Jetzt sind wir die Augen von Gaia geworden. Mit den Augen der Astronauten und mit Hilfe von Satellitenbildern ist Gaia erstmalig in der Lage, sich selbst in all ihrer einzigartigen Schönheit zu betrachten: weiße Wolken in langsamer Spiraldrehung, die das tiefe Blau des Ozeans bisweilen verhüllen, bisweilen enthüllen, wie auch das Gelb der Wüsten, die mannigfaltigen Grünschattierungen, abgehoben vom Weiß der Pole.

Auf der Grundlage der Vorstellungen von der Erde als lebendem Organismus entwickelt sich Schritt für Schritt auch ein neues Paradigma für die Medizin und insbesondere für die Ernährungsmedizin. Es ist bekannt, daß etwa 80 Prozent aller Krankheiten, insbesondere die sogenannten Zivilisationskrankheiten, durch falsche Ernährung verursacht werden, also durch ein fehlerhaftes Sich-Einfügen des Menschen in den Stoffwechsel der Natur. Gerade weil diese Zusammenhänge immer besser erforscht werden, wird Gesundheit im Sinne einer Gaia-Medizin, in der es um die Gesamtgesundheit des ökologischen Erd-Systems geht, in dem dann auch der Mensch gesunden kann, im nächsten Jahrhundert zum brennendsten Thema werden.

Die Kulturgeschichte des Stoffwechsels des Menschen mit der Natur kennt drei große Etappen der Veränderung der Lebensweise, damit auch der Ernährung und des Verständnisses von Gesundheit. Diese drei wesentlichen evolutionären Schritte sind:

- Die Entdeckung des Feuers, wodurch das Kochen und damit die Veränderung und Zubereitung von rohen Lebensmitteln möglich wurde.
- Die Landwirtschaft und mit ihr eine planbare und kontinuierliche Nahrungsversorgung.
- Das Haltbarmachen von Lebensmitteln als Vorsorge gegen Hungerzeiten und Zeiten erzwungener Knappheit. Insbesondere durch die technologische Entwicklung seit Ende des 19. Jahrhunderts wurden Konservierung und Transport von Lebensmitteln im globalen Maßstab möglich, was die Nahrungsmittelversorgung in unvorstellbarem Maß erleichtert hat und zugleich Conditio sine qua non für die einsetzende Industrialisierung war.

Gegenwärtig stehen wir vor einer vierten Evolution der Lebensweise.

Gegenwärtig stehen wir vor einer vierten Evolution der Lebensweise: dem sogenannten Food-Design, dem Functional Food oder den Nutraceuticals. Das sind nach medizinischen und ernährungsphysiologischen Kriterien gezielt entworfene Nahrungsmittel, die dem kaufkräftigen Konsumenten Gesundheit durch Verzehr versprechen. Functional Food könnte eine Revolution der Lebens- und Ernährungsweisen, also eine völlig neue öko-kulturelle Entwicklung einleiten. Sollte die Land- und Wasserbewirtschaftung in Zukunft vermehrt dazu dienen, Rohstoffe für Functional Food zu erzeugen, wird das unabsehbare ökologische Folgen haben und eine gigantische Verarmung auch und gerade für die Kultur bedeuten. Kulturwissen rund um Ernährung, vom Anbau über die Verarbeitung, aber auch die Zubereitung würde verlorengehen.

Lebensmittelqualität aus der Sicht ökologischer Gesundheit

Aber immer mehr Menschen haben ein ökologisches Gesundheitsverständnis und begreifen, daß ihre individuelle Gesundheit von
der Gesundheit ihrer natürlichen Mitwelt abhängt. Gesundheit ist
das Ergebnis von gesunden Beziehungen, nicht nur im personalen
und sozialen, sondern eben auch im Sinne der Beziehungen zur
kulturellen Um- und zur natürlichen Mitwelt. Man spürt, daß das
Abholzen der Tropenwälder in Indonesien oder im Amazonasge-
biet an die eigene Versorgung mit guter Luft geht. Man spürt, wie
anthropogene Einflüsse zu Klimaveränderungen geführt haben, die
sich auch auf das gesunde Wachstum der landwirtschaftlichen Ur-
erzeugnisse, also der Tiere und Pflanzen, auswirken.

Dieses ökologische Gesundheitsverständnis wird weiter wachsen, und wir sind überzeugt davon, daß man im nächsten Jahrhundert auch von einer Gesundheit der Landschaften sprechen
wird. Im Zentrum steht dabei einmal mehr das organismische Verständnis von Leben. Ein organismisches Landschafts- bzw. Land-
wirtschaftsverständnis ermöglicht auch die praktische Heilung von
Landschaften mit Hilfe von Pflanzen. Ähnlich wie beim Menschen
pflanzliche Heilmittel auf Naturheilkundebasis eingesetzt werden,
kann man sie auch für die Gesundung von Landschaften nutzen.

> **Dieses ökologische Gesundheitsverständnis wird weiter wachsen.**

Ein solcher Therapeut ist z.B. die Buche. »Mutter des Waldes«
wird sie genannt und auch »Basenpumpe«, da sie zur Regeneration
übersäuerter Böden beiträgt. So spielt sie in altem Mischwaldbe-
stand eine gesunderhaltende Rolle, in jungen Aufforstungen auf
Böden mit hohem Säuregrad eine gesundende, d.h. eine langsame
Wiederherstellung einer angemessenen Säure-Basen-Balance.

Erkennendes Beobachten der Natur und ein daraus abgeleitetes
Handeln sollten also Grundsatz für eine bewußte »Ökologie der Ernährung« sein. Denn ohne gesunde Landschaften kann es keine
gesunden Lebensmittel geben. Selbst die für das Food-Design notwendigen Rohstoffe müssen von hoher gesundheitsfördernder
Qualität sein, um in Lebensmitteln, die der Heilung dienen sollen,
eingebaut zu werden. Auch wenn das vielleicht heute von der Naturwissenschaft so noch nicht gesehen wird, wird die Lebensmittel-
herstellungspraxis schnell dahinterkommen, daß – ähnlich wie die
abnehmende Wasserqualität zu einem großen Produktionshemm-
nis für gutes Bier wird – degenerierte Böden oder Rohstoffe eine
ungeeignete Grundlage für die menschliche Ernährung abgeben.

Das gleiche gilt auch für die Herstellung industrieller Ernährungs-
pharmazeutika. Es wird also im nächsten Jahrhundert viel getan
werden müssen, um Landschaften und Wasser gesunden zu lassen.
Da aber die agrarchemischen Wege des zu Ende gehenden Jahrhunderts sich größtenteils als Irrwege erwiesen haben, wird man
zwangsläufig zu einem organismischen Verständnis zurückkom-
men. Dort, wo Landschaften mit ihren heimischen Pflanzen- und
Tiergemeinschaften sowie den dort ansässigen Menschen wechsel-
wirken, im regionalen Oikos also, kann die Heilung von Boden
und Wasser beginnen. Dieses ganzheitliche Verständnis von Gesundheit führt auch zu neuen Ansätzen, Lebensmittelqualität zu
begreifen.

Ansätze zur Überprüfung der Mitweltverträglichkeit

**Die Einflußfak-
toren auf die
Lebensmittel-
qualität sind
vielfältig.**

Die Einflußfaktoren auf die Lebensmittelqualität sind vielfältig. Da
gibt es zum ersten alles, was mit der Herstellung zu tun hat, also
den gesunden Boden, das gesunde Wasser, die richtige Be- und Verarbeitung. Dann gibt es zum zweiten alles, was mit Geschmack,
Geruch, Aussehen, also den Sinnen des Verbrauchers zu tun hat.
Und dann gibt es zum dritten alles, was mit Fragen der Schadstoff-
belastung bzw. der Schadstoffreiheit zu tun hat. Zum vierten alles,
was mit Frische bzw. Reifegrad zusammenhängt. Und schließlich
muß auch der Gehalt an wertgebenden Inhaltsstoffen berücksichtigt werden.

Ob ein Nahrungsmittel mitweltverträglich ist und eine gute
Lebensqualität aufweist, entscheidet der Kontext, in dem es angesiedelt ist. Dieser Kontext selbst ist durch eine Reihe von Faktoren
bestimmt, die die *Abb. 8* wiedergibt.

In unserer Vision sind nur diejenigen Nahrungsmittel als mitweltverträglich und voller Lebensqualität anzusehen, die zur Gesundheit beitragen, verantwortbare Verbraucherwünsche erfüllen,
den Erfordernissen des Handels gerecht werden und auf die Naturerhaltung und den Umweltschutz keine ungünstigen Effekte
haben. Unsere Vision steht damit in der Tradition der modernen
Ernährungsökologie aus der Schule von Claus Leitzmann. Zusätzlich zu den gesundheitlichen Aspekten werden im 21. Jahrhundert
besonders die Umwelt- und Sozialverträglichkeit des gesamten Ernährungssystems beachtet werden müssen, will man zu einer öko-

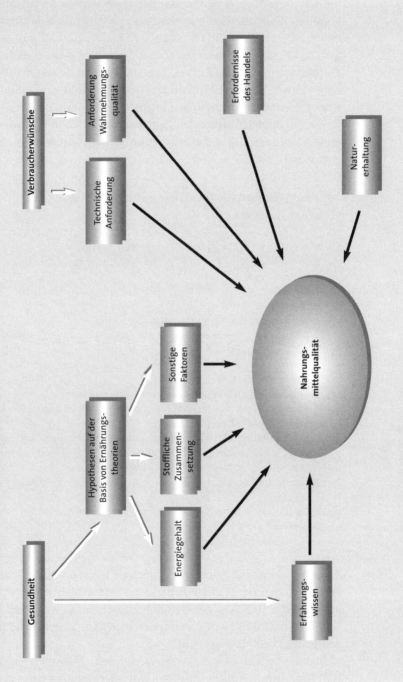

Abb. 8

Bestimmungsfaktoren für Lebensmittelqualität

Verbraucherwünsche

Anforderung Wahrnehmungsqualität

Technische Anforderung

Erfordernisse des Handels

Naturerhaltung

Gesundheit

Hypothesen auf der Basis von Ernährungstheorien

Sonstige Faktoren

Stoffliche Zusammensetzung

Energiegehalt

Erfahrungswissen

Nahrungsmittelqualität

Quelle: Arnim Bechmann, Projektbericht, Barsinghausen 1991, S. 10

logisch vertretbaren Bewertung der Qualität von Lebensmitteln kommen. Das bedeutet: insbesondere Erzeugnisse aus kontrolliert-ökologischer (kontrolliert-biologischer) Landwirtschaft zu bevorzugen, den Einsatz umweltverträglicher Technologien zu fördern, den Futtermittelimport aus Entwicklungsländern zu vermindern sowie eine weltweit gerechte Ernährungs- und Agrarpolitik durch die täglichen Konsumentscheidungen anzustreben.

Aus folgender Aufstellung geht hervor, welchen Grundsätzen ein Ernährungsstil entsprechen muß, um als mitweltverträglich gelten zu können:

Zwölf Grundsätze für einen mitweltverträglichen Ernährungsstil

1. Bevorzugung pflanzlicher Lebensmittel
2. Vermeidung unnötiger Lebensmittelverarbeitung (Lebensmittel so natürlich wie möglich)
3. Etwa die Hälfte der Nahrungsmenge als unerhitzte Frischkost (Rohkost)
4. Vermeidung von Lebensmittelzusatzstoffen
5. Bevorzugung von Erzeugnissen aus kontrolliert-ökologischer (kontrolliert-biologischer) Landwirtschaft
6. Bevorzugung von Gemüse und Obst aus regionalem Anbau und entsprechend der Jahreszeit
7. Vermeidung aufwendiger Lebensmittelverpackung
8. Einsatz umweltverträglicher Technologien in Industrie, Verkehr und Privathaushalten
9. Verminderung von Veredelungsverlusten bei der Erzeugung tierischer Lebensmittel
10. Verminderung des Imports von Futtermitteln
11. Verhinderung von Überschußproduktion und Lebensmittelvernichtung
12. Existenzsicherung kleiner und mittlerer bäuerlicher Betriebe – weltweit

Ob Ernährung eine hohe Lebensqualität hat oder nicht, läßt sich nur durch den Gesundheitszustand des menschlichen Körpers und zugleich das Heil-Sein der natürlichen wie sozialen Mitwelt beurteilen. Ernährung steht also immer in einem Systemzusammenhang, den die *Abb. 9* umreißt:

Nehmen wir all diese Faktoren zusammen, so können wir sagen, daß ein Nahrungsmittel, eine Mahlzeit oder eine Diät dann als qua-

Systemzusammenhang, in dem der Ernährungsprozeß wirkt **Abb. 9**

Gesundheit

Beeinflussung von willkürlichen Handlungsspielräumen

Zubereitung von Nahrungsmitteln

Produktion von Nahrungsmitteln

Beeinflussung unwillkürlicher Prozesse/Aktivitäts- bzw. Verhaltens- spielräume

Beitrag zur Disposition (Körper, Psyche)

Beitrag zu psychischer Produktion/ Reproduktion (Energie, Körpersubstanz)

Ausscheidungen

Quelle: Arnim Bechmann, Projektbericht, Barsinghausen 1991, S. 35

litativ hochwertig angesehen werden kann, wenn sie die menschliche Gesundheit nicht nur nicht beeinträchtigen, sondern sie sogar fördern, ohne der natürlichen und sozialen Mitwelt unangemessenen Schaden zuzufügen. Im nächsten Jahrhundert – dem des Wissens und der Umwelt – wird, wie gesagt, ernährungsökologisches Wissen weit verbreitet sein, und über Nahrungsmittelqualität werden wir uns dann ein viel genaueres Bild machen können als heute.

Wenn wir beispielsweise einen Apfel beurteilen wollen, schauen wir ihn uns zuerst genau an und prüfen seine Größe, Form und Farbe und achten auf Fehler oder Krankheitsanzeichen, die uns die Schale signalisiert. Die äußere Qualität ist je nach Apfelsorte unterschiedlich, aber pro Sorte eindeutig, geradezu genormt, und wir wissen daher: Ein Jonathan muß rotbackig, ein Granny Smith grünfarbig sein.

Zum zweiten informieren wir uns über die Verarbeitungsqualität des Apfels: Ist er zum direkten Verzehr geeignet und welche Eigenschaften hat er, wenn wir ihn pressen, zu Mus kochen oder tief-kühlen wollen. Äpfel haben unterschiedliche Haltbarkeiten – einige sind beispielsweise über den Winter lagerfähig, andere müssen direkt gegessen werden.

Schließlich interessiert uns der ernährungsphysiologische Wert. Welche gesundheitsnotwendigen Stoffe enthält unser Apfel, welche Vitamine z.b., und welche wertmindernden Stoffe, wie Nitrate, Gifte, Pestizide, Fungizide oder andere Schadstoffe bringt er mit. Diese Dimension der Qualität hängt aufs engste ab von der Art und Weise der Produktion; der Anbau entscheidet mit, ob unser Apfel-genuß ökologisch freundlich ist oder nicht. Wenn der Anbau zu hohem Schadstoffeintrag in die Mitwelt führt oder andere Ressourcen stark verbraucht oder schädigt, leidet die ganzheitliche Qualität. Darüber hinaus werden wir prüfen, ob der Apfel nicht zu lang gelagert, ob er z.B. durch UV-Bestrahlung haltbar gemacht und ob oder wie er verpackt und transportiert wurde. Lagerung, Verarbeitung, Transport und Verpackung sind schon heute Unterscheidungsmerkmale: Wer ökologisch bewußt ißt, gibt diesen Kriterien eine hohe Wertigkeit hinsichtlich seiner Konsumentscheidungen.

Zu den objektiven Kriterien, die Rückschlüsse auf die Güte eines Lebensmittels zulassen, gehören auch die Ergebnisse ernährungs-physiologisch orientierter Fütterungsversuche an Tieren. Tiere sind in der Lage, die höherwertigen Nahrungsmittel im Vergleich zu erkennen. Durch Fütterungsversuche, bei denen Tiere zwischen unterschiedlich produzierten Nahrungsmitteln wählen können, ist immer wieder bestätigt worden, daß sie die naturnäheren Herstellungs- und Verarbeitungsweisen bevorzugen. Bei Versuchen mit Ratten am Ludwig-Boltzmann-Institut für ökologischen Landbau in Wien stellte sich ein pro-ökologisches Wahlverhalten heraus. Nach einer kurzen »Schnupperphase« wählen Ratten zielstrebig jene Futterprobe als »Hauptmahlzeit« aus, die ihren aktuellen Bedürfnissen am besten entspricht. Interessant ist, daß Rattengruppen, die in der Vorbereitungsphase längere Zeit entweder nur mit ökologisch oder mit konventionell erzeugtem Futter ernährt wurden, sich einheitlich – unabhängig von ihrer fütterungsmäßigen Vorerfahrung – während der Versuchsphase sehr rasch für das jeweils qualitativ wertvollere Futter entschieden. Das war im Regelfall die ökologisch angebaute Variante.

Mehr und mehr Verbraucher lassen sich schon jetzt sensorisch schulen, um objektiver über Qualität urteilen zu können. Sie üben

Tiere sind in der Lage, die höherwertigen Nahrungs-mittel im Vergleich zu erkennen.

sich in Geschmackstests, Geruchstests, Tasttests und schulen ihre optische Beurteilungsfähigkeit. Sie lernen, den Genußwert eines Apfels vom Gesundheitswert zu unterscheiden, können auseinanderhalten, ob sie eine bestimmte Apfelsorte ihres Images wegen bevorzugt essen, wie beispielsweise den Breaburn-Apfel aus Neuseeland, oder vielleicht wegen seines hohen ökologischen Sozial- oder Prestigewerts eher einen einheimischen Gravensteiner oder Boskop.

Ganz sicher werden auf der Grundlage verschiedener Ernährungslehren im nächsten Jahrhundert immer neue Einordnungen von Nahrungsmitteln hinsichtlich ihres Gesundheitswertes entwickelt werden. Zum Beispiel hat die Ernährungslehre von Kollath eine Skalierung im Sinne von Wertstufen der Natürlichkeit vorgenommen. Hier wird den natürlich belassenen Lebensmitteln die beste Qualität zugesprochen – und dann in abnehmender Folge: den mechanisch veränderten Lebensmitteln, den fermentativ veränderten Lebensmitteln, den erhitzten Nahrungsmitteln, den konservierten Nahrungsmitteln, und schließlich, mit der geringsten Wertstufigkeit, den präparierten Nahrungsmitteln.

Hier wird den natürlich belassenen Lebensmitteln die beste Qualität zugesprochen.

Aus unserer Erfahrung, speziell mit unkonventionellen Meßverfahren zur Nahrungsmittelqualität, wissen wir, daß es zur objektiven Bestimmung von Mitweltverträglichkeit und Lebensqualität nicht ausreicht, im Sinne konventioneller Naturwissenschaft zu arbeiten. Ein organismisches Verständnis, das das Lebendige in den Lebensmitteln würdigt, braucht ganzheitliche, gestalterfassende Meßverfahren zur Qualitätsermittlung. Dazu gehören beispielsweise Verfahren wie die Ermittlung des elektrochemischen Potentials über den pH-Wert und den Redoxwert oder den elektrischen Widerstand bzw. die elektrische Leitfähigkeit sowie der p-Wert (elektrische Leistung), um die Vitalitätseigenschaften von Nahrungsmitteln zu erfassen. Der pH-Wert gilt als Milieu-Anzeiger und darf für eine optimale Gesundheit nur in ganz engen Grenzen schwanken. Das Redoxpotential (meßbar in Milli-Volt) ist ein Gradmesser für den aktuellen elektrischen Status im Zellgeschehen. Der reduzierte Zustand ist dabei immer der elektronenreichere, energiereichere und ist typisch für die besseren Lebensmittelqualitäten. Der elektrische Widerstand (meßbar in Ohm) kennzeichnet die Ionen-Konzentrationen in der Probe und informiert beispielsweise über das physiologische Alter.

Ferner gehört zu diesen ganzheitlichen Verfahren der Qualitäts-

ermittlung die Biophotonenmessung, die über die Bioluminiszenz-
strahlung von Lebensmitteln Aussagen über ihre Beschaffenheit
machen kann. Und auch das ganze Repertoire bildschaffender
Methoden wie die Kupferchloridkristallisation, die Steigbild- oder
die Tropfenmethode rechnen wir hierzu. Diese Methoden werden
eingesetzt, um die innere Vitalaktivität – ein Parameter für Leben
oder Lebendigkeit – am Lebensmittel objektivieren zu können.

Seit den 30er Jahren erforscht man das Phänomen, daß organische Substanzen (Blut, Pflanzensäfte, Urin) in Verbindung mit Me-
tallsalzlösungen weitgehend reproduzierbare, farbige Bildformen
schaffen. Dazu werden aus dem Probematerial wässrige Extrakte
hergestellt. Diese erzeugen auf besonders präpariertem Papier entweder sogenannte »Steigbilder« oder Rundbildchromatogramme.
Diese »Formbildungskraft« gilt als Ausdruck der inneren Ordnung
im Probenmaterial. Durch Vergleich der entstandenen Strukturen
mit determinierten »Originalen« läßt sich eine Aussage über das
Produkt und seine Lebensgeschichte machen. Das geht soweit, daß
nicht nur die umwelt- und anbaubedingten Besonderheiten, sondern auch Aufbereitungs-, Lagerungs- und Konservierungstechni-
ken eine unterschiedliche Bildgestalt hervorbringen.

**Neben den
Papierchroma-
togrammen
werden auch
Kupferchlorid-
kristallisatio-
nen verwen-
det.**

Neben den Papierchromatogrammen werden, wie erwähnt, auch
Kupferchloridkristallisationen zur Beurteilung der Lebensmittelqualität verwendet. Dabei wird ebenfalls ein wässriger Extrakt einer
Probe mit einer bestimmten Menge Kupferchloridlösung zur Kri-
stallisation gebracht. Dabei wird dann das dem Kupferchlorid eigene Kristallisationsmuster durch den Probenextrakt so verändert,
daß probentypische Formen entstehen.

Der Trend zu ethnisch geprägten Lebensmitteln

Der landläufige Blick auf die gesundheitliche Dimension und insbesondere auf die Möglichkeiten der objektiven Bestimmung der
Lebens- und Mitweltverträglichkeit von Nahrungsmitteln ist ein
typisch abendländischer. Er entstammt dem Wissenschaftsver-
ständnis des reichen, industrialisierten Nordens. In Deutschland
hat sich der überwiegend naturwissenschaftlich-ernährungsphy-
siologisch geprägte Wissensschatz um gesunde Ernährung in zehn
Regeln für eine vollwertige Ernährung verdichtet, die die Deutsche
Gesellschaft für Ernährung wie folgt zusammenfaßte:

Zehn Regeln für eine vollwertige Ernährung

1. vielseitig – aber nicht zuviel
2. weniger Fett und fettreiche Lebensmittel
3. würzig – aber nicht salzig
4. wenig Süßes
5. mehr Vollkornprodukte
6. reichlich Gemüse, Kartoffeln und Obst
7. weniger tierisches Eiweiß
8. trinken mit Verstand
9. öfter kleine Mahlzeiten
10. schmackhaft und nährstoffschonend zubereiten

Bei Beachtung dieser Regeln und bei Einnahme üblicher Mischkost soll sich vor allem eine ausgewogene Nährstoffrelation ergeben. Die kulturell-ethnische Prägung des gesunden Ernährungsverhaltens im reichen Norden drückt sich in dieser Orientierung an Nährstoffen aus: Kohlenhydrate, Fette und Eiweiß sollen in einem gesundheitsförderlichen Verhältnis zueinander aufgenommen werden, das durch eine mathematische Relation geprägt ist. Dieser Relation zufolge ist es optimal, wenn durchschnittlich mehr als 50 Prozent der pro Tag aufgenommenen Energien aus Kohlenhydraten stammen, 25 bis 30 Prozent aus Fett und der restliche Anteil aus Eiweißen. Dann ist angeblich die Bedarfsdeckung des Körpers mit Energie und essentiellen Nährstoffen nach dem heutigen Erkenntnisstand am besten gewährleistet. Auch die tägliche Zufuhr von Vitaminen und Mineralstoffen wird mit offiziellen Nährstoffempfehlungen geregelt. Ein Beispiel hierfür gibt *Tab. 5.*

Einige offizielle Nährstoffempfehlungen			Tab. 5
Kalzium	800-900 mg (Erwachsene)	1.200 mg (Jugendliche)	1.000 mg (Frauen)
Vitamin C	40-50 mg (Säuglinge)	60 mg (Kinder)	75 mg (Erwachsene)
Vitamin B$_{12}$	1,0-3,0 µg (Kinder)	2,0 µg-4,0 µg (Erwachsene)	

Auffallend ist, daß diese Ernährungsempfehlungen auf die Verhinderung von Mangelerscheinungen abzielen. Diese »Orientierung am Mangel« und das positivistisch-wissenschaftliche Fundament, auf dem die naturwissenschaftliche Ernährungsmedizin des reichen Nordens fußt, wird, so ist unsere feste Überzeugung, im nächsten Jahrhundert von einem stärker organischen und die Ernährungsökologie einbeziehenden Verständnis überwunden werden. Die quantitative Annäherung an die Lebensmittel wird zugunsten einer qualitativen, die sich an Fragen des Lebens in den Lebensmitteln orientiert, aufgehoben werden. Um dieses neue Verständnis von Leben oder vom Lebendigen in den Lebensmitteln muß auch konzeptionell noch gerungen werden. Lehrmeister für diese in der Ernährungsphilosophie des reichen Nordens anstehende Veränderung können Gesundheitssysteme sein, die in anderen Kulturen auf der Grundlage eines Konzepts von holistischem Heil-Sein im Stoffwechsel mit der Natur gewonnen wurden. Ethnisch geprägte Lebensmittel oder Ernährungsstile werden im kommenden Jahrhundert nicht zuletzt deshalb immer populärer werden, weil sie die Verbindung zwischen gesunder Ernährung und einem gesunden Leben als ganzem besser thematisieren, als das im abendländisch-rationalistisch verkürzten Weltbild möglich ist. Die zwei großen Schulen holistischer Ernährung und Gesundheit, von denen das entsprechende neue Denken gelernt werden kann, sind zum einen das Fünf-Elemente-System in der chinesischen Medizin, zum anderen die Ayurvedische Ernährungslehre Indiens.

Schon heute haben diese beiden Schulen Millionen von Menschen im reichen Norden – häufig auf Anraten ihrer Hausärzte – in den Bann gezogen. Die Ernährungsregeln dieser Schulen sind einfach, im Alltag leicht umzusetzen und bringen keine Kasteiung mit sich. Auch sind alle Lebensmittel erlaubt. Es herrscht also kein Zwang zum Vegetarismus, zur Rohkost oder ähnlichen Extremen. Da sich bei ernährungsbedingten Störungen zügig Besserungen einstellen, haben diese beiden Ernährungssysteme ungebrochenen Erfolg und werden durch breite Kommunikation in den Medien immer populärer. Da die Literatur hierzu umfangreich ist, wollen wir hier nicht im einzelnen auf diese beiden ethnisch geprägten Richtungen des Essens eingehen.

Neben diesen beiden aus anderen Kulturkreisen kommenden Lehren gibt es andere, erfahrungsgestützte und ideologisch verankerte Ernährungspraktiken der abendländischen Gesundheitsbewegung. Diese umfassen Konzepte, die in erster Linie darauf abzielen, den Gesundheitszustand eines Menschen über die Ernährung positiv zu beeinflussen. Solche Ernährungslehren werden im nächsten Jahrhundert zunehmen. Allein der Rückblick auf die in den 80er

Es herrscht also kein Zwang zum Vegetarismus.

und 90er Jahren popularisierten Ernährungslehren mit ihrem welt-
anschaulichen Hintergrund zeigt eine erstaunliche Vielfalt: die
Reformkost, die Waerlandt-Kost, die Evers-Diät, die Schnitzer-Kost,
das Grunddiätsystem nach Arnemüller, die Hay'sche Trennkost, die
Vollwerternährung nach Bircher-Benner und anderes mehr.

Neben diesen Ernährungsstilen werden aber auch religiös fun-
dierte Ernährungslehren, wie z.B. die jüdische Vorstellung von
koscheren Lebensmitteln und einer koscheren Küche, stark wiederbelebt werden. Und ferner wird es im 21. Jahrhundert eine Vielzahl
von ethno-medizinisch stimulierten Entwicklungen geben.

Das Besondere der ethnisch stimulierten Auseinandersetzung
mit dem Thema Ernährung liegt vor allem darin, daß die Zusammenhänge zwischen Lebensmitteln und Bewußtsein immer deutlicher werden. Heimische Nahrung stärkt das Verständnis für die Natur, in der man lebt. Die Medizinmänner indigener Gemeinschaften wissen es längst: Wenn ihre Gemeinschaft anfängt, hauptsächlich Importwaren zu essen, dann erweitert sich das Bewußtsein
zwar horizontal und der Stamm bekommt möglicherweise welt-
männische Weitsicht. Verlustig geht er aber der mystischen Tiefe.
Die Weltoffenheit, Experimentierfreudigkeit und der Austausch
zwischen den Völkern, der durch die globale Lebensmittelwirtschaft gefördert wird, führen zu einer Entrhythmisierung und Auf-
lösung fundamentaler Anpassungsleistungen an die klimatischen
und regionalen Gewohnheiten, also zu einer Entkoppelung von
der Natur, in der man lebt. Dadurch wird auf unbewußter, psycho-
somatischer Ebene die basale gesundheitsstiftende, unmittelbare
Verbundenheit mit der lokalen Umwelt und ihren Rhythmen ge-
lockert. Das gilt auch für die industrialisierten Länder und ihre Ernährungsgewohnheiten. Erdbeeren aus Chile oder Mangos aus
Afrika, die mitten im Winter aufgetischt werden, vermitteln dem
Körper sommerliche Signale, obwohl es draußen friert oder schneit
– sie stören also die natürliche Gesundheitslage.

Aus der Sicht ethno-medizinischer Ernährungslehren müssen
mikrobiologisch und technisch veränderte Lebensmittel den Menschen von seinen organisch gewachsenen Wurzeln entfremden
und ihn seine Abhängigkeit von der Mutter Erde, den Pflanzen und
Tieren vergessen lassen. Ob damit der Organismus und die archai-
schen Schichten der menschlichen Psyche längerfristig zurecht-
kommen, wird erst im nächsten Jahrhundert deutlicher werden.[14]

Der sich heute abzeichnende Trend zu Ethno-Food wird im kom-

Heimische Nahrung stärkt das Verständnis für die Natur, in der man lebt.

menden Jahrhundert dann ungebrochen bleiben, wenn die Gesundheitsanliegen, die in den traditionellen Küchen der Welt eine Rolle spielen, transparenter werden. Ethno-Food ist dann nicht mehr die Pizza- oder Pastaküche oder die thailändische Reisküche, sondern eher Functional Food ohne industriellen, laborhaften Charakter und standardisierten Geschmack. Regional gewonnene, saisonal angepaßte Rohstoffe – das ist im Sinne eines ethnisch geprägten Ernährungsstils optimales Functional Food.

Bei allen ethnischen Tendenzen ist es wichtig, die lokale, eigene Vielfalt der Ernährungsstile und Küchen (wieder) zu entdecken statt nur die Vielfalt auf globaler Ebene zu suchen. Heilsames, gutes Essen ist häufig um die Ecke zu finden, liegt also in der Nähe, und zwar räumlich und zeitlich nahe am Lebensmittelpunkt.

Angereicherte Lebensmittel und Nutraceuticals

Da unbestritten ist, daß Ernährung für Gesundheit eine zentrale Rolle spielt, ist es nicht nur aus ethnischer Perspektive vom guten Essen naheliegend, darüber nachzudenken, ob man nicht durch gezielte Ernährung oder gar den gezielten Einsatz von bestimmten Lebensmitteln spezielle Krankheitsbilder bekämpfen kann. Lebensmittel sind Informationsträger, sie können zur Heilung oder zum Krankwerden beitragen. Aber welche Informationen braucht der Körper? Und vor allen Dingen: Wieviel von welcher Information braucht er? Natürlich streiten sich hier die Gelehrten. Aber die Lebensmittelindustrie tut alles, um Lebensmittel so anzureichern oder so zu erhalten, daß sie zu Zwecken der Gesunderhaltung oder gar der Gesundung eingesetzt werden können. Wir werden im nächsten Jahrhundert einen Aufschwung im Bereich der sogenannten Nutraceuticals haben, also von Lebensmitteln, die ganz gezielt für Personen entwickelt werden, die unter bestimmten Krankheiten leiden oder zu Risikogruppen gehören, die beispielsweise von Krebs bedroht sind.

Es ist mittlerweile weltweit gängige Praxis, Lebensmittel speziell mit bestimmten Vitaminen anzureichern. So werden in den USA Brot, Mehl, Maismehl, Reis, Nudeln und andere Getreideprodukte

Wir werden im nächsten Jahrhundert einen Aufschwung im Bereich der sogenannten Nutraceuticals haben.

---

14 Vgl. E. Diallo-Ginstl (Hg.), *Ernährung und Gesundheit. Von anderen Kulturen (essen) lernen*, Stuttgart/Ulm 1997

gemäß einer Anweisung der US-Food-and-Drug-Administration (FDA) mit dem Vitamin B Folsäure angereichert. Und zwar deshalb, weil Studien in den vergangenen Jahren gezeigt haben, daß das Risiko von Spina bifida, der angeborenen Spaltbildung der Wirbelsäule bei Neugeborenen, geringer ist, wenn die Mütter während der Schwangerschaft mehr Folsäure zu sich nehmen. Nach Schätzungen der FDA ist der finanzielle Nutzen aus weniger Spina-bifida-Fällen bei Neugeborenen etwa 24mal so hoch wie die Kosten für den Folsäurezusatz.

Noch viel größer könnten die Ersparnisse bei Herzinfarkt und Schlaganfall sein, meinen Experten u.a. vom Jean Mayer USDA Human Nutrition Center on Aging der Tufts University in Boston. Folat ist eines der drei B-Vitamine, die der Körper benötigt, um die Aminosäure Homocystein in eine unschädliche Verbindung umzuwandeln. Denn ein Übermaß an Homocystein im Blut scheint zu Gefäßschädigungen beizutragen, was die Blutzufuhr zum Herzmuskel und zum Gehirn einschränkt und so das Risiko für Herzinfarkt oder Schlaganfall erhöht. Die Forscher kommen in einer Studie aus dem Jahr 1995 zu dem Schluß, daß hohe Homocysteinwerte die Wahrscheinlichkeit für koronare Arterienerkrankungen (Herzinfarkt) bei Männern um 60 Prozent, bei Frauen sogar um 80 Prozent erhöhen. Und die Gefahr eines Schlaganfalls werde für beide Geschlechter um 50 Prozent wahrscheinlicher, so dieselbe Studie. Wenn die Getreideprodukte, wie gesetzlich vorgegeben, mit Folsäure angereichert werden, könnte das Vorkommen koronarer Arterienerkrankungen um drei bis fünf Prozent sinken, schätzen die Wissenschaftler. In ähnlicher Weise gibt es in den USA auch für die Anreicherung der Milch mit Vitamin D oder für die Jodisierung des Speisesalzes entsprechende Vorschriften.

Mittlerweile gibt es aber genauso erste Untersuchungen, die die Praxis der Vitaminzufuhr aufs Korn nehmen. Ihr Hauptargument: Mit künstlich angereicherten Lebensmitteln schlucken Jugendliche und Kinder Vitamine, die sie gar nicht brauchen. Gleichzeitig können sie damit aber nicht ausgleichen, was ihnen in der natürlichen Nahrung fehlt. Das hat z.B. das Dortmunder Forschungsinstitut für Kinderernährung festgestellt. Der Anteil der angereicherten Lebensmittel an der gesamten Ernährung hat sich in den vergangenen zehn Jahren verdoppelt, aber oft sind die Anreicherungen unsinnig. Beliebt ist z.B. der Zusatz von Vitamin C, obwohl Kinder und Jugendliche schon seit Jahren eher mehr Vitamin C über die

Mit künstlich angereicherten Lebensmitteln schlucken wir Vitamine, die wir gar nicht brauchen.

Nahrung aufnehmen, als nach den Empfehlungen der Deutschen Gesellschaft für Ernährung notwendig ist. Während angereicherte Lebensmittel 1986 nur neun Prozent der Vitamin-C-Zufuhr deckten, waren es zehn Jahre später bereits 24 Prozent. Gleichzeitig trinken die Kinder weniger herkömmlichen, nicht angereicherten Fruchtsaft als früher.

Gerade um die Vitamine ist ein großer Streit ent- brannt.

Gerade um die Vitamine ist ein großer Streit entbrannt, der die Lebensmittelherstellung sicherlich bis weit ins nächste Jahrhundert begleiten wird. Die Kritik läßt sich besonders darüber aus, daß Süßwaren angereichert werden, genauso wie Säfte, und mit den beigemischten Mengen häufig mehr als das Doppelte der gesetzlich festgelegten Tagesdosis, in Extremfällen bis zu 600 Prozent mehr, konsumiert werden. Dadurch verlieren alle Empfehlungen zu einer ausgewogenen Ernährung, die sich auf normale Lebensmittel beziehen, jede Grundlage. Und das kann nicht im Sinne eines ganzheitlich förderlichen Stoffwechsels im Erd-Organismus sein.

Angesichts solcher Probleme soll in Zukunft gezielter mit den sogenannten funktionellen Nahrungsmitteln, also dem Functional Food, gearbeitet werden und sollen mehr und mehr Nutraceuticals auf den Markt kommen.

Functional Food und Novel Food

Grundsätzlich lassen sich als Functional Food alle Erzeugnisse definieren, denen über ihren reinen Nährwert hinaus eine Wirkung auf Gesundheit, Leistungsfähigkeit und Wohlbefinden zugeschrieben wird. Die Idee für dieses Konzept stammt aus Japan, wo man bereits 1935 Yakult entwickelte, ein Sauermilcherzeugnis, das die menschliche Darmflora beeinflussen soll. Inzwischen haben dort rund 40 Produkte den offiziell anerkannten Status eines funktionellen Lebensmittels. Dabei handelt es sich neben Nahrungsergänzungsmitteln, Sportlernahrung und sogenannten Energy Drinks um Erzeugnisse, denen als besonders gesund geltende Zutaten beigemischt wurden. Als funktionelle Inhaltsstoffe gelten u.a.: Ballaststoffe, Vitamine, Mineralstoffe, Insulin und Oligosaccharide, probiotische Bakterien, Fette, Proteine und bioaktive Inhaltsstoffe.

»In Deutschland werden Functional Food meist als Lebensmittel beschrieben, die durch Zugabe bestimmter Nährstoffe oder Zutaten so modifiziert wurden, daß sie spezifische gesundheitsfördernde

Wirkungen, Nutzen oder Vorteile erbringen sollen«, definiert es die Deutsche Gesellschaft für Ernährung (DGE). Hierzulande nehmen Produkte der Functional-Food-Gruppe nur allmählich, aber dafür stetig zu. Rund 13 Prozent beträgt beispielsweise der Anteil des probiotischen Joghurts am Gesamt-Joghurtmarkt.

Zwei der wichtigsten Stoffgruppen, die Nahrungsmittel in den Rang funktioneller Nahrung erheben, sind die Probiotika und die Ballaststoffe. Probiotika sind lebende Mikroorganismen, die das Gleichgewicht der Darmflora positiv beeinflussen. Grundvoraussetzung für die probiotische Wirkung der Mikroorganismen ist, daß sie die Magensäure und Gallensalze während der Magenpassage ohne Schaden überstehen und in den Darmbereich gelangen. Zu ihren positiven Eigenschaften gehört u.a., daß sie die Bildung von Antikörpern anregen, Erreger binden und inaktivieren, Rezeptoren im Darm besetzen und so die Adhäsion von Erregern verhindern.

Anders als der Name vermuten läßt, sind Ballaststoffe für die meisten Menschen deshalb kein Ballast, weil sie viel zu wenig davon durch ihre Nahrung aufnehmen. Die Folge ist in vielen Fällen eine Unterversorgung mit Ballaststoffen, was unter Umständen zu Erkrankungen führen kann. Durch epidemiologische Studien ergab sich ein Zusammenhang zwischen der Ballaststoffaufnahme und dem Auftreten von Dickdarmtumoren. In diesem Zusammenhang empfiehlt die DGE, den Ballaststoffverzehr um 20 Prozent zu erhöhen. So bietet z.B. die Firma Kellog's – in der Apotheke – ballaststoffreiche Produkte an. Mit der Angabe von »g Ballaststoffe pro 100 Gramm Produkt« auf der Packung wird die Bedeutung des Inhaltsstoffes noch einmal hervorgehoben.

Auch wenn die meisten Functional Food-Produkte derzeit noch auf konventionellem Weg, also durch Beigaben, gewonnen werden, zeichnet sich jetzt schon ein Trend ab, der im nächsten Jahrhundert besonders ausgeprägt sein wird: die gentechnische Veränderung von alltäglichen Lebensmitteln wie z.B. Äpfeln und Bananen, um sie auch vorbeugend als »Impffrüchte« einzusetzen. Seit Anfang der 90er Jahre wird in verschiedenen Laboratorien daran gearbeitet, Impfstoffe gegen gefürchtete Durchfallerkrankungen in Pflanzen einzubauen. Im Gewächshaus gibt es bereits die ersten Impfbananen gegen Hepatitis. Ferner wird daran gearbeitet, mit Spezialgemüse gegen Karies vorzugehen. Amerikanische und englische Forscher haben Tabak durch gentechnische Veränderungen dazu gebracht, Antikörper gegen Streptokosmotans aufzubauen,

Im Gewächshaus gibt es bereits die ersten Impfbananen gegen Hepatitis.

Lebensmittel mit angestrebter Heil- oder Schutzwirkung

ein Bakterium, das an den menschlichen Zähnen nagt. Diese Nutraceuticals, also Lebensmittel mit angestrebter Heil- oder Schutzwirkung, sind ein Teilbereich des sogenannten Novel Food. Bei Novel Food unterscheidet man derzeit fünf Gruppen:

1. Lebensmittel und -zutaten, die gentechnisch veränderte Organismen enthalten oder aus solchen bestehen. Zu dieser Gruppe gehören genmanipulierte Tomaten, Mais, Soja, Raps, Kartoffelprodukte, aber auch die wahrscheinlich zukünftig zu erwartenden, probiotischen Produkte mit gentechnisch modifizierten und veränderten Mikroorganismen.
2. Lebensmittel und -zutaten, die mit Hilfe gentechnisch veränderter Organismen hergestellt wurden, jedoch selber keine enthalten. Im wesentlichen handelt es sich dabei um Stärke, Öle, Zucker und Sojalecithin. Letzteres wird aus gentechnisch verändertem Soja isoliert und dann als Lebensmittelzusatz und -hilfsstoff in sehr vielen verschiedenen Produkten, z.B. als Emulgator, verwendet.
3. Lebensmittel und -zutaten mit neuer oder gezielt modifizierter, primärer Molekülstruktur. Dazu gehören Produkte, die aus Mikroorganismen, Pilzen oder Algen bestehen oder aus diesen isoliert worden sind. Sie sind gegenwärtig in Europa in der Ernährung noch relativ unüblich, spielen aber vor allem in Asien bereits eine größere Rolle, so z.B. Produkte aus Plankton und Einzellzellproteinen.
4. Lebensmittel und -zutaten, die aus Pflanzen bestehen oder aus Pflanzen bzw. Tieren isoliert worden sind, die mit herkömmlichen Vermehrungs- und Zuchtmethoden gewonnen wurden und erfahrungsgemäß als unbedenkliche Lebensmittel gelten können, aber bei uns bisher nicht verzehrt werden. Es handelt sich um exotisches Obst, Gemüse oder Meeresfrüchte.
5. Lebensmittel und -zutaten, bei deren Herstellung ein nicht übliches Verfahren angewandt worden ist, wobei dieses Verfahren eine bedeutende Veränderung in der Zusammensetzung oder der Struktur dieser Lebensmittel oder -zutaten bewirkt hat und sich dadurch Einflüsse auf ihren Nährwert, ihren Stoffwechsel oder auch die Menge unerwünschter Inhaltsstoffe ergeben. Hierbei geht es um verfahrenstechnische Veränderungen und die Entwicklung sowie Anwendung neuer Technologien, z.B. die Hochdrucksterilisation.

Angesichts dieser Entwicklung von designten Lebensmitteln engagieren wir uns in unserer Arbeit vor allem für natürliche Lebensmittel insbesondere auf pflanzlicher Basis. Wir wenden uns entschieden gegen die noch stärkere Abhängigkeit des Menschen von Synthetisierungsvorgängen oder molekularbiologischen Eingriffen in den Laboratorien der Nahrungsmittelindustrie. Wenn wir wissen, daß z.B. Polyphenole, die in den Schalen von Gemüse, Obst und Getreide in besonders hohen Mengen beim Freilandanbau vorkommen, krebshemmend sind, antimikrobiell wirken, antioxidierend und thrombosevorbeugend sind, immunstimulierende Auswirkungen haben, entzündungshemmend sind, den Blutdruck regulieren und auch den Blutzucker, dann können wir nur empfehlen, die ganze Frucht oder das ganze Getreidekorn zu verspeisen und nicht darauf zu setzen, daß Polyphenole synthetisiert und etwa Joghurt beigemischt werden.

Gleiches gilt für Karotinoide, also die roten, gelben, grünen und orangefarbigen Farbstoffe, die ebenfalls als krebshemmend und cholesterinsenkend erkannt wurden und über einschlägige Gemüse zugeführt werden können, so daß die Verabreichung von entsprechenden mit Karotin angereicherten Tabletten nicht nötig ist. Wir sind sicher, daß auch in Zukunft alles für den gesunden menschlichen Organismus Nötige in der Natur gefunden werden kann, und das in ausreichenden Mengen. Die Natur stellt ohne Eingriffe des Menschen genügend Nutraceuticals her. Es gibt nur wenige Ausnahmen, wie z.B. den Jodmangel in einigen besonderen Bergregionen, die gezielter Eingriffe bedürfen.

Die Natur stellt ohne Eingriffe des Menschen genügend Nutraceuticals her.

Ob Lebensmittel à la Impfbananen für das Gesundheitswesen von morgen nachhaltig gut sind, muß zumindest ernsthaft diskutiert werden. Unspezifisches Impfen in großem Umfang kann Nebenwirkungen haben, die unvorhersehbar sind und äußerste Vorsicht gebieten.

Essen und Erziehung: Alle Sinne für die persönliche Freiheit der Lebensmittelwahl

Angesichts knapper werdender Ressourcen und Veränderungen in den Gesundheits- und Sozialsystemen des reichen Nordens wird im nächsten Jahrhundert zwangsläufig das eigenverantwortliche Handeln der Menschen, sich gesund zu ernähren, eine entscheidende Rolle spielen. Mehr Eigenverantwortlichkeit im Ernährungsbereich wahrzunehmen – das wird die große Forderung der Politik an den einzelnen sein. Jedoch liegt in den Ländern des Nordens bei weitem nicht alles im Verantwortungsbereich der Verbraucher. So gibt es für sie – auch aufgrund der gesetzlichen Vorgaben – kaum oder keine Einflußmöglichkeiten in Bereichen wie:

Es gibt für den Verbraucher kaum Einflußmöglichkeiten.

- Gehalt an Schadstoffen, Lebensmittelkontaminanten usw.;
- Verwendung hochwertiger Ausgangsmaterialien, sorgfältiger Umgang mit Zusatzstoffen und Nährstoffänderungen, schonende Be- und Verarbeitung (moderne Technologie);
- Abwesenheit pathogener bzw. krankheitserregender Mikroorganismen.

Dagegen wird auf anderen Gebieten das Interesse, eigenverantwortlich zu wirken, zunehmen. Das wird u.a. gelten für:

- die Auswahl und Zubereitung der Lebensmittel im Sinne einer bedarfsgerechten Ernährung;
- die Beachtung des »Gesundheitswerts« der Nahrung (Information, Energie-, Fettgehalt, Fettqualität, Kochsalzanteile, Zuckeranteile, Kalziumanteile usw.);
- die Auswahl und Aufnahme von Lebensmitteln mit hohem Gehalt an nicht nutritiven (sekundären) Inhaltsstoffen;
- die Berücksichtigung »probiotisch« wirksamer Lebensmittel;
- eine allgemein gesunde Lebensweise (Nichtrauchen, mäßiger Alkoholkonsum, sportliche Betätigung).

Mehr und mehr Menschen werden den überwiegend weltanschaulich geprägten Ernährungsweisen wie Vollwerternährung, Vegetarismus, Makrobiotik, anthroposophische Ernährung, aber auch den kommerziell geprägten Modediäten, Fitness- oder Wellness-Lebensweisen folgen, um einen durchschnittlich gesünderen Ernährungslebensstil zu führen und Risikofaktoren für die Gesundheit, die mit der Ernährung zusammenhängen, zu meiden. Sie versprechen sich mehr Vitalität, Agilität und Lebensfreude und werden durch die zu erwartende höhere Selbstbeteiligung an Krankheitskosten mehr denn bislang dafür tun, gesund zu bleiben.

Ernährungsmedizinische Impulse für das Erlernen richtiger Ernährung

Das ernährungsmedizinische Wissen wird im 21. Jahrhundert dramatisch anwachsen. Erkrankungen durch falsche Ernährung und ernährungsbedingte Risiken bei bereits bestehenden Erkrankungen zu heilen bzw. zu vermeiden, wird angesichts der Explosion der Kosten im Gesundheitswesen zur Verpflichtung in der allgemeinen ärztlichen Beratungspraxis werden. Nicht zuletzt, weil Lebensmittelallergien extrem zunehmen, bekommt die richtige, heilsame Ernährung einen besonderen Stellenwert. Die ärztliche Ernährungsberatung kann Lernprozesse über Sinn, Ziel und Technik gesunder Ernährung nicht nur durch Informationen befördern, sondern auch durch Motivationshilfen bei der Umstellung des Eßverhaltens, indem sie die Erfolge ihrer Patienten beobachtet und bewertet.

Das Leitbild der Ernährungsschulung wird die »Hilfe zur Selbsthilfe« sein. Dadurch werden die Wünsche, Erfahrungen und Möglichkeiten des einzelnen Konsumenten berücksichtigt und wird auch sein soziales Verhalten beispielsweise im Hinblick auf das Prestige bestimmter Ernährungsformen in die Beratung einbezogen. Wege zu heilsamer Ernährung werden in kleinen Schritten durch tägliches Einüben gegangen. Die Eßgewohnheiten umzustellen, ist eine der größten Herausforderungen in der Lebensführung. Je mehr Menschen ein ökologisches Bewußtsein entwickeln, desto mehr können sie eine neue Zielhierarchie in ihrer Ernährung aufbauen, um aus eigener Sicht und Erlebnisweise ihr persönliches Verhalten auf das Wohl und Wehe des Gaia-Organismus abzustellen, von dem sie ein Teil sind. Wer sich zu einem gesünderen Eßverhalten entschließt, braucht vielleicht pädagogische Begleitung, wer mitten in der akuten Phase der Eßverhaltensänderung steckt, braucht vielleicht psychologische Betreuung – erst recht, wenn er Rückfälle in ungünstige Konsummuster bewältigen muß.

Da die Ärzte sich im großen und ganzen in Fragen individuell angemessener Diät noch nicht sonderlich gut auskennen, wird es

> Wege zu heilsamer Ernährung werden in kleinen Schritten durch tägliches Einüben gegangen.

im ersten Jahrzehnt des neuen Jahrhunderts zu einer institutionellen Organisation der medizinischen Ernährungsberatung kommen. Dabei könnte auch eine Kooperation zwischen den niedergelassenen Ärzten und den Verbänden der Ökotrophologen, der unabhängigen Ernährungs- und Gesundheitsberater, ein Weg sein, die wissenslogistischen und infrastrukturellen Engpässe zu überwinden. Konzentriert sich derzeit das Ernährungswissen in den Städten, muß es in Zukunft auch in den ländlichen Regionen durch systematische Organisation beispielsweise auf Initiative der Krankenkassen genauso zur Verfügung stehen.

Das Ernährungswissen konzentriert sich derzeit in den Städten.

Wir glauben, daß die Ernährungsmedizin erst dann ihrem Beratungsauftrag für die anstehende ökologische Veränderung einer der stabilsten menschlichen Verhaltensweisen, nämlich des Eßverhaltens, richtig nachkommt, wenn sich ihre Sprache ändert. Eine neue fördernde, an Laien gerichtete Sprache muß sich dadurch auszeichnen, daß sie konkret ist, daß sie sich auf alltägliche Handlungen bezieht, die mit dem Eßverhalten zusammenhängen. Wenn es um Lebensmittel geht, dann geht es um den richtigen Umgang mit ihnen, weniger um ihre Nährstoffe. Eine interessante und anschauliche Beratung wird die Menschen mit Sicherheit dazu motivieren, sich konkret mit ihrem Eßverhalten auseinanderzusetzen.

Subjektive Verfahren zur Ermittlung von Lebensmittelqualität

Um in Zukunft mehr Verantwortung übernehmen zu können, müssen Menschen darin geschult werden, subjektiv und unabhängig von Experten für sich feststellen zu können, was ihrem Organismus bekommt und was nicht. Da der Mensch Lebensmittel nicht nur zur Nährstoffversorgung ißt, sondern auch einen Genuß damit verbindet, der über ein Geschmacks-, Geruchs- und Farberlebnis zustande kommt, läßt sich die Qualität von Lebensmitteln vorrangig mit Hilfe der fünf Sinne überprüfen. Eines unserer visionären Anliegen ist es, schon im Kindesalter damit zu beginnen, die sinnlich-sensorische Wahrnehmungsfähigkeit bewußt zu trainieren, und zwar besonders im Hinblick auf Nahrungsmittel, um folgende Eindrücke zur qualitativen Beurteilung zu vervollkommnen:

• die visuellen Eindrücke hinsichtlich der Farbe, Form, Struktur, des Glanzes und der Trübung,

- die olfaktorischen Eindrücke, differenziert nach Anfangsgeruch, Hauptgeruch, Nachgeruch,
- die gustatorischen Eindrücke,
- sowie die haptischen Eindrücke.

Als Faustregel für gesunde Ernährung gilt: Nur, wenn alle Sinne »Ja« zu einem Lebensmittel sagen, ist es ein gutes Lebens-Mittel.

Der umfassende Sinneseindruck wird Geschmack genannt, mit ihm beschäftigt sich die Sensorik. Sensorik beim Essen setzt die Beteiligung aller Sinne voraus (s. *Abb. 10*). Die durch die Sinne vermittelte intensive Kommunikation zwischen Gehirn und mit der Umwelt unmittelbar in Kontakt stehenden Organen verhilft zur richtigen Auswahl gesunder und verträglicher Nahrung. Geschulter Geschmack bedeutet bewußte und eigenverantwortlich gut ausgewählte Ernährung.

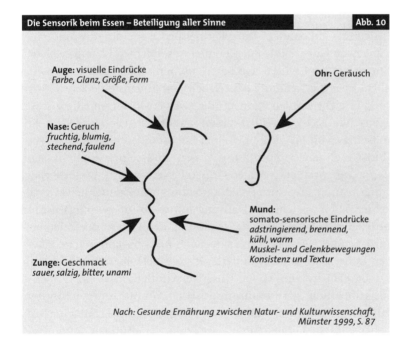

Die Sensorik beim Essen – Beteiligung aller Sinne   **Abb. 10**

Auge: visuelle Eindrücke
Farbe, Glanz, Größe, Form

Ohr: Geräusch

Nase: Geruch
*fruchtig, blumig,
stechend, faulend*

Mund:
somato-sensorische Eindrücke
*adstringierend, brennend,
kühl, warm
Muskel- und Gelenkbewegungen
Konsistenz und Textur*

Zunge: Geschmack
sauer, salzig, bitter, unami

*Nach: Gesunde Ernährung zwischen Natur- und Kulturwissenschaft,
Münster 1999, S. 87*

Eine sinnlich orientierte ökologische Ernährungserziehung wird in den Schulen des 21. Jahrhunderts einen besonderen Platz bekommen. Sie wird einen Lernbereich erschließen, über den das Wissen um Gaia und das Heil-Sein im Stoffwechsel mit der Natur ganzheitlich vermittelt werden kann. Die Schulküchen werden zum Lernfeld für eine vernünftige Lebensführung. Kochen und Essen bringen eine reizvolle Abwechslung zum verkopften Lernen: Das gemeinsame, von Gesprächen begleitete Kochen mit sinnvollen, weil eßbaren Resultaten, das gemeinsame Mahl und der gemeinsame Genuß sind eine sinnliche und zugleich sittliche Schulung für das Leben ohnegleichen. Sie ermöglicht es, neben den küchentechnischen Fertigkeiten und dem Entdecken von Verhaltensoptionen im Befriedigen des Eßbedürfnisses auch die ökologische, ökonomische und soziale Dimension der Ernährung handfest zu begreifen. Was die Familie heute schon kaum noch leisten kann, wird in Zukunft erst recht die Schule erreichen müssen: die Vermittlung eines verantwortbaren, selbständigen Ernährungsverhaltens, das nicht dem Diktat der Werbung und dem Gruppenzwang folgt, sondern Essen als Kommunikation mit allem Lebendigen begrüßt.

Der Wiederentdeckung des menschlichen Ernährungsinstinkts wird bei Schülern, aber auch bei älteren Menschen, eine besondere Bedeutung zukommen. Dazu hat beispielsweise die Instinkto-Therapie nach Guy Claude Burger einen wesentlichen Beitrag geleistet. Burger hat beobachtet, daß bei Menschen schon nach kurzer Zeit allein über die Schulung des Geruchsempfindens eine Sensibilisierung erreicht werden kann für das, was ernährungsmäßig gut ist. Menschen verfügen über einen außerordentlich präzisen Ernährungsinstinkt, der sich in einer höchst differenzierten Geruchs- und Geschmacksempfindung äußert und seine Möglichkeiten dann voll entfaltet, wenn er sorgsam geschult wird. Dieser Ernährungsinstinkt identifiziert jedes ursprüngliche, geruchlich wie geschmacklich anziehende Nahrungsmittel als für den Organismus nützlich – ganz im Sinne der Evolution, denn ein in der freien Natur lebendes Tier, das giftige oder auch nur unbekömmliche Pflanzen fräße, wäre anderen unterlegen und fiele über kurz oder lang seinen Räubern zum Opfer. Unser verschütteter, aber doch höchst funktionstüchtiger Ernährungsinstinkt könnte zum wichtigsten Hilfsmittel für unsere subjektive Befähigung zur Ermittlung von Lebensmittelqualität werden – also zum Herausfinden dessen, was bekömmlich ist. Die Instinkto-Therapie knüpft hier an. Sie ist keine Diät, sondern empfiehlt, für eine Weile Kunstgriffe zu unterlassen, die die Instinktmechanismen aufheben oder die Stoffwechselfunktionen vor unlösbare Probleme stellen können, die im wesentlichen mit einer fehlgeleiteten Kochkunst zusammenhängen. Des-

Die Instinkto-Therapie knüpft hier an.

halb spielt sogenannte unverfälschte Naturkost für die Phase der Wiedererweckung des Ernährungsinstinkts eine entscheidende Rolle.

Ferner kann der einzelne Verbraucher auch mit dem Muskeltest der Kinesiologie feststellen, ob ein Lebensmittel für ihn zuträglich ist oder nicht. Die angewandte Kinesiologie hat entdeckt, daß es im menschlichen Körper eine Beziehung zwischen den Organen und den großen Muskeln gibt. Eine Schwäche in einem Muskel zeigt den schlechten energetischen Zustand des zugehörigen Organs an. Mittels des Delta-Muskel-Tests kann die individuelle Verträglichkeit festgestellt werden.

Unsere Vision zur Schulung des Ernährungsbewußtseins ist von dem Sieben-Stufen-Modell des Makrobiotikers N. Kushi geprägt. Kushi hat beobachtet, daß die Eßgewohnheiten von Menschen abhängig sind von der Urteilskraft und ihrem Grad an Bewußtheit, und er hat sieben unterschiedliche Ernährungsweisen identifiziert:

Unsere Vision zur Schulung des Ernährungsbewußtseins

1. Stufe: Man ißt spontan, weil man Hunger hat, ohne sich dessen bewußt zu sein. Auf dieser Stufe essen die Menschen alles was sie kriegen können. Ihre Ernährungsweise läßt sie gedankenlos auf jede äußere Anregung reagieren.
2. Stufe: Man ißt aus Sinneslust, nach Geschmack, Geruch, Farbe und Menge. Menschen dieser Stufe richten sich nach dem Durchschnittsgeschmack und wünschen sich besonders leckere Speisen. Sie suchen in jeder Lebenslage Befriedigung der Sinne.
3. Stufe: Man ißt zur Gemütsbefriedigung. Menschen dieser Art bevorzugen Atmosphäre und einen gedeckten Tisch, der bei ihnen angenehme Gefühle weckt. Oft verwenden sie aus ästhetischen Gründen besonders schönes Geschirr, essen bei Kerzenlicht und hören Musik. Viele dieser Menschen befürworten den Vegetarismus.
4. Stufe: Man ißt mit intellektueller Rechtfertigung. Diese theoretisch informierte Ernährungsweise beruht auf Kenntnissen über Kalorien, Vitamine, Enzyme, Eiweiß, Kohlenhydrate, Fett, Mineralstoffe und viele andere Nahrungsbestandteile – und sie ist für die moderne Gesellschaft. Ihr Nachteil ist der fehlende Blick für die Ganzheit menschlichen Lebens in der Umwelt und das Fehlen eines kurzgefaßten Prinzips.
5. Stufe: Man ißt gemäß dem sozialen Bewußtsein. Diese Ernährungsweise beruht auf dem Gedanken der gerechten Vertei-

lung, oft verbunden mit dem Prinzip der Gleichheit. Ethisches, moralisches und ökonomisches Bewußtsein bestimmen Nahrungswahl und Nahrungsmenge. Sozialistische Planung der Nahrungsproduktion und -verteilung entspricht diesem Prinzip. Auch nationale und internationale Wirtschaftsmächte planen oft Ernährungsprogramme auf dieser Stufe.

6. Stufe: Man ißt nach Glauben und Ideologie. Zu dieser Stufe gehören die überlieferten religiösen und spirituellen Ernährungslehren. Judentum, Hinduismus, Buddhismus, Taoismus, Shintoismus und viele andere traditionelle Lehren enthalten Speiseregeln. In der modernen Gesellschaft werden diese Speiseregeln entweder blind befolgt oder einfach ignoriert.

7. Stufe: Man ißt gemäß dem freien Bewußtsein. Das bedeutet, mit klarem, intuitiven Urteil und ohne Zwang zu essen. Dieser intuitive Weg richtet sich nicht gegen bestimmte Nahrungsmittel, doch wählt man immer aus und bereitet die Nahrung im Einklang mit der natürlichen Vorgabe zu. Wer so ißt, kann seine Träume verwirklichen.[15]

Wir hoffen, daß die systematische Schulung in Sensorik oder anderen Verfahren der subjektiven Ermittlung von Lebensmittelqualität dazu führt, daß im nächsten Jahrhundert mehr und mehr Menschen in einem freien, ökologischen Bewußtsein, also gemäß der 7. Stufe nach Kushi, ihre Ernährungsentscheidungen treffen und damit zum Heil-Sein im Stoffwechsel mit der Natur beitragen.

Essen und Gesellschaft: Think globally – eat locally

Wir leben in einer Zeit der gespaltenen Nahrungsversorgung.

Wir leben in einer Zeit der gespaltenen Nahrungsversorgung auf der Erde, mit dem Überfluß im Norden und dem Mangel im Süden. Das Ernährungsverhalten des einzelnen begründet vielfältigste Wechselwirkungen, die häufig um den ganzen Globus ziehen. Die sozialpolitische Dimension der Ernährung ist deshalb vor allem durch das zunehmende Bewußtsein der globalen Interdependenz gekennzeichnet. Was weltweit auf die Tische oder in die Eßnäpfe

---

15 Vgl. Michio Kushi, *The Book of Macrobiotics. The Universal Way of Health and Happiness*, Frankfurt 1979

kommt, wird allerdings schon lange nicht mehr von den lokalen Gegebenheiten oder von nationalen Behörden bestimmt, sondern von internationalen Organisationen, die sich an dem Primat des Weltmarktes orientieren. Das gilt für die FAO genauso wie für die EU. Hier verfechten unterschiedlichste Interessengruppen ihre Anliegen und machen Politik. Der Weltnahrungsmittelmarkt soll harmonisiert werden, indem nationale Vorschriften vereinheitlicht, internationale Standards geschaffen werden und der breite Absatz von Gütern durch entsprechende wirtschaftspolitische Vorgaben gesichert wird. Durch internationale Vereinbarungen wird der Warenverkehr liberalisiert und künstlich der Transport von Rohstoffen so verbilligt, daß eine lokale Verarbeitung nicht mehr attraktiv ist.

So kommen z.B. in Deutschland nur noch vier Prozent der landwirtschaftlichen Produkte im Naturzustand auf den Markt, 96 Prozent werden industriell verarbeitet und entsprechend vermarktet. Gegen diesen noch herrschenden Trend ist unsere Vision darauf ausgerichtet, gerade durch globales und verantwortungsbewußtes Denken, durch das Anerkennen der vielfältigen, wechselseitigen Abhängigkeiten, zu einer dominant lokalen Ernährungsweise zu finden. Ein kurzer Blick zurück.

In Deutschland kommen nur noch vier Prozent der landwirtschaftlichen Produkte im Naturzustand auf den Markt.

Ein kurzer Blick zurück:
Die Selbstversorgungsgesellschaft Borgentreich

Christa Müller hat in ihrem Buch *Von der lokalen Ökonomie zum globalisierten Dorf* am Beispiel des westfälischen Landstädtchens Borgentreich gezeigt, wie noch bis weit in die 60er, teils bis in die 70er Jahre hinein selbst in einer Industrienation wie der Bundesrepublik ein vergleichsweise hoher Grad an Selbstversorgung herrschte – im Nahrungsmittelbereich betrug er nahezu 100 Prozent! Produktion und Konsum waren in der dörflichen Gesellschaft Borgentreichs aufs engste miteinander verknüpft. Hauswirtschaft, Landwirtschaft und produzierendes Handwerk bildeten die Grundlage der wirtschaftlichen Tätigkeit. Dabei hätte keine ohne die andere im lokalen Rahmen funktionieren können. In der dörflichen Arbeitsteilung waren alle unmittelbar aufeinander bezogen und hingen hochgradig voneinander ab. Das wirtschaftliche Handeln war durch diesen engen Bezug aufeinander und das gemeinsame

Interesse am Überleben immer sozial geprägt. Die einzelnen Haushalte hatten keinen hohen Bedarf an Geld. Bis auf die Grundsteuer fielen kaum regelmäßige Belastungen an, die nur mit Geld hätten ausgeglichen werden können. Die Überschüsse aus der landwirtschaftlichen Erzeugung wie Eier, Milch und Fleisch wurden im Dorf selbst oder in der unmittelbaren Umgebung vermarktet.

Was in Borgentreich konsumiert, nicht aber selbst hergestellt wurde, brachten reisende Händler ins Dorf.

»Viele Familien, selbst Einkommensempfänger wie Lehrer, hielten ein bis zwei Schweine zusätzlich zum Eigenbedarf, die sie an lokale oder regionale Viehhändler verkauften, die die Tiere ihrerseits in die Gegend von Kassel oder ins Ruhrgebiet vermarkteten. Was in Borgentreich konsumiert, nicht aber selbst hergestellt wurde, brachten reisende Händler ins Dorf: Leder, Stoffe und andere Rohmaterialien für das Handwerk ebenso wie eingelegte Heringe für den privaten Konsum. Die Stadt kam also – zeitlich begrenzt durch den Händlerbesuch – ins Dorf. Das Dorf blieb, wo es war, und mit ihm seine BewohnerInnen. Außer den Bauern besaßen auch alle Handwerkerfamilien neben ihren Obst- und Gemüsegärten Land – und zwar in der Größenordnung von einem halben bis zu zehn Hektar. Eine Bevölkerungsminderheit von landlosen Tagelöhnern und kleinen Handwerkern bearbeitete jeweils mindestens einen halben Hektar Pachtland. Anzahl und Art der gehaltenen Tiere hingen von der Größe des bearbeiteten Landes ab. So gehörten zur Ernährungsgrundlage des Schusters fünf Hektar Land, zwei bis drei Kühe, Schweine und Hühner. Ein Nachkriegsdurchschnittshaushalt einer Borgentreicher Handwerkerfamilie hielt vier bis fünf Schweine, 20 bis 25 Hühner, eine Milchkuh sowie ein Rind und verfügte über sechs Morgen Land – ein Morgen Kamp (Grünland), ein Morgen Kartoffeln, ein Morgen Runkeln und drei Morgen Weizen oder Roggen – alles für den Eigenbedarf einer Drei-Generationen-Familie. Handwerker wie Bauern waren Selbstversorger. Alle bauten Roggen an, den sie in einer der örtlichen Mühlen mahlen und dann vom Bäcker backen ließen – sowohl der Müller als auch der Bäcker behielten einen Teil des Getreides oder einen geringen Geldbetrag als Mahl- bzw. Backlohn ein. Getreideüberschüsse wurden von den Bauern an das Kornhaus verkauft, die Bäuerinnen verkauften oder tauschten überzählige Eier und Milch. Außerdem baute man Speisekartoffeln sowie Getreide und Feldfrüchte für das Vieh an. Auf diese Weise waren das ganze Jahr über Fleisch, Wurst, Eier, Milch, Zichorien- bzw. Getreidekaffee aus eigener Produktion vorrätig, ebenso der volle Gemüse- und Obstbedarf aus den eigenen Gärten, in denen Beerensträucher, Apfel-, Birn-, Kirsch- und Pflaumenbäume wuchsen. Die Früchte wurden im Sommer frisch gegessen und für den Winter eingekocht. In einigen Haushalten stellten die Frauen Butter, Käse und Quark selbst her, in anderen wurden die Milchprodukte zu günstigen Preisen von der Molkerei bezogen und mit der gelieferten Milch abgerechnet. Aus den vier Gemischtwaren- oder Kolonialwarenläden des Ortes benötigte ein durchschnittlicher Borgentreicher Haushalt an Lebensmitteln lediglich Essig, Salz, Öl, Zucker, Nudeln, Rübenkraut und Senf. Diese Waren wurden je nach Wunsch aus Eimern, großen Glasbehältern oder Kisten in mitgebrachte Gläser oder Tüten abgefüllt. Die kleinen Gemischtwarenläden galten neben den stets gut geheizten Handwerksstuben als sozialer Treffpunkt des Dorfes. Die Arbeit erhielt so einen öffentlich-sozialen Charakter. Die Orte der Begegnung waren zugleich Orte der Produktion.«[16]

In dieser dörflichen Gesellschaft spielten der Bauer, der Wagner und Stellmacher, der Schmied, der Tischler, der Sattler, der Müller, der Schuster, der Bauunternehmer und natürlich die Haus- und Hofwirtschaft der Frauen ziemlich gleichberechtigte Rollen. Jeder übernahm Aufgaben, die für die anderen Mitglieder der Dorfgesellschaft wichtig waren.

Der Niedergang dieser lokalen Wirtschafts- und Lebensweise wurde mit einer neuen Agrarpolitik, mit modernisierungsorientierter Beratung durch Agrarbehörden in den 50er Jahren eingeleitet und dauert im schleichenden Vollzug bis heute. Mit der politisch subventionierten und aufgezwungenen Maschinenintensität wuchs die Notwendigkeit zur kapitalintensiven Produktion: Die Bauern führten immer mehr Maschinen, Saatgut, Dünger, Futtermittel und andere Produktionsvorleistungen vom Weltmarkt ein. Die Monetarisierung des gesellschaftlichen Lebens auf dem Lande begann.

Die Monetarisierung des gesellschaftlichen Lebens auf dem Lande begann.

Der Strukturwandel führte dazu, daß von den 1968 noch vorhandenen 95 Voll- und 23 Nebenerwerbsbetrieben im Jahr 1997 nur noch 29 Vollerwerbsbetriebe erhalten geblieben sind und 31 Höfe im Nebenerwerb bewirtschaftet werden. Die gesellschaftlichen Folgen dieses agrarpolitisch ausgelösten Wandels liegen nicht nur in einer völlig anderen Berufslandschaft, sondern auch der gesamte Lebensstil weiß sich dem Trend der globalen Verstädterung verpflichtet.

Das Sozialprestige wird nicht mehr über die Einhaltung gesellschaftlicher Verbindlichkeiten, sondern über den Besitz von Waren gewonnen. Die Freizeit ist mehr und mehr von hoher Mobilität gekennzeichnet, die Sozialkontakte werden beliebiger, der monetäre Ausgleich für Leistungen auch zwischen den Privathaushalten dominiert.

Diese Geschichte ließe sich für Abertausende von Gemeinden

---

16 Christa Müller, *Von der lokalen Ökonomie zum globalisierten Dorf. Bäuerliche Überlebensstrategien zwischen Weltmarktintegration und Regionalisierung*, Frankfurt/Main 1997, S. 62 f.

im wohlhabenden Norden, aber auch in Ländern wie Brasilien und Indonesien so ähnlich beschreiben. Mit den Veränderungen im gesellschaftlichen Miteinander gingen dramatische Veränderungen in den Ernährungsgewohnheiten einher. Aus dem Brot zum Essen wurde das exquisite Weißbrot, das mit städtischem Lebensstil assoziiert war. Aus dem dörflich erzeugten Obst wurde der Apfel aus Neuseeland, da die gekauften Äpfel schöner und größer waren. Die lokal hergestellten Wurstwaren wurden von den schön verpackten und vielfältig gewürzten Industrieprodukten aus dem Supermarkt der Region verdrängt. Das nicht selber Herstellbare wurde das besonders Begehrenswerte und mit höherem sozialen Prestige Ausgestattete. In Borgentreich setzte sich das falsche Motto durch: think globally, eat globally.

Aus dem Brot zum Essen wurde das exquisite Weißbrot.

Die derzeitige Lebensmittelpolitik:
Ein Weg in die soziale und ökologische Sackgasse

Die am Weltmarkt ausgerichtete agrarökonomische Lebensmittelpolitik hat zu einer Vielzahl von Problemen geführt – nicht nur in Borgentreich. Am 4. Oktober 1993 fand deshalb in Bangalore, Indien, vor der Eröffnung eines Bauernkongresses eine Demonstration statt, an der über eine halbe Million Bauern aus Südostasien teilnahmen. Sie kamen aus Indien, Pakistan, Bangladesh, Taiwan, China, Thailand, Kambodscha, Laos, Vietnam, Philippinen und Indonesien sowie Neu Guinea. Vertreter aus Lateinamerika waren auch dabei. Protestiert wurde gegen die Weltbank, gegen GATT, WTO, IWF und Biotechnologie. Gefordert wurde eine nachhaltige, organische Landwirtschaft. Die Weltpresse hat dieses Ereignis kaum zur Kenntnis genommen. Dennoch zeigten die mobilisierten Menschenmassen, daß der Widerstand gegen die subventionierte Unvernunft in der Landwirtschaft global wächst.

In Mexiko schwelt immer noch der Aufstand der Bauern in Chiapas. Die Regierung redet von Terroristen. Es sind aber Indianer mit uralter Bauerntradition aus Maya- und Aztekenzeiten. Sie kämpfen gegen NAFTA, den nordamerikanischen Gemeinsamen Markt. In Europa ziehen die Bauern gegen die Agenda 2000 auf die Straße, die ihre Zukunft zu bedrohen scheint.

Die Globalisierung der Wirtschaft, wie sie von der Weltbank, dem Allgemeinen Abkommen für Handel und Zölle, von der Welthandelsorganisation, vom Internationalen Währungsfonds und den gemeinsamen Märkten wie dem europäischen und, neuerdings, dem südamerikanischen Mercosul, vorangetrieben wird, kann zu gewaltigen sozialen und ökologischen Katastrophen führen. De facto ist sie eine Fortsetzung und Beschleunigung der Entwicklung, die sich weltweit während der letzten fünf Jahrzehnte ausbreitete und immer mehr um sich greift. Millionen von Bauern mußten dadurch ihre angestammte Heimat aufgeben und in die Städte ziehen. Es entstanden riesige Elendsviertel wie z.B. in Mexiko-City mit 22 Millionen Menschen. Ähnliches gilt für andere Millionenstädte der sogenannten Dritten Welt – für Manila, Rio de Janeiro, São Paulo, Caracas, Bogotá, Lima u.a. Derselbe Prozeß nimmt jetzt in China gewaltige Ausmaße an. In Shanghai ist er schon weit fortgeschritten. Zu Beginn des 21. Jahrhunderts wird auch für diese Stadt eine Bevölkerungszahl von über 20 Millionen erwartet.

Warum sind die Indianerbauern in Chiapas gegen den gemeinsamen Markt mit USA und Kanada? Weil sie wissen, daß sie selbst – sofern US-amerikanische Landwirtschaftsprodukte frei nach Mexiko importiert werden dürfen – in den Elendsvierteln der Großstädte landen werden. Es protestierten aber auch amerikanische Industriearbeiter gegen NAFTA, denn sie wissen, daß mit zunehmender Verelendung in Mexiko, amerikanische Arbeitsplätze dorthin exportiert werden. Die Zollunion und die anderen Instrumente zur Verschmelzung aller Märkte weltweit dienen nicht den Menschen – sie sind dazu da, den transnationalen Konzernen die Ausweitung ihrer Macht zu erleichtern.

Schon der erste Schritt, die moderne Landwirtschaft mit ihren Agrargiften, Chemiedüngern und der mit Kraftfutter aus Übersee arbeitenden Massentierhaltung, ist nicht dadurch entstanden, daß von der Industrie echte Bedürfnisse der Bauern befriedigt wurden. Es war umgekehrt! Die Industrie hat Hoch- und Fachschulen, Beratung und Forschung beherrscht und den Bauern via Politik ihre Methoden praktisch aufgezwungen, so daß der »moderne« Landwirt zu einem bloßen Anhängsel der Industrie wurde.

Es ist hoch problematisch, daß heute in einem Land der Ersten Welt, z.B. in den USA, weniger als zwei Prozent der Gesamtbevölkerung als »moderne Landwirte« ausreichen, um alle zu ernähren, während früher mehr als 40 Prozent der Menschen in einer Volkswirtschaft als bodenständige Bauern dazu notwendig waren. Der

Millionen von Bauern mußten ihre angestammte Heimat aufgeben.

traditionelle Bauer war, gesamtwirtschaftlich gesehen, ein seine eigenen Betriebsmittel produzierendes System der Erzeugung und Verteilung von Nahrungsmitteln. Dagegen sind diejenigen, die sich heute »moderne Landwirte« nennen, nicht mehr als bessere Traktorfahrer und Handlanger, die industrielle und politische Programme umsetzen.

Für einen sinnvollen Vergleich müßte man in der gesamten Volkswirtschaft alle jene Arbeitsstunden addieren, die direkt oder indirekt mit der Produktion und Verteilung von Lebensmitteln zu tun haben. Heute beginnt diese Arbeitszeit in den Ölfeldern und Erzabbaugebieten, auf den Soja-, Ölpalmen- und Tapiokaplantagen in Übersee, geht über Raffinerien, Stahlküchen und Aluminiumhütten, Agrargift-, Kunstdünger- und Kunststoffwerke, Maschinenfabriken, Verpackung, große Mühlen und Schlachthäuser, Finanzsysteme, Handelsketten, Speditionsunternehmen, Kühlhäuser usw. Hinzurechnen muß man die Arbeitsstunden, die beispielsweise ein EG-Bürger aufbringen muß, um die Steuern für die zweistelligen Milliardensummen zu zahlen, die in Subventionen gehen, von denen der Landwirt am wenigsten, die Industrie und Transportwirtschaft am meisten sieht. Schlimmer noch die Milliarden, die aufgebracht werden müssen zur Vernichtung von Überschüssen. Aus diesem Gesamtbild ergeben sich volkswirtschaftlich mehr als 40 Prozent der tätigen Menschen, die letztlich für die Versorgung mit Nahrungsmitteln zuständig sind.

Derlei Überlegungen werden in den internationalen Bürokratien nicht angestellt. Die »moderne Landwirtschaft« hat sehr wenig mit erhöhter Effizienz zu tun, auch nicht mit einer wirklich »freien Marktwirtschaft«. Der Markt ist gerade als Weltmarkt total manipuliert: Die Ökonomie ist ein soziales Problem!

Die Ökonomie ist ein soziales Problem!

Es geht im Grunde um eine schrittweise und systematische Übernahme der Landwirtschaft durch die großen Konzerne der Chemie, des Maschinenbaus, der Nahrungsmittelverarbeitung und -vermarktung sowie die Banken. Der echte Bauer soll verschwinden. Übrig bleibt ein winziges Rädchen in einer gewaltigen Maschine, fest eingegliedert, ohne die geringste eigene Bewegungsfreiheit. Die sozialen Kosten dieser Degeneration sind genauso wie die ökologischen außerordentlich hoch.

Wenn heute in Norddeutschland Schweine gemästet werden, mit aus Südbrasilien importiertem Sojaschrot, für dessen Plantagenwirtschaft die letzten subtropischen Regenwälder am Uruguay und Paranã gerodet wurden, und Hunderttausende von durch diese Politik entwurzelten Menschen jetzt den tropischen Regenwald am Amazonas brandroden, die geschlachteten Schweine per LKW über die Alpen nach Süditalien transportiert werden, damit dort Salami Italiano gemacht wird, die wieder zurück über die Alpen nach Nordeuropa transportiert wird, dann sieht die Technokratie darin nicht etwa Wahnsinn, sondern vielmehr Fortschritt. Die Kasse stimmt, nach den sozialen und ökologischen Kosten wird nicht gefragt, auch nicht nach der Nachhaltigkeit.

Auf der ganzen Welt, auch in der sogenannten Ersten Welt, werden heute sukzessive und systematisch die letzten noch überlebenden traditionellen sozialen Strukturen beseitigt, die historisch und organisch gewachsen sowie bodenständig und menschlich signifikant sind. All das, was den Menschen Geborgenheit und Lebensinhalt geben kann, was auf überlieferter Weisheit aufbaut, was ökologisch nachhaltig ist, wird demoralisiert, entfremdet, entwurzelt. Bauern, Fischer, Handwerker, die Einwohner der letzten Wildnisse, die indigenen Völker, alle sind betroffen, in Europa und Nordamerika nicht weniger als in Asien und Afrika oder Australien. Man blicke nur nach Spanien, Portugal und Griechenland oder wie am Sañ Francisco in Brasilien die modernen Plantagenbetriebe für den Export in die EG die Einheimischen entwurzeln, vertreiben oder zu Tagelöhnern degradieren.

Die Entwurzelung der Bauern ist allerdings in der Dritten Welt weit schlimmer und schmerzhafter als in der Ersten. Muß ein österreichischer, spanischer, schwedischer oder englischer Bauer aufgeben, bleibt er immerhin noch in seinem Sprachraum, in seinem Kulturkreis, und er hat Sozialversicherung. Wenn der Indio in Chiapas oder Guatemala im Elendsviertel der Großstadt landet, sein Dorf sich entleert, der große Viehzüchter übernimmt, ist seine Sprache, seine Kultur weg – für immer. Es ist kultureller Genozid.

Auch die Gentechnologie soll die Bauern noch weiter enteignen, indem ihnen selbst die Kontrolle über ihr Saatgut genommen wird. Die Subvention für das Roden alter Obstsorten in Europa geht z.B. genau in diese Richtung. Dagegen wehren sich die Bauern in Europa und Asien, dagegen kämpfen die Indianerbauern in Mexiko, dagegen müssen alle noch überlebenden bodenständigen Bauern und andere traditionelle Kulturen sich auflehnen, bevor es zu spät ist. Die bereits verschwundenen Kulturen kommen nie wieder, die Überlebenden müssen sich dessen bewußt sein, daß sie weltweit

Die Gentechnologie soll die Bauern noch weiter enteignen.

alle im selben Boot sitzen. Sie müssen Wege finden, gemeinsam vorzugehen – mit lokaler Aktion und globaler Koordination.

Alle Bauern, die noch weitestgehend kleinräumig und regional kooperativ Land bewirtschaften und Lebensmittel herstellen, müssen, zusammen mit den übrigen bedrohten europäischen Bauern, Druck ausüben, damit sich die Brüsseler Agrarpolitik ändert, in Richtung regenerativer Anbauweisen mit möglichst lokaler Vermarktung. Und sie müssen Kontakt aufnehmen zu den Bauernbewegungen in der ganzen Welt.

Es leben heute fast sechs Milliarden Menschen auf der Erde. Jedes Jahr kommen über 100 Millionen hinzu. Davon leben noch über drei Milliarden in traditionellen sozialen Strukturen. Wenn davon auch nur eine Milliarde entwurzelt wird, was bei Fortsetzung der derzeitigen Weltwirtschaftspolitik sicher ist, werden die Folgen in absehbarer Zeit katastrophal sein. Es wird zu Völkerwanderungen in großem Ausmaß kommen. Die Zeichen sehen wir bereits überall. Die internationale Administration hat noch nicht begriffen, wie selbstmörderisch – auch für sie – ihr Vorgehen ist.

Es wird zu Völkerwanderungen in großem Ausmaß kommen.

Die Lebensmittelpolitik im 21. Jahrhundert – ein Orientierungsrahmen

Um dieser Fehlentwicklung Herr zu werden, braucht es einen Orientierungsrahmen für die Lebensmittelpolitik des 21. Jahrhunderts. Dieser ist durch sieben Punkte markiert.

Ein internationales Verbraucherschutzabkommen. Wenn der Kunde König ist und der Verbraucher im Mittelpunkt geschäftlicher Interessen steht, muß seinen Interessen und Bedürfnissen in allen Ländern und besonders in den Entwicklungsländern Recht verschafft werden. Ein internationales Verbraucherschutzabkommen könnte die Entstehung unabhängiger Verbrauchergruppen erleichtern, die dafür sorgen könnten, daß das Produzentenverhalten hohen sittlichen und moralischen Ansprüchen gerecht wird. Das beste Beispiel für die neue Vergemeinschaftung von Verbrauchern und deren Macht über Hersteller und Handel stellt die Seikatsu Club Consumers Cooperative Union aus Tokio dar. Sie setzt sich für eine gerechte, ausgewogene und dauerhafte wirtschaftliche und soziale Entwicklung durch richtigen Konsum ein. Sie zwingt die Produzenten und den Handel in Marktbedingungen, unter denen dem Verbraucher eine größere Auswahl bei niedrigeren Preisen ohne ökologisches Dumping geboten wird.

Unter dem Zeichen A/RES/39/248 haben die Vereinten Nationen im April 1985 allgemeine Richtlinien für den Verbraucherschutz herausgegeben. Da die hierin formulierten Empfehlungen an die internationale Staatengemeinschaft in keiner Weise bindend sind, müssen sie zur Orientierung der Lebensmittelpolitik im 21. Jahrhundert als internationales Verbraucherschutzabkommen bei der Welthandelsorganisation (WTO) verankert sein – zum Wohle des Konsumentenschutzes. Das bedeutete z.b. für den derzeit in verschiedenen Ländern ausgetragenen Konflikt um die Einfuhr von genmanipuliertem Mais, daß die WTO prüfen müßte, ob sich hier eine Gesundheitsgefährdung für Konsumenten ergeben könnte und ob das Recht des Konsumenten auf Information (Kennzeichnung) gewahrt bliebe. Ferner müßte geprüft werden, welche Auswirkungen sich für die Struktur der Landwirtschaft, auf den Arten- und Naturschutz ergeben würden und mit welchen Zukunftsrisiken die Einfuhr verbunden wäre.

Die Regierungen sollten eine entschlossene Verbraucherschutzpolitik entwickeln, weiter ausbauen bzw. beibehalten. Dabei muß jede Regierung entsprechend den wirtschaftlichen und sozialen Verhältnissen im Lande und den Bedürfnissen der Bevölkerung sowie eingedenk der Kosten und des Nutzens der vorgeschlagenen Maßnahmen ihre eigenen Prioritäten für den Verbraucherschutz setzen.

Die Regierungen sollten eine entschlossene Verbraucherschutzpolitik entwickeln.

Die Regierungen sollten die entsprechende Infrastruktur zur Aufstellung, Durchführung und Überwachung von Verbraucherschutzpolitiken schaffen bzw. beibehalten. Es sollte vor allem darauf geachtet werden, daß Verbraucherschutzmaßnahmen allen Teilen der Bevölkerung, insbesondere der ländlichen Bevölkerung, zugute kommen. Alle Unternehmen sollten die einschlägigen Rechtsvorschriften der Länder befolgen, in denen sie geschäftlich tätig werden. Darüber hinaus sollten sie sich an die entsprechenden Bestimmungen der von den zuständigen Behörden des jeweiligen Landes angenommenen internationalen Verbraucherschutznormen halten.

Politische Institutionen als Verbraucheranwälte. Die auch im nächsten Jahrhundert für die Lebensmittelpolitik wichtigste internationale Institution ist die Codex Alimentarius-Kommission. Hier werden Entscheidungen über die Qualität der Lebensmittel, beispielsweise über den Schadstoffgehalt und die Verwendung von Zusatzstoffen, getroffen. Als gemeinsames Organ der UN-Organisationen WHO und FAO befaßt sich diese Kommission mit allen internationalen lebensmittelrechtlichen Fragen.

Es ist zu begrüßen, daß nach langjähriger Vorarbeit strenge internationale Richtlinien für biologisch erzeugte pflanzliche Produkte im Codex Alimentarius ausformuliert worden sind, die einen ersten offiziellen und weltweit gültigen Standard für Bioprodukte festlegen. Begleitet wurden die Verhandlungen von Meinungsunterschieden zwischen den Mitgliedsstaaten, insbesondere zwischen den europäischen Ländern und den USA. Neben dem internationalen Dachverband der biologischen Landwirtschaft (IFOAM) haben sich auch einige europäische Länder, darunter die Schweiz, aktiv an den Verhandlungen beteiligt. In einer ersten Stufe wurden die Richtlinien für pflanzliche Erzeugnisse und Lebensmittel erstellt. Die tierische Erzeugung sowie die Kriterien für die Aufnahme neuer Hilfsmittel sollen in den nächsten Jahren gleichermaßen in den Codex integriert werden.

Die nun vorliegenden Codex-Richtlinien stimmen inhaltlich weitgehend mit den Regelungen der Europäischen Kennzeichnungsverordnung 2092/91 und der schweizerischen Bioverordnung überein. Die Anforderungen für den Anbau entsprechen etwa denen der IFOAM-Richtlinien. Hingegen gehen die Verarbeitungsrichtlinien weniger weit als die der IFOAM.

Die wichtigsten Bestimmungen der Richtlinien des Codex Alimentarius setzen konstruktive Akzente in Richtung einer ökologischen Ernährung: Die Verwendung von gentechnisch hergestellten oder modifizierten Organismen und von deren Folgeprodukten bleibt für die Erzeugung und Verarbeitung von ökologischen Produkten definitiv ausgeschlossen. So können biotechnisch modifizierte Labkulturen oder Enzyme bei der Herstellung von Öko-Käse nicht eingesetzt werden, um die Reifung zu beschleunigen. Die Richtlinien werden nicht nur für Produkte gelten, die mit der Bezeichnung »biologisch«, »ökologisch« oder »organisch (organic)« in den Handel kommen, sondern auch für ähnliche Produktbezeichnungen, die den Eindruck erwecken, es handle sich um Erzeugnisse der biologischen bzw. ökologischen Landwirtschaft. Damit wird dem guten Ruf der Öko-Siegel Rechnung getragen und möglichen unlauteren Verwendungen ein Riegel vorgeschoben.

Damit wird dem guten Ruf der Öko-Siegel Rechnung getragen.

Die Regelung ermöglicht es den verantwortlichen staatlichen Stellen – ähnlich wie in der EU –, die Zertifizierung an offiziell anerkannte private Kontrollorganisationen zu übertragen. Auch ist es möglich, speziellen privaten Stellen wie etwa dem IFOAM-Akkreditierungsprogramm die Beurteilung und Überwachung von Zertifizierungsstellen zu übertragen. Die Entscheidung über Zulassung und Auflagen für die Zertifizierungsstellen bleibt aber den zuständigen staatlichen Stellen vorbehalten. Die Privatisierung der Kontrollen – unter staatlicher Oberaufsicht – nimmt die Verbraucherwünsche ernst, glaubwürdige Informationen über Produkte zu erhalten. Glaubwürdigkeit entsteht dann am besten, wenn Verbrauchergruppen selbst an der Zertifizierung beteiligt sind. Dafür braucht es die vorgesehene Privatisierung. Gerade bei Fertigprodukten – vom Brotaufstrich bis zur Salatsauce –, aber auch bei Halbfertigprodukten wie Suppen, Pizzas o. ä., braucht es Klarheit über die Zusammensetzung. Die neue Regelung sieht vor, daß gemischte Verarbeitungsprodukte zumindest 95 Prozent aus biologisch erzeugten Komponenten bestehen müssen, wenn sie international als Bioprodukte gehandelt werden sollen. Auf nationaler Ebene und nach bilateralen Absprachen sind auch weniger als 95 Prozent Biokomponenten zulässig – dann allerdings darf nicht das ganze Verarbeitungsprodukt als »biologisch« gekennzeichnet werden, sondern nur die entsprechenden Komponenten auf der Zutatenliste. Die EU verlangt allerdings mindestens 75 Prozent Bioanteil.

> Glaubwürdigkeit entsteht dann am besten, wenn Verbrauchergruppen selbst an der Zertifizierung beteiligt sind.

Für Lebensmittel, die Rohstoffe enthalten, welche von Flächen oder Betrieben stammen, die auf ökologische Bewirtschaftung umgestellt werden, gibt es die Regelung, daß eine Bezeichnung für Umstellungsprodukte mit mehr als einer Komponente aus ökologischem Landbau nur auf nationaler Ebene möglich ist.

Die Importländer haben das Recht, in Absprache mit dem Exportland Zusatzinformationen über Produkte einzuholen und – falls erforderlich – vor Ort Nachkontrollen durchzuführen. Gegenstand solcher bilateraler Absprachen können auch spezielle Labelanforderungen im Importland sein, da beispielsweise deutsche Qualitätssiegel teilweise andere und strengere Kriterien haben als französische.

Um als ökologischer Betrieb anerkannt zu werden, braucht es Umstellungszeiten. Einen Boden aus der konventionellen in eine ökologische Bearbeitung zu überführen und ihn mithin aus seiner konventionellen Nährstoffsituation in eine biologisch-organische zu bringen, braucht Zeit. Die Umstellungszeit beträgt für Betriebe oder Betriebseinheiten mindestens zwei Jahre vor der Saat oder im Falle von Dauerkulturen mindestens drei Jahre. Diese Zeit kann national verlängert oder reduziert werden, aber nicht unter ein Jahr. Klärschlamm ist für die Düngung von Bioprodukten für den internationalen Handel ausgeschlossen.

Innerhalb der Codex Alimentarius-Kommission werden die Interessen der Verbraucher durch nationale Experten vertreten. Die hier erarbeiteten Verbraucherschutzleistungen sind in den einzelnen Mitgliedsländern derzeit noch kaum bekannt. Deshalb sollte im kommenden Jahrhundert der Einfluß der Kommission erheblich an Gewicht gewinnen. Das würde auch dazu führen, daß nationale Verbraucherschutzorganisationen stärker mit der Kommission in die gemeinsame Erarbeitung bei der Festlegung international gültiger Standards zusammenwirken. Zugunsten des Verbraucherschutzes schlagen wir die Einführung des Prinzips der Umkehr der Beweislast vor: Nicht das Land mit den höheren Verbraucherschutzstandards muß diese verteidigen, sondern umgekehrt muß der Handelspartner, der sie abschwächen will, beweisen, daß das keine negativen Folgen hat.

Der erdrükkenden Konzentration im Lebensmittelhandel muß entgegengewirkt werden.

Verbessertes Kartellrecht. Auf nationaler wie auf internationaler Ebene muß der erdrückenden Konzentration im Lebensmittelhandel entgegengewirkt werden. Dazu reicht es nicht, daß die nationalen Bauernverbände und kleinere und mittlere Unternehmen der Nahrungsmittelindustrie immer wieder mit rituellen Klagen vorstellig werden. Die monopolistischen Strukturen, die den Wettbewerb lähmen und besonders in ländlichen Regionen zu Versorgungslücken führen, so daß das Prinzip *think globally, eat locally* nicht greifen kann, müssen gebrochen werden. Wenn immer weniger große Industriebetriebe und Handelsketten immer mehr Lebensmittel erzeugen und vermarkten, muß das bestehende nationale und internationale Kartellrecht stärker auf Veränderungsbedarf hin überprüft werden. Die Kriterien, nach denen Marktbeherrschung in Produktion und Handel zu beurteilen sind, müssen auf ihre Brauchbarkeit überprüft werden, und unserer Meinung nach müssen dramatische Verschärfungen eingeführt werden, die den kleinen und mittleren Unternehmen, und damit letztlich dem Verbraucher, zugute kommen.

Demokratisierung der bestehenden politischen Institutionen. Lebens-
oder überlebenswichtige Entscheidungen dürfen in Zukunft nicht
mehr unter Ausschluß der Öffentlichkeit getroffen werden. Nur ein
verstärktes, basisdemokratisches Einbeziehen von betroffenen
Öffentlichkeiten kann verhindern, daß im 21. Jahrhundert wie bislang die industrie-wirtschaftlichen Interessen vor denen der Verbraucher rangieren. Für Europa gilt, daß das generelle Demokratie-
defizit der Europäischen Union überwunden werden muß. Dazu
gehört eine stärkere Kontrolle des Ministerrats als gesetzgebendem
Organ. Die Wahl der Mitglieder der Kommissionen, die Gesetze
ausarbeiten und vorschlagen, muß durch die Volksvertreter im Parlament geschehen. Nur dann sind wichtige gesellschaftliche Gruppen wie auch die der Konsumentenschützer nicht länger von der
Mitsprache ausgeschlossen, sondern können sich bereits im Vor-
feld der Gesetzesarbeit einbringen. Ferner gilt für Europa, daß das
Europäische Parlament als demokratisch gewähltes Gremium in
seinen Rechten gestärkt werden muß. Wird derzeit, z.B. in der
Landwirtschaftspolitik, das Parlament nicht einmal angehört, obwohl dieses Themenfeld hohe Relevanz für die Verbraucher hat, so
sollten im 21. Jahrhundert auf EU-Ebene Gesetzesentwürfe und,
ebenso wie in den nationalen Parlamenten, alle verbraucherrele-
vanten Themen öffentlich debattiert werden.

> Für Europa gilt, daß das generelle Demokratie-defizit der Europäischen Union über-wunden werden muß.

Abbau der Subventionen. Weltweit hat die Subventionspolitik einen
verschwenderischen Umgang mit Steuergeldern mit sich gebracht
und Partikularinteressen vor die Interessen der Gesellschaft gestellt.
Im Sinne unserer Vision erwarten wir von der Landwirtschafts- und
Lebensmittelpolitik, daß die Ziele der Subventionspolitik genauer
und vor allem auf der Basis eines breiten gesellschaftlichen Kon-
senses definiert werden. Ferner fordern wir, daß Subventionen, die
dem Schutz der Verbraucher oder dem Umwelt- und Tierschutz
widersprechen, im Rahmen von zu ermöglichenden Verbandskla-
gen von Verbraucher- und Umweltverbänden angefochten werden
können. Alle Subventionen, die nicht einer mitweltfreundlichen
Landwirtschaft und einer an Gesundheit und regionaler Nähe orientierten Lebensmittelwirtschaft dienen, sollten abgebaut werden.
Nur dort, wo im Sinne der subsidiären Hilfe zur Selbsthilfe Subventionen kurzfristig nötig sind und im Einklang mit Prinzipien
eines nachhaltigen Lebensstils stehen, haben sie in Zukunft noch
eine Existenzberechtigung.

Stärkung der Verbraucherinformation. Die an den Standards des Welthandels orientierten nationalen und internationalen Lebensmittelpolitiken setzen einen mündigen Verbraucher voraus, der im 21. Jahrhundert eine Vielzahl neuer eigener Entscheidungen zu treffen haben wird. Um den Verbraucher in die Lage zu versetzen, diese intelligent und unter Gesichtspunkten der langfristigen Nützlichkeit zu treffen, müssen Nahrungsmittel ausreichend und verständlich gekennzeichnet werden. Wichtig erscheint uns auch die Befähigung der Verbraucher zur Identifikation und Selektion all derjenigen Informationen, die für eine gesunde Ernährung nötig sind. Dazu ist es unabdingbar, die Grundlagen der modernen Ernährung zum Unterrichtsfach in Schulen zu machen.

> **Nahrungsmittel müssen ausreichend und verständlich gekennzeichnet werden.**

Geld, Politik und Ernährung. Einer der brisantesten Punkte der gesellschaftspolitischen Dimension der Ernährung ist der Zusammenhang zwischen Arbeit, Einkommen und Ernährung. Zur Nahrungsmittelsicherheit gehört auch im 21. Jahrhundert ein guter Zugang zu und die Verfügbarkeit von Nahrungsmitteln. Weltweit sind dieser Zugang und die Verfügbarkeit zunehmend monetär geregelt. Genug zu essen und zu trinken hat derjenige, der genug Geld hat, und Geld hat meistens nur derjenige genug, der Arbeit hat. In diesem Zusammenhang schließen wir uns der Vision des International Food Policy Research Institutes (IFPRI) in Washington an, die diese für das Jahr 2020 vorgelegt hat.[17]

Die IFPRI-Vision für das Jahr 2020 beschreibt eine Welt, in der jeder Mensch monetären, aber auch nicht-geldvermittelten, subsistenzwirtschaftlichen Zugang zu ausreichender Nahrung hat, um ein gesundes und produktives Leben zu führen, eine Welt, in der es keine Unterernährung gibt und die Nahrungsmittel aus leistungsfähigen, wirtschaftlichen und kostengünstigen Systemen stammen, die mit einer nachhaltigen Nutzung der natürlichen Ressourcen vereinbar sind.

Damit diese Vision Wirklichkeit werden kann, muß die Armut, speziell in den Entwicklungsländern, drastisch bekämpft werden. 1,3 Milliarden Menschen leben von einem Dollar oder weniger pro Person und Tag. Die Kluft zwischen Arm und Reich weitet sich: Der Anteil am globalen Einkommen, der auf die ärmsten 20 Prozent

---

17 Marc Rosegrant et al., *Global Food Projections to 2020. Implications for Investment*, Washington, D. C. 1995

der Weltbevölkerung entfällt, verringerte sich in dramatischer Weise von 2,5 Prozent im Jahre 1960 auf 1,3 Prozent in 1990. Der Zugang zu Nahrungsmitteln ist offenbar eng mit wirtschaftlichem Wachstum, Einkommen und ausreichend bezahlter Beschäftigung verbunden – ein Fall für eine innovative Arbeits- und Verteilungspolitik. Ferner muß der Tatsache Rechnung getragen werden, daß entscheidend ist, wer das Haushaltseinkommen kontrolliert – werden Einkommen von Frauen kontrolliert, dann verbessern sich Nahrungsmittelsicherheit und Ernährung. Also braucht es eine entsprechende Frauenpolitik.

Also braucht es eine entsprechende Frauenpolitik.

Die IFPRI-Handlungsempfehlungen erfordern neue Anstrengungen und neue bzw. gestärkte Partnerschaften zwischen Einzelpersonen, Haushalten, Landwirten, lokalen Gemeinschaften, dem Privatsektor, den NGOs und anderen Mitgliedern der Zivilgesellschaft, nationalen Regierungen und der internationalen Gemeinschaft. Jedes Land wird diesbezüglich sein eigenes Aktionsprogramm aufstellen müssen. Als generelle Leitlinie – so die von IFPRI durchgeführten Forschungen und Konsultationen – erfordert die Verwirklichung der Vision für das Jahr 2020 nachhaltige Anstrengungen in sechs vorrangigen Bereichen, die als Ausgangspunkt für länderspezifische Strategien und Aktionen dienen können.

Erstens kann die Vision 2020 nur umgesetzt werden, wenn bis dahin die nationalen und lokalen Regierungen deutlich effektiver arbeiten. Ohne ein gutes Regierungs- und Verwaltungshandeln kann die für die Ernährungssicherheit nötige Aufstellung und Durchsetzung von Eigentumsrechten, Agrarreformen, Fördermaßnahmen für den Wettbewerb und für den Zugang zu Märkten nicht gelingen. Hierzu gehört allerdings auch, daß die zivilgesellschaftlichen Institutionen wie beispielsweise Verbraucherinitiativen, NGOs, Umweltschutzbewegungen sich voll und ganz mit einbringen, um Regierungen von Entwicklungsländern zu helfen, Staatsaufgaben durchzuführen.

Zweitens kann die Vision 2020 nur umgesetzt werden bei enormen Anstrengungen in der Grundschulerziehung, der Gesundheitsvorsorge und der gerechten Verteilung von Einkommen. Eine der wesentlichen Maßnahmen wird es sein, den Zugang der Armen zu produktiven Ressourcen wie Boden oder fischreichen Gewässern neu zu regeln. Das Landrecht in Brasilien, wo von Großgrundbesitzern ungenutztes Land besetzt werden kann und von Kleinstbauern zum Überleben selbst bewirtschaftet werden darf, könnte hier

Vorbild sein. All das setzt eine entsprechende Informations- und Bildungspolitik voraus. Sozial am interessantesten ist in diesem Zusammenhang die Stärkung der Frauen. Männer sollten, wo immer es möglich ist, Macht und Einfluß der Frauen fordern und fördern. Das wäre die soziale Revolution, die hinsichtlich der dringend notwendigen Verlangsamung der Wachstumsrate der Bevölkerung Fortschritte erbrächte und gleichzeitig mit der Sicherung von Ernährung im 21. Jahrhundert zusammenginge.

Drittens kann die Vision 2020 nur umgesetzt werden, wenn die Agrarforschung und ökologische Beratungsprogramme in Entwicklungsländern deutlich gefördert werden. Die Agrarforschung muß eine Antwort auf die Probleme der Ernährungsunsicherheit, Armut und Schädigung von Ressourcen und Umwelt finden. Die Entwicklungsländer müssen ihre nationalen Ausgaben für Agrarforschung auf mindestens ein Prozent – längerfristig sogar zwei Prozent – des Wertes der Agrarproduktion erhöhen. Auch die Investitionen in die internationale Agrarforschung zur Unterstützung nationaler landwirtschaftlicher Systeme müssen beträchtlich erhöht werden. Eine eindeutige Politik im Hinblick auf die Zukunft der Biotechnologieforschung, die sowohl den Risiken als auch den Chancen Rechnung trägt, bedarf noch der Gestaltung und Umsetzung.

Viertens kann die Vision 2020 nur umgesetzt werden, wenn die natürlichen Ressourcen nachhaltig bewirtschaftet werden. Dafür muß die Ressourcenkontrolle vor Ort verstärkt und die lokale Kapazität für Organisation und Bewirtschaftung verbessert werden.

Landwirte und Gemeinden sollen ermutigt werden, integrierte Bodenfruchtbarkeitsprogramme umzusetzen.

Landwirte und Gemeinden müssen ermutigt werden, integrierte Bodenfruchtbarkeitsprogramme umzusetzen, die folgendes sicherstellen: Bodeneigentumsrechte und einen verbesserten Zugang zu Krediten, leistungsfähige Märkte für pflanzliche Nährstoffe, Investitionen in Infrastruktur und nur vorübergehende Düngemittelsubventionen, wenn die Preise aufgrund unzureichender oder schlecht funktionierender Märkte hoch sind. Die internationale Gemeinschaft muß ein globales Koordinierungs- und Beschränkungsprogramm durchsetzen, um eine über nachhaltige Grenzen hinausgehende Seefischerei zu verhindern. Wasserpolitische Reformen sind notwendig, um vorhandene Wasservorkommen besser zu nutzen, indem Wasserbenutzern Anreize gegeben, Allokationsverfahren verbessert, effizientere Technologien für Wasserversorgung und -lieferung entwickelt, sichere Wasserrechte gewährt und verzerrte Preisanreize reformiert werden.

Fünftens kann die Vision 2020 nur umgesetzt werden, wenn Kleinkredit- und Sparinstitutionen nach dem Modell z.b. der Grameen-Bank sich schnell und flächendeckend entwickeln dürfen. Dazu braucht es auch eine gesetzlich umgesetzte Modifikation aller Rahmenbedingungen, die derzeit noch große, kapitalintensive Marktteilnehmer gegenüber kleinen, arbeitsintensiven, begünstigen. Wie Beispiele in Bangladesh und Indien gezeigt haben, kann mit einer verhältnismäßig geringfügigen Erleichterung von Privatinvestitionen durch ein neues Kleinkreditwesen eine Fülle kleiner, arbeitsintensiver, wettbewerbsfähiger ländlicher Betriebe in Handel, Verarbeitung und Vermarktung speziell von Lebensmitteln geschaffen werden.

Schließlich und sechstens kann die Vision 2020 nur umgesetzt werden bei einer Intensivierung der internationalen Zusammenarbeit und Hilfe. Vor allem sind internationale Entwicklungsinstitutionen und bilaterale Geber dazu zu bewegen, ihre Entwicklungszusammenarbeit auf solche Länder zu konzentrieren, die bereit sind, die fünf anderen Zielbereiche der Vision 2020 zu verfolgen. Die wohlhabenden Länder, und darunter zählen vor allem die Länder der G7-Gruppe, müssen ihre Entwicklungshilfe von jetzt 0,3 Prozent auf 0,7 Prozent des Bruttosozialprodukts erhöhen und eine gewisse Mindestnahrungsmittelmenge als Nahrungsmittelhilfe für Notsituationen bereithalten.

Die wohlhabenden Länder müssen ihre Entwicklungshilfe erhöhen.

Ökologische Land- und Lebensmittelwirtschaft schafft Arbeitsplätze

Während es im konventionellen Landbau kaum noch »Arbeit auf dem Acker« gibt, verzeichnet der ökologische Landbau erfreulicherweise eine gegenläufige Tendenz. Untersuchungen an der Fachhochschule Nürtingen, am Wuppertal Institut sowie von der Schweisfurth-Stiftung in den Jahren 1996 bis 1998 haben gezeigt, daß im Zuge einer Umstellung auf ökologischen Landbau neue Produktions- und Verarbeitungszweige in die Betriebe aufgenommen werden, die je nach Umfang und Diversifikation zu einem Mehr an Arbeitskräften zwischen 20 und 40 Prozent führen können. Wer sich auf Gemüseanbau spezialisiert, eine Hofmetzgerei oder -bäckerei betreibt und alle Produkte auch noch selbst vermarktet, schafft eben neue Arbeitsplätze, und nicht zu wenige.

Besonders bemerkenswert in diesem Zusammenhang ist, daß der

Ökolandbau das Hofsterben stark eingedämmt hat: Bevor die Bauern sich zur Umstellung auf Ökolandbau entschlossen, wollte ein Drittel von ihnen aufgeben. Mittlerweile bekunden zwei Drittel eine weitaus größere Zufriedenheit mit ihrer Arbeit als zuvor. Heute bearbeiten Biobauern zwei Prozent der Agrarfläche in der Bundesrepublik. Kämen zehn Prozent hinzu – eine Größenordnung, die in Nachbarländern wie Dänemark und Österreich längst Realität ist –, würden etwa 20.000 neue Vollzeitarbeitsplätze entstehen.

Die Bürger sollten wieder dazu befähigt werden, einen Teil ihrer Arbeitszeit in die Herstellung und Verarbeitung von Lebensmitteln zu investieren. Gerade in den reichen Ländern geht es angesichts der zunehmenden Arbeitslosigkeit darum, Bürger in die Lage zu versetzen, unter minimalem Einsatz von Geld ein Maximum an Lebensmitteln selber zu erzeugen. Henry Ford und Alfred Krupp haben während der Industrialisierung gezeigt, wie man Industriearbeiter in Zeiten dünner Auftragsbücher beschäftigt hält, indem sie in ihren Gärten oder auf von den Unternehmen gepachteten gartenbaulichen Nutzflächen ihre eigenen Lebensmittel für den privaten Haushalt herstellten.

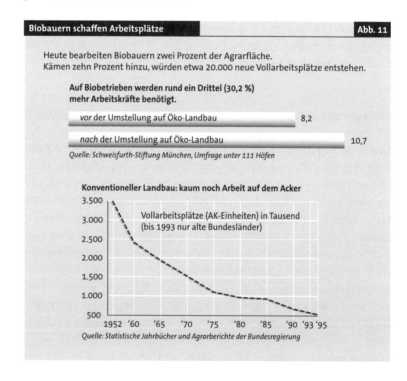

Biobauern schaffen Arbeitsplätze   **Abb. 11**

Heute bearbeiten Biobauern zwei Prozent der Agrarfläche.
Kämen zehn Prozent hinzu, würden etwa 20.000 neue Vollarbeitsplätze entstehen.

**Auf Biobetrieben werden rund ein Drittel (30,2 %)
mehr Arbeitskräfte benötigt.**

vor der Umstellung auf Öko-Landbau   8,2

nach der Umstellung auf Öko-Landbau   10,7

Quelle: Schweisfurth-Stiftung München, Umfrage unter 111 Höfen

Konventioneller Landbau: kaum noch Arbeit auf dem Acker

Vollarbeitsplätze (AK-Einheiten) in Tausend
(bis 1993 nur alte Bundesländer)

3.500
3.000
2.500
2.000
1.500
1.000
500

1952 '60   '65   '70   '75   '80   '85   '90 '93 '95

Quelle: Statistische Jahrbücher und Agrarberichte der Bundesregierung

Neue Arbeit – New Work

Für die Welt des 21. Jahrhunderts gibt es mit dem Konzept der New Work von Frithjof Bergmann mittlerweile ebenfalls einen Beitrag, der insbesondere im Hinblick auf die Versorgung mit guten Lebensmitteln von Bedeutung ist: Die Idee der »Neuen Arbeit« beruht auf der Absicherung der Lebensbedürfnisse durch wechselseitige Ergänzungen von bezahlter Erwerbsarbeit, Selbstversorgung auf hohem Niveau (*high tech self providing*) und der Berufung (*calling*), das zu tun, was man wirklich will.

Das Neue an dieser Arbeit ist die Lockerung der Abhängigkeit von und der umfassenden Identifikation mit einer Vollerwerbstätigkeit sowie die Entkoppelung der Primärbedürfnisbefriedigung aus der geldlich vermittelten Wirtschaft. Die aus der Vollerwerbstätigkeit freigesetzten Menschen haben individuelle Fähigkeiten und Talente, die zwar nicht vom Arbeitsmarkt abgefragt werden, die aber der individuellen Selbstversorgung und Absicherung ihrer Lebensbedürfnisse dienlich sind und die sie durchaus auch in lokale und regionale Wirtschaftskreisläufe einbringen können.

Auf den Grundlagen von Selbstversorgung und Berufung kann Arbeit zu einer kreativen Auseinandersetzung mit sich selbst und den individuellen Fähigkeiten sowie der Umwelt werden. Durch die gewonnene Freiheit und Zeit kann eine Eigeninitiative entstehen, aus der heraus sich neue Lebensperspektiven aufbauen lassen. Diese richten sich, so ist die bisherige Erfahrung mit Modellvorhaben in den USA und Kanada, immer wieder auf eine neue, auch städtische, Gartenbaukultur aus.

Die Realisierbarkeit eines solchen Beispiels neuer Lebensperspektiven mittels Selbstversorgung wurde mit dem sogenannten »Bioblock-Projekt« bereits in Detroit und Vancouver erfolgreich bewiesen. In Zusammenarbeit mit arbeitslosen Jugendlichen wurden mit einfachsten Mitteln und geringem finanziellen Aufwand sogenannte »Bioblöcke« gebaut. Diese Blöcke bestehen aus einem einfachen Holzgestell, welches wenig Platz beansprucht, stapelbar und drinnen wie draußen einsetzbar ist. Die Einfachheit der Konstruktion macht es selbst Laien ohne fachliches Know-how möglich, Gemüse und Kräuter im eigenen Zimmer, auf Balkonen oder Dächern zu ziehen. Ein biologisches Pflanzensubstrat verhilft zu einem schnellen und unkomplizierten Wachstum. Der Ernteertrag ist in der Regel für einen kleinen Haushalt hinreichend.

> Die aus der Vollerwerbstätigkeit freigesetzten Menschen haben individuelle Fähigkeiten und Talente.

Dieses Projekt wird von der University of Michigan in Ann Arbor betreut, um den Nutzen dieser Art von Selbstversorgung auf verschiedenen Ebenen wissenschaftlich und über einen längeren Zeitraum zu überprüfen. Gerade im Hinblick auf die Aspekte des *urban gardening* stellt das Projekt eine brauchbare Form städtischer Selbstversorgung dar.

Diese Idee wird mittlerweile auch hierzulande in verschiedenen Projekten weiterentwickelt. Der Aspekt der Selbstversorgung hat besonders für die neuen Bundesländer willkommene Vorteile – man denke dabei nur an ein Industriegebiet wie Bitterfeld. Er ist aber genau so sinnvoll in Gebieten mit hoher Langzeitarbeitslosigkeit. Gedankliche, zum Teil auch schon umgesetzte Weiterentwicklungen sind vor allem die wiederentdeckten Vorteile von Schrebergartensiedlungen sowie die vielfältigen Nutzungsmöglichkeiten von Balkonen und Dachanlagen. Eine Wiederanlage der schon in der ersten Hälfte unseres Jahrhunderts existierenden Schulgärten ist eine weitere Form der Selbstversorgung, die neben dem Anbau von Nahrungsmitteln für Schüler neue Lernmöglichkeiten zum Thema Umwelt, Fauna und Flora bietet.

Einzelne Selbstversorgerprojekte können in einem nächsten Schritt zu Stadt-Land-Erzeugergemeinschaften verbunden werden. Städtische Regionen und ihre Selbstversorger würden sich hierbei, den Gegebenheiten angepaßt, eher auf den Anbau von Gemüse, Kräutern und Obst, das Anlegen von Teichen zur Fischzucht, das Anpflanzen von Nüssen, Eßkastanien, Sanddorn, Holunder etc. spezialisieren, die ländlichen Regionen hingegen durch ihren Vorteil an zur Verfügung stehendem Raum auf die Anpflanzung von Getreide, die Herstellung von Lebensmitteln und die Milchwirtschaft.

Zudem wäre eine Weiterverarbeitung von nachwachsenden Rohstoffen denkbar wie beispielsweise der Anbau von Färberwaid (früher verwendete Pflanze zum Blaufärben) zur Farbherstellung, von Raps- und Ölsaaten zur Herstellung von ökologischen Ölen und Treibstoffen oder von Stärkepflanzen zur Herstellung von Folien.

Positive Folgeerscheinung einer solchen Selbstversorgergemeinschaft wäre die Wiederbelebung regionaler Märkte, die Nahversorgung und somit die Reduzierung von Transportwegen und -kosten, die Landschaftsregeneration, die Flächenrenaturierung in Städten sowie ein nachhaltiges Ressourcenmanagement. Auch zwischenmenschliche Bereiche wie Zusammenarbeit, Siedlungsgemeinschaf-

Man denke nur an ein Industriegebiet wie Bitterfeld.

ten und Nachbarschaftshilfe würden gestärkt. Darüber hinaus können solche Vereinigungen von Selbstversorgern auch neue Arbeitsplätze schaffen, beispielsweise durch die Organisation regionaler Klein- und Handwerksbetriebe oder durch die Einrichtung von »Landvermittlungsbüros«, die interessierten Selbstversorgern bei der Suche nach »Land« behilflich sind. Beispiele wären hier die Pacht von unbearbeiteten und brachliegenden Gärten, die Nischenpacht von ungenutzten Kleinflächen zur Aufstellung von Bienenhäusern, zur Kleintierhaltung oder zur Anlage von Nutzteichen.

SEKEM – eine sozialökologische Gesellschaft in der Wüste vor den Toren Kairos

Ein Musterbeispiel für unsere Vision des gesellschaftlichen Miteinanders ist das SEKEM-Projekt in Ägypten. »Ziel von SEKEM ist eine ganzheitliche Gesellschaftsform, in der die Wirtschaft, das Recht sowie Wissenschaft und Kultur als selbständige Organe zusammen einen lebensfähigen, sich entwickelnden und kreativen Gesellschaftsorganismus schaffen«, heißt es in einer Selbstdarstellung.

An diesem Projekt möchten wir exemplarisch zeigen, wie eine Idee Wirklichkeit werden kann, deren Voraussetzungen und Ziele überzeugen und begeistern. Ob solche Projekte dann »Ökopolis« heißen oder »Sonnenhafte Lebenskraft« (SEKEM), ist dabei nicht weiter von Bedeutung.

Der Ägypter Ibrahim Aboulesh hatte 1975 die Idee, in seinem Land eine Initiative ins Leben zu rufen, die dazu beitragen soll, Lösungen für die verschiedensten Probleme menschlichen Zusammenlebens zu finden. Auf den zwei Jahre später erworbenen 70 Hektar Wüste begann die Initiative 1978 mit der Gründung einer Farm auf der Grundlage einer biologisch-dynamischen Landwirtschaft.

Auf 70 Hektar erworbener Wüste begann die Initiative mit der Gründung einer Farm.

Inzwischen haben sich neben dieser Mutterfarm, 60 Kilometer nordöstlich von Kairo und dem Verwaltungszentrum in Heliopolis, in der Nähe des Kairoer Flughafens, eine Reihe von Vertriebszentren und weitere biologisch-dynamische Anbaugebiete entwickelt, die zwischen Alexandria und Assuan sichtbare Zeichen einer nachhaltigen Entwicklung sind. Beispielhaft sind Produktion und Vertrieb der aus SEKEM-Anbau stammenden Frisch- und Trockengemüse, Obst, Arzneikräuter, Gewürze, Milchprodukte, Honig und Brot, die im In- und Ausland vertrieben werden. Alle Produkte haben eine Qualität, die auch in Deutschland ökologischen Maßstäben entsprechen würden.

Auch in der Forschung ist SEKEM zu einer beachtlichen Einrichtung geworden. In dem SEKEM-eigenen Forschungsinstitut wird in Zusammenarbeit mit Fachleuten aus verschiedenen Forschungseinrichtungen des In- und Auslandes z.b. an der Weiterentwicklung der biologisch-dynamischen Anbaumethoden, der biologischen Schädlingsbekämpfung, der Wiederbegrünung der Wüste und auch an der Entwicklung neuer Phytotherapeutika gearbeitet.

1991 gelang es SEKEM erstmalig in der Welt, Baumwolle biologisch-dynamisch anzubauen. Das war eine Revolution und hat in Ägypten in den folgenden Jahren zur Einstellung der chemischen Schädlingsbekämpfung aus der Luft und zu einer stetigen Zunahme der Fläche von Baumwollanbau, der ohne Pestizide betrieben wird, geführt. Konsequent wurde die biologisch-dynamische Grundidee auch auf die Weiterverarbeitung der Baumwolle übertragen. Entgegen dem sonst üblichen Großeinsatz vieler chemischer Stoffe wurden von SEKEM in Zusammenarbeit mit ägyptischen Spinnereien und Webereien Verfahren für die Herstellung chemiefreier Rohgewebe entwickelt.

Konsequent wurde die biologisch-dynamische Grundidee auf die Weiterverarbeitung der Baumwolle übertragen.

Zur Weiterverarbeitung dieser Stoffe wurde 1993 auf der Mutterfarm eine eigene Firma gegründet, in der über 100 verschiedene Artikel hergestellt werden. 200 junge Menschen, darunter auch Behinderte, haben hier eine sinnvolle Tätigkeit gefunden. Ihre Arbeiten werden im In- und Ausland mit Erfolg und steigender Tendenz verkauft. Integraler Bestandteil dieser Gemeinschaft sind soziale und kulturelle Einrichtungen wie Kindergarten, eine Schule, die bis zur Universitätsreife führt, ein Institut mit berufsbegleitenden Lehrgängen sowie musisch-künstlerischen, kunsthandwerklichen und handwerklichen Kursen. Jugendliche, die noch keine Schule besuchen konnten, erhalten hier Lese- und Schreibunterricht.

Ein 1996 auf der Mutterfarm errichtetes medizinisches Zentrum dient sowohl der Aufklärung und Unterrichtung in gesundheitlichen Fragen als auch der medizinischen Versorgung im Krankheitsfall. Außerdem hat sich das Zentrum die Ausbildung von Ärzten und Pflegekräften in einer menschgemäßen Medizin zur Aufgabe gemacht – zunächst nur für die im Zentrum Tätigen, später für junge Ärzte mit dem Ziel einer hausärztlichen Spezialausbildung. SEKEM ist es inzwischen gelungen, den laufenden Unterhalt der kulturellen Einrichtungen und Teile der Bauten aus den Erlösen der Wirtschaftsbetriebe zu finanzieren.

Möglicherweise zeigt dieses Projekt aber auch ein »Nebenprodukt«, das anderen Neugründungen in aller Welt eine grundlegende Erkenntnis vermitteln könnte: Wie groß darf eine Gemeinschaft sein oder werden, ohne der Dedynamisierung durch Anonymität zu unterliegen? In SEKEM hat man auch hierfür ein »Modell« entwickelt: Zum Abschluß einer arbeitsreichen Woche versammeln sich alle ca. 200 Mitarbeiterinnen und Mitarbeiter »zum Kreis« im Hof – man sieht sich, man kommt in Kontakt miteinander, man erfährt und erlebt, daß aus dem Miteinander ein Füreinander wird.

Zum Abschluß einer arbeitsreichen Woche versammeln sich die Mitarbeiterinnen und Mitarbeiter »zum Kreis« im Hof.

SEKEM zeigt, wie trotz der globalen Vereinheitlichungstendenz unter makroökonomischen Vorzeichen ein gemeinschaftliches, lokales Wirtschafts- und Kulturganzes entstehen kann, das die sozialen Fragen der Gerechtigkeit und des nachhaltigen Miteinanders löst. Deshalb ist SEKEM auch von der EXPO 2000 in Hannover als weltweites Projekt registriert worden.

Literatur

Die Bibliographie verzeichnet Quellen, Werke und Materialien, die dem Leser sowohl Hintergründe vermitteln als auch eine weiterführende Auseinandersetzung mit dem Thema möglich machen.

Alexandratos, Nikos (Hg.): *World Agriculture. Towards 2010.* FAO-Studie, Rom, 1995
Andritzky, Michael (Hg.): *Oikos. Von der Feuerstelle zur Mikrowelle. Haushalt und Wohnen im Wandel.* Katalogbuch. Deutscher Werkbund Baden-Württemberg. Gießen, 1992.
Bechmann, Arnim u.a. in: *Barsinghäuser Berichte, Landwirtschaft 2000 – Die Zukunft gehört dem ökologischen Landbau.* Barsinghausen, 1993.
Bechmann, Arnim u.a. in: *Barsinghäuser Berichte, Subjektive Verfahren zur Wahrnehmung der Nahrungsmittelqualität.* Barsinghausen, 1991.
Bechmann, Arnim u.a. in: *Barsinghäuser Berichte, Ansätze zur Entwicklung von Konzepten der Umweltverträglichkeitsprüfung und des Testes der Lebensqualität von Nahrungsmitteln.* Barsinghausen, 1990/1991.
Bechmann, Arnim: *Landbau-Wende. Gesunde Landwirtschaft – Gesunde Ernährung.* Frankfurt a.M., 1987.

Behrens, Maria u.a.: *Gen-Food.* Berlin, 1997.

Bucher, Alexius/Groß, Engelbert (Hg.): *Solidarität ist der moderne Name für Liebe.* St. Ottilien, 1997.

BUND, Misereor (Hg.): *Zukunftsfähiges Deutschland. Ein Beitrag zu einer globalen nachhaltigen Entwicklung.* Basel, Boston, Berlin, 1996.

Bundesministerium für Bildung, Forschung und Technik (Hg.): *Delphi II – Umfrage zur Entwicklung von Wissenschaft und Technik.* Bonn, 1997/1998.

Cousens, Gabriel: *Ganzheitliche Ernährung und ihre spirituelle Dimension.* Frankfurt a.M., 1995.

Diallo-Ginstl, E. (Hg.) u.a.: *Ernährung und Gesundheit.* Stuttgart, 1997.

Drexler, K. Eric: *Engines of Creation,* London, 1996.

Drexler, K. Eric: *Nanosystems. Molecular Machinery, Manufacturing and Computation,* John Wiley&Sons, 1992.

Enquête-Kommission»Schutz der Erdatmosphäre« des Deutschen Bundestages (Hg.): *Landwirtschaft,* Bd. 1, Teilbd. II. Bonn 1994.

Enquête-Kommission»Schutz der Erdatmosphäre« des Deutschen Bundestages (Hg.): *Ziele und Rahmenbedingungen einer nachhaltig zukunftsverträglichen Entwicklung: Konzept Nachhaltigkeit,* Abschlußbericht. Bonn, 1998.

Epping, Bernhard: *Geheime Rezepte. Wie Gentechnik unser Essen verändert.* Stuttgart, Leipzig, 1997.

Fuchs, Richard: *Gen-Food.* Berlin, 1997.

Fukuoka, Masanobu: *Der große Weg hat kein Tor.* Paderborn, 1990.

Furtmayr-Schuh, Annelies: *Postmoderne Ernährung.* Stuttgart, 1993.

Gottwald, Franz-Theo/Klepsch, Andrea (Hg.): *Tiefenökologie.* München, 1996.

Gottwald, Franz-Theo: *Ayurveda im Business.* München, 1992.

Harris, Marvin: *Wohlgeschmack und Widerwillen. Die Rätsel der Nahrungstabus.* Stuttgart, 1990.

Hawken, Paul: *Kollaps oder Kreislaufwirtschaft.* Berlin, 1996.

Kleinschmidt, Nina/Wagner, Henri: *Diese Suppe esse ich nicht! Von Lebens- und Sterbensmitteln.* München, 1997.

Kümmerer, Klaus u.a. (Hg.): *Bodenlos. Zum nachhaltigen Umgang mit Böden.* Politische Ökologie (Sonderheft 10). München, 1997.

Kunst-und Ausstellungshalle der Bundesrepublik Deutschland u.a.: *Gen-Welten* (Katalogbuch). Bonn, 1998.

Lovelock, Jim E.: *Unsere Erde wird überleben.* München, 1982.

Lünzer, Immo/Vogtmann, Hartmut: *Ökologische Landwirtschaft.* Berlin, Heidelberg, 1994.

Lutz, Rüdiger: *Ökopolis, eine Anstiftung zur Zukunfts- und Umweltgestaltung.* München, 1987.

Lutzenberger, José: *Wir können die Natur nicht verbessern.* Bonn, 1996.

Lutzenberger, José/Pater, Siegfried: *Das Grüne Gewissen Brasiliens.* Göttingen, 1994.

Lutzenberger José/Pater, Siegfried/Wolters Dorothee: *Die Sonne und ihre Kinder.* Bad Honnef, 1996.

MacClancy, Jeremy: *Gaumenkitzel. Von der Lust am Essen.* Hamburg, 1995.

Meyer-Abich, Klaus Michael: *Praktische Natur-Philosophie.* München, 1997.

Montanari, Massimo: *Der Hunger und der Überfluß. Kulturgeschichte der Ernährung in Europa*. München, 1993.

Mühleisen, Isabelle: *Gute Argumente: Ernährung*. München, 1988.

Müller, Christa: *Von der lokalen Ökonomie zum globalisierten Dorf. Bäuerliche Überlebensstrategien zwischen Weltmarktintegration und Regionalisierung*. Frankfurt a.M., 1998.

Müller-Reißmann, Karl Friedrich/Schaffner, Joey (Hg.): *Ökologisches Ernährungssystem*. Karlsruhe, 1990.

OECD, Organization for Economic Co-operation and Development: *The Future of Food*. Paris, 1998.

Onfray, Michel: *Der Bauch der Philosophen*. Frankfurt a.M., NewYork, 1990.

Paczensky, Gert von/ Dünnebier, Anna: *Leere Töpfe, volle Töpfe. Die Kulturgeschichte des Essens und Trinkens*. München, 1994.

Popp, Fritz-Albert: *Die Botschaft der Nahrung*. Frankfurt/M.,1993.

Preuschen, Gerhardt: *Ackerbaulehre nach ökologischen Gesetzen*. Bad Dürkheim, 1991.

Pudel, V./Müller, M.J. (Hg.): *Leitfaden der Ernährungsmedizin*. Berlin, Heidelberg, 1998.

Reinecke, Ingrid / Thorbrietz, Petra: *Lügen, Lobbies, Lebensmittel*. München, 1997.

Rifkin, Jeremy: *Das Imperium der Rinder*. Frankfurt a.M., New York, 1994.

Ritzer, Georg: *Die McDonaldisierung der Gesellschaft*. Frankfurt a.M., 1995.

Rosegrant, Marc et al: *Global Food Projections to 2020, Implications for Investment*. Washington D. C., 1995.

Schneider, Manuel u.a. (Hg.): *Zeit-Fraß – Zur Ökologie der Zeit in Landwirtschaft und Ernährung*. Politische Ökologie (Sonderheft 8). München, 1995.

Schultz, Uwe (Hg.): *Speisen, Schlemmen, Fasten*. Frankfurt a.M., 1995.

Simon, Erika: *Die Götter der Griechen*. München, 1985.

Temelie, Barbara: *Ernährung nach den Fünf Elementen*. Sulzberg, 1992.

Teuteberg, Hans Jürgen u.a. (Hg.): *Essen und kulturelle Identität. Europäische Perspektiven*. Berlin, 1997.

Thich, Nhat Hanh: *Innerer Friede, Äußerer Friede*. Zürich, München, 1993.

Tutzinger Projekt »Ökologie der Zeit«: *Böden als Lebensgrundlage erhalten. Vorschlag für ein »Übereinkommen zum nachhaltigen Umgang mit Böden« (Bodenkonvention)*. München, 1998.

Umweltbundesamt (Hg.): *Nachhaltiges Deutschland. Wege zu einer dauerhaft umweltgerechten Entwicklung*. Berlin, 1997.

Wagner, Christoph: *Fast schon Food. Die Geschichte des schnellen Essens*. Frankfurt a.M., New York, 1995.

von Weizsäcker, Ernst U.: *Erdpolitik. Ökologische Realpolitik an der Schwelle zum Jahrhundert der Umwelt*. Darmstadt, 1990.

von Weizsäcker, Ernst U.: *Das Jahrhundert der Umwelt. Vision: Öko-effizientes Arbeiten*. Frankfurt a.M., New York, 1999.

Winter, Georg: *Das umweltbewußte Unternehmen*. München, 1987.

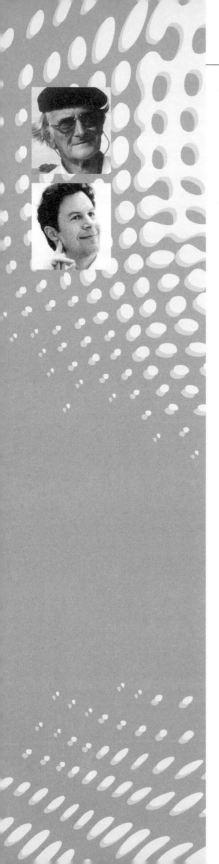

Vision:
Informiert essen

Zwölf Thesen

José Lutzenberger, Franz-Theo Gottwald

1. Eigentlich ist die Landwirtschaft ein Verfahren, um photosynthetisch gespeicherte Solarenergie zu ernten. Heute ist sie allerdings ein Verfahren zur Energievernichtung: Die Umwandlungsverluste von Tierfutter in menschliche Nahrung liegen bei 20 : 1.

2. In der künftigen Wissensgesellschaft wird auch die Nahrung mit Verstand »entschlüsselt«. Entscheidend für den Verzehr eines Lebensmittels ist dann sein Informationsgehalt, also die Produktionsgeschichte, die in ihm steckt.

3. Mehr als Nährwerte und Genuß werden in Zukunft ökologische und Gesundheitsaspekte zählen. Lebens- und Gesundheitsmittel werden miteinander verschmelzen, Functional Food wird wie selbstverständlich zur Ernährung gehören.

4. Die Vielfalt regionaler Küchen wird abnehmen: Globalisierung der Ernährungsstile. Zugleich wird aber Ethno Food zunehmen: der gehobene Geschmack an vermeintlich exotischen Küchen.

5. Der Fleischkonsum muß deutlich sinken, will die wachsende Menschheit nicht ihr Überleben gefährden. Demgegenüber muß die Vielfalt pflanzlicher Angebote systematisch erschlossen werden: 3.000 Arten wären für unsere Ernährung geeignet.

6. Die Preise für die Lebensmittel von morgen müssen alle Kosten einbeziehen. Nur so lassen sich Ernährungsgerechtigkeit garantieren und zugunsten des Weltklimas die Transportemissionen minimieren.

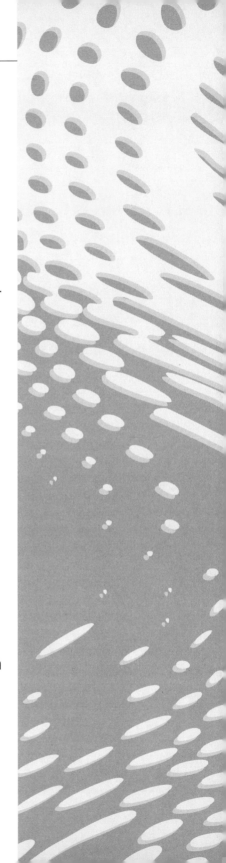

7. Die öko-effiziente technische Entwicklung mit ihren dezentralen Energie-, Informations- und Transportnetzen wird eine regionale Lebensmittelproduktion begünstigen. Die grüne Markt-Agenda setzt auf kleinräumige Kreisläufe, in denen Realtausch, Eigenarbeit und Subsistenz eine ungleich größere Rolle spielen.

8. Eine neue Agenda der Kooperation zwischen Stadt und Land wird entstehen. Die Städte werden die ländlichen Räume neu entdecken: als Nahanbau- und -erholungsgebiete. Und für die regionalen Bauern werden die Städte wichtiger werden als die großen Konzerne.

9. Die Vermarktung auch von Lebensmitteln wird zunehmend von computergestützten Informationsnetzwerken abhängen. Nicht zuletzt den Herstellern ökologischer Waren bieten sich hier Möglichkeiten einer detaillierten Dokumentation ihrer »Produktgeschichten«.

10. Mitweltverträglichkeit und Lebensqualität – das sind die Kriterien, denen Nahrungsmittel gerecht werden müssen. D.h.: zur Gesundheit beitragen, verantwortbare Verbraucherwünsche erfüllen, die Naturerhaltung nicht beeinträchtigen.

11. Als Faustregel für eine gesunde Ernährung wird sich durchsetzen: Nur, wenn alle Sinne »ja« zu einem Lebensmittel sagen, ist es ein gutes, ein Lebens-Mittel.

12. Gerade durch ihr Denken in globalen Dimensionen werden die Bürger der Wissensgesellschaft zu einer regional geprägten Ernährungsweise zurückfinden. Ihr Motto: Think globally – eat locally.

Überleben unsere Lebens-Mittel?

Ernährung und Eßkultur in Europa

Bernward Geier

Ein guter Wein zu einem gepflegten Essen ist für mich ein Inbegriff von Genuß und Lebensfreude. Deshalb ist es für mich nicht so überraschend, daß mein beruflicher Werdegang nicht wie ursprünglich geplant als Regisseur in der Flimmerwelt des Filmes endete, sondern viel bodenständiger zur Landwirtschaft führte. Neben meiner Familie ist seit mehr als 20 Jahren die biologische Landbaubewegung zu einem Mittelpunkt meines Lebens geworden. Seit zwölf Jahren bin ich Geschäftsführer des weltweiten Dachverbandes IFOAM (Internationale Vereinigung Biologischer Landbaubewegungen), der inzwischen 770 Verbände und Institutionen in 107 Ländern vereint.

Es geht um die Bedrohung unserer Eßkultur.

In meinem Beitrag geht es darum, nicht nur über Vitamine und Aminosäuren zu philosophieren oder sattsam bekannte (siehe z.B. Cornflakes-Packungen) Ernährungspyramiden zu präsentieren. Ausgehend von meinem ökologischen Umfeld will ich den Versuch einer ansatzweisen Bestandsaufnahme unserer Eßkultur und deren Bedrohung unternehmen.

Wasser – das wichtigste Lebensmittel

Die Beschäftigung mit der Ernährung muß sich logischerweise zuerst mit dem Thema Wasser auseinandersetzen. Der Mensch kann recht lange ohne Zufuhr von festen Nahrungsmitteln leben, aber ohne Wasser wird unserer Existenz sehr schnell ein Ende gesetzt. Angesichts der Tatsache, daß Männer zu 60 Prozent (Frauen nur zu 55 Prozent) aus Wasser bestehen, verwundert es, daß wir uns über das knapper werdende Wasser nur kaum Gedanken machen, sehr oft unverantwortlich damit umgehen.

Der weltweite Wasserverbrauch nimmt ständig zu und hat sich seit 1960 etwa verdoppelt. Dies liegt in erster Linie an der wachsenden Bevölkerung. In vielen Regionen wird Wasser schneller verbraucht, als die Natur es ersetzen kann. Diese nicht nachhaltige Ausbeutung der Wasservorräte hat an manchen Orten dazu geführt, daß der Grundwasserstand um 20 und mehr Meter gesunken ist.

Der weltweite Wasserverbrauch hat sich seit 1960 etwa verdoppelt.

Es bestehen schon jetzt gravierende Mängel: Mehr als eine Milliarde Menschen vor allem in den Entwicklungsländern haben keinen adäquaten Zugang zur Wasserversorgung und 1,7 Milliarden Menschen verfügen über keine sanitären Anlagen. Interessant in diesem Zusammenhang ist die Tatsache, daß zwischen 70 und 90 Prozent des Wassers in den Entwicklungsländern für Landwirtschafts- und Lebensmittelproduktion verbraucht wird, während es in den industrialisierten Ländern nur 39 Prozent sind. Entsprechend höher ist bei uns der Wasserverbrauch für die Industrie und in den Privathaushalten. In Deutschland ist der Wasserverbrauch mit täglich 127 Litern pro Person zwar leicht rückläufig, aber nach wie vor verschwenderisch. Nur vier Prozent (fünf Liter) unseres täglichen Wasserverbrauches benötigen wir für Kochen, Essen und Trinken. Für Putzen, Garten und Autopflege rauschen bereits acht Liter jeden Tag durch die Leitung, und die »Wasserfälle« in unseren Toilettenspülungen schlagen mit täglich 34 Litern zu Buche.

Bis zu 60 Prozent des Trinkwassers wird weltweit durch undichte Leitungen verschwendet! Hier gibt es offensichtlich einen direkten Zusammenhang mit der rasant zunehmenden Verstädterung, denn vor allem in den Städten geht sehr viel Wasser verloren. Technisch ist es kein Problem, undichte Leitungen zu reparieren, aber es scheint, daß wir in unserer Vernunft und im Setzen von Prioritäten »Leckagen« haben. Straßen und Ampelanlagen scheinen wichtiger zu sein.

An unseren Wasserrechnungen können wir immer wieder feststellen, daß die knapper werdende Lebensgrundlage Wasser auch immer teurer wird. Noch deutlicher wird dies bei der Entsorgung, sprich den Abwassergebühren. Es ist heute schon absehbar, daß für die meisten Länder der Welt in weniger als 50 Jahren Wasser eine weitaus kostbarere Ressource sein wird als Öl. Es ist nicht viel Phantasie dazu notwendig, sich vorzustellen, daß es nach dem Ölkrieg um Kuwait und Irak in der Zukunft auch kriegerische Auseinandersetzungen um die Ressource Wasser geben wird.

Auch die Landwirtschaft bzw. die Erzeugung von Lebensmitteln treibt Raubbau mit der Ressource Wasser. Die Bewässerung von Feldern macht sicher oft Sinn und hilft Erträge steigern. Der unsachgemäße Umgang damit führt aber auch zur Versalzung von Böden und/oder zur gefährlichen Absenkung des Grundwasserspiegels. Ein schier unfaßbares Extrembeispiel für Verschwendung im Zusammenhang mit Bewässerung finden wir in den Vereinigten Arabischen Emiraten (VER). Der immense Reichtum dank des Erdöls führt dazu, daß man sich dort Landwirtschaft mit einem Wasserverbrauch leistet, der eigentlich jeder Beschreibung spottet. Um ein einziges Kilo Fleisch zu erzeugen, werden in dem extrem trockenen Land zwischen 140 und 250 Kubikmeter Wasser benötigt. Den Luxus des Zitrusfruchtanbaus in den VER bezahlt man mit 55.000 Liter Wasser für drei Gläser Orangensaft (das entspricht einem Kilo Orangen)! Die Emirate und auch Saudiarabien wollen übrigens ihren Agrarsektor noch weiter ausdehnen.

Eine große Bedrohung der Trinkwasserqualität geht vom Einsatz mineralischer Kunstdünger auf den Feldern aus. Gefährliche Nitratbelastungen können die Folge sein. Aber nicht nur der Kunstdünger ist ein Übeltäter, auch die industrielle Tierhaltung mit ihrem Gülleproblem kann dieselben Folgen haben. Deutlich wird dies vor allem in Regionen mit starker industrieller Tierhaltung, wie in Deutschland im Raum Vechta/Cloppenburg, in den Niederlanden oder auch in Frankreich. In der Bretagne wurde z.B. im Juli 1995 ein neues Trinkwasserwerk eröffnet, das bereits vier Tage später wieder geschlossen werden mußte, weil man erkannte, daß das Wasser wegen der Gülle aus der massiven Schweine- und Geflügelproduktion in der Region nicht mehr für den Konsum geeignet war.

Der intensive Einsatz von Pestiziden in der Landwirtschaft ist ein noch größeres Problem. So haben Schweizer Chemiker festgestellt, daß in Europa selbst im Regen zum Teil Pestizide in Konzentrationen enthalten sind, welche die von der Europäischen Union festgelegten Rückstandsgrenzwerte weit überschreiten. Der zu hohe Pestizidgehalt im Grundwasser ist hinreichend wissenschaftlich belegt und führte unter anderem dazu, daß gerade die Wasserwerke zu den engagiertesten Verbündeten des ökologischen Landbaus geworden sind. So haben etwa die Münchener Wasserwerke 1993 ein Projekt begonnen, bei dem 25 Bauernhöfe in ihrem Wassereinzugsgebiet auf ökologischen Landbau umgestellt werden sollten.

Selbst im Regenwasser sind extrem hohe Pestizidkonzentrationen enthalten.

Heute sind an dem Programm 92 Betriebe beteiligt, d.h. eine Fläche von 6.000 Hektar (70 Prozent des Wassereinzugsgebiets) wird umweltfreundlich bearbeitet.

Ein gigantisches Biolandbau-Projekt wird in der Bretagne umgesetzt. Ursprünglich sollten 180 Bauernhöfe (10.000 Hektar) umstellen, aber das Ausmaß des Problems hat inzwischen dazu geführt, das Projekt auf zwei weitere Täler auszudehnen. Es umfaßt nun 800 Betriebe mit 40.000 Hektar. Das Bemerkenswerte an diesem Projekt ist, daß es nicht nur einen Beitrag zur Sicherstellung der Trinkwasserversorgung leistet, sondern auch weitere positive Konsequenzen mit sich bringt. Die ländliche Entwicklung wird durch die geplanten kleinen, weiterverarbeitenden Industrien einen Aufschwung erleben. Mehr Vielfalt und Biodiversität in der Landschaft zeichnen sich ab, die neu geschaffenen Arbeitsplätze werden die soziale Situation im ländlichen Raum stärken – kurzum: es wird einen echten Gewinn an Lebensqualität geben.

Krank statt satt essen

Über 90 Prozent unserer Lebensmittel werden inzwischen industriell verarbeitet. Landwirtschaftliche »Rohstoffe« werden meist mit Hilfe von Pestiziden, Kunstdünger, Hormonen und Antibiotika erzeugt und dann in der Nahrungsmittelindustrie sterilisiert, homogenisiert, pasteurisiert, kondensiert, geschwefelt, genmanipuliert und angereichert mit Zigtausenden von Zusatzstoffen. Das Ergebnis sind nicht gerade gesunde Lebensmittel. Der letzte Ernährungsbericht der Deutschen Gesellschaft für Ernährung (DGE) faßt zusammen: Wir essen zu viel, zu fett, zu salzig, zu süß und zu ballaststoffarm.

> **Wir essen zu viel, zu fett, zu salzig, zu süß und zu ballaststoffarm.**

Während es zwar mit dem Titel bei der letzten Fußballweltmeisterschaft nichts wurde, schicken wir uns in Deutschland gerade an, einen ganz anderen Weltmeistertitel zu erlangen: den der dicksten Nation. Nach ernährungswissenschaftlichen Erkenntnissen ist fast jeder zweite Deutsche zu dick und bei 20 Prozent der Bevölkerung müßte das Übergewicht gar medizinisch behandelt werden. Besonders alarmierend ist die Tatsache, daß die Fettsucht vor allem auch bei Kindern grassiert. Fast jedes siebte Kind gehört wegen krankhaften Übergewichts in ärztliche Behandlung.

Aber nicht nur zu große Mengen, zu fettes und ballaststoffarmes Essen ist an der Übergewichtsproblematik Schuld. Auch Alkohol spielt eine fatale Rolle. Alkohol – vor allem Bier – ist sehr kalorienhaltig, ohne zu sättigen und wird schnell in sogenanntes Speicherfett umgebaut. Hinzu kommt, daß Alkohol appetitsteigernd ist und dadurch zusätzliche Kalorien über das Essen aufgenommen werden. Schließlich kommt noch eine weitere ungewünschte Nebenwirkung hinzu: Der Fettabbau im Körper wird durch Alkohol stark gehemmt. So blockiert etwa eine Flasche Bier den Abbau von 16 Gramm Körperfett. Das macht auf ein Jahr bezogen fast sechs Kilogramm Fett. Die Hauptursachen des Fettüberschusses liegen im hohen Fleischkonsum, aber auch in den vielen »versteckten« Fetten, die wir zu uns nehmen.

Eine Flasche Bier blockiert den Abbau von 16 Gramm Körperfett.

Wenn man bei einer Körpergröße von 1,80 Metern 100 Kilogramm auf die Waage bringt, gilt man als fettsüchtig. Aber schon mäßiges Übergewicht, wie es vor allem in unseren Industriestaaten häufig anzutreffen ist, gilt als Wegbereiter für Krankheiten wie Bluthochdruck, Arterienverkalkung, Gicht, vorzeitiger Gelenkverschleiß und Zuckerkrankheit.

Machen wir uns nichts vor: An unserer Fehlernährung wird viel Geld verdient. Wir leben in Zeiten des totalen Überflusses und der sprichwörtlichen Überfütterung. Die Lebensmittelindustrie steht vor einem Dilemma. Bei dem absehbaren negativen Bevölkerungs-»wachstum« werden nicht mehr genügend Esser an unseren Tischen sitzen. Die Situation beschrieb ein Lebensmittelkaufmann recht treffend: »Früher mußte man Hungrige satt machen, heute müssen wir die Satten hungrig machen.«

Unser aufgeblähtes Gesundheitssystem hängt eigentlich direkt von dieser Entwicklung ab, denn laut Schätzungen der Bundesforschungsanstalt für Ernährung sind ernährungsbedingte Folgekosten von 150 Milliarden DM pro Jahr zu finanzieren. In dieser Situation winken für die Pharmaindustrie neue Milliardenumsätze dank der Entwicklung von sogenannten Abspeck-Pillen. Nach dem Potenzpillenerfolg von Viagra sollen nun Präparate mit dem Namen Meridia oder Xenical die Fettpolster und Hängebäuche schwinden lassen. Versprochen werden Gewichtsabnahmen ohne asketischen Verzicht und vor allem ohne sonderliche Anstrengungen.

Die Appetitzügler der neuen Generation mit Wirkstoffen wie Sibutramin sind bislang nur in den USA, Brasilien und Mexiko zugelassen. Aber im Zeichen der Globalisierung kann man sich die Diätpillen natürlich über eine internationale Apotheke beschaffen – allerdings momentan noch zu Schwarzmarktpreisen von 1.200 Mark für eine Dreimonatsration. Es zeichnet sich inzwischen eine neue Dreieinigkeit von sogenannten Lifestyledrogen ab: ein voller Haarschopf mit Hilfe der Glatzebekämpfungspille Probecia, ein ranker und schlanker Körper dank Sibrutramin und neue Hochleistungen im Bett dank Viagra. Ganz so leicht macht es uns die Natur jedoch nicht. So muß z.b. die Einnahme von Xenical eigentlich mit einer fettarmen Diät kombiniert werden, um erfolgreich zu sein. Verstößt der Patient gegen das Fettlimit, sind ölige Durchfälle die Folge.

> Ganz so leicht macht es uns die Natur nicht.

Eine ausgewogene und gesunde Ernährung ist eigentlich recht einfach. Wir müssen uns nur an den Ernährungsgewohnheiten in den Mittelmeerländern orientieren. Täglich verspeiste Lebensmittel sind in der Hauptsache Brot, Nudeln, Reis, Mais, andere Getreidearten und Kartoffeln, ergänzt durch Bohnen, Gemüse, Früchte, Nüsse, Käse und Joghurt sowie reichlich Olivenöl und dazu Rotwein in Maßen. Gerne dürfen mehrmals in der Woche Fisch, Geflügel, Eier und auch Süßigkeiten auf den Tisch kommen. Rotes Fleisch gibt es bei der Mittelmeerdiät nur ein paarmal im Monat.

Zahlreiche wissenschaftliche und medizinische Untersuchungen haben aufgezeigt, daß eine Ernährung, die sich an der Eßkultur des Mittelmeers orientiert, nicht nur Herzkrankheiten vorbeugt, sondern auch einen wichtigen Beitrag zur Verhütung von Krebs bietet. Überhaupt gibt es mittlerweile eine Flut von Erkenntnissen über gesundheitserhaltende – und auch gesundmachende – Funktionen von Lebensmitteln. Diese Erkenntnisse werden nicht nur von Rotweintrinkern begrüßt, sondern finden vor allem auch immer mehr Beachtung etwa bei den Einflußmöglichkeiten von Gemüsen bei der Krebsvorsorge.

Man stelle sich vor, daß unserem Gesundheitsministerium 30 Milliarden DM pro Jahr für die prophylaktische Ernährungsaufklärung zur Verfügung gestellt würden. Das wären nur 20 Prozent der zur Zeit ausgegebenen Summe der durch Fehlernährung entstehenden Kosten. Da dies aber nicht in die Vermarktungs- und Profitstrategien der Fast Food- und Lebensmittelkonzerne paßt, werden wir wahrscheinlich in absehbarer Zeit keine entsprechenden Mittelumschichtungen erleben. Ein Umschwenken der breiten Bevölkerung auf eine vollwertige Ernährung setzt das Ende des körnerknirschenden Müsliimages voraus. Vollwertkost heißt in allererster Linie Vielfalt, Geschmack, Genuß und Ausgewogenheit. Längst müßten unsere Krankenhäuser, Altersheime und Betriebskantinen auf lecker zubereitete Biokost umgestellt sein. Aber das Geld im Krankenhaus beim Tagessatz für ein Krankenbett wird nicht am Essen verdient, sondern vor allem mit der Apparatemedizin und den Medikamenten. Täglich eine Mark mehr für das Essen der Patienten scheint da nicht drin zu sein.

Die neue Flut von »Food«

Light Food, Fit Food, Func(tional) Food, Wellness Food, Vitafood, Gen Food (oder Frankenstein Food), Entertainment Food – schon davon gehört? Selbst wenn nicht, ist es unwahrscheinlich, daß Sie nicht schon einiges davon gegessen haben. Schaut man sich den Überbegriff all dieser Food-Trends an, also »Novel Food« (neuartige Lebensmittel), könnte man meinen, Lebensmittel werden gerade neu erfunden. Wirklich neu ist lediglich Gen Food, das nicht nur vom *Time Magazine* auch Frankenstein Food genannt wird.

Vor allem die Chinesen haben schon vor Jahrtausenden erkannt, daß Lebensmittel einen positiven Einfluß auf unsere Gesundheit haben, ja sogar heilen können. Bei uns bekommen schon die Kinder im Kindergarten die segensreiche Wirkung von Vitaminen erklärt. Viel ist neuerdings auch zu lesen über das Potential von Vitaminen (vor allem C und E) und auch von Mikronährstoffen wie Selen und Beta-Carotin im Bereich alternativer Krebsheilstrategien. Für den Laien und vermutlich selbst für Fachleute ist kaum noch zu durchschauen, was uns beim Essen alles krank oder auch wieder gesund macht.

Kaffee mit seinem Koffein besitzt keinerlei Nährwerte, aber nun berichtet die Medizin, daß neben fetten Fischen (Fischöl), scharfen Speisen (Chili) sowie Zwiebeln auch drei Tassen Kaffee am Tag Schwere und Häufigkeit von Asthmaanfällen bis zu 30 Prozent senken können. Wadenkrämpfe werden auf Magnesiummangel zurückgeführt. Dagegen sollen Nüsse und vor allem Bananen helfen.

Wie wär's mit Kürbissen und Austern gegen blasse Haut?

Wie wär's mit Kürbissen und Austern gegen blasse Haut, schwarzem Tee (natürlich ohne Zucker) und Tomaten gegen Karies oder Milchprodukte und Seefische gegen Haarausfall? Eine Hochglanzzeitschrift speziell für die Gesundheit des Mannes empfiehlt gar das Koffein in der Coladose gegen die Morgenmüdigkeit. Man findet richtigerweise aber immer wieder als Empfehlungen für das »Sich-Gesundessen« Gemüse, Obst, Joghurt, Nüsse und Getreide. Auch Meeresfrüchte und Fisch werden häufig angeführt – Fleisch dagegen so gut wie nie.

Angesichts unserer schmackhaften Vielfalt von Lebensmitteln stellt sich die Frage nach der Notwendigkeit, Nahrungsmittel zu »Functional Food« aufzupeppen. Lebensmitteln Vitamine zuzusetzen ist nichts Neues. Jetzt aber gibt es Chitosan als »Fettfänger«, Docosahexansäure in den sogenannten Omega DHA-Eiern oder Probiotika (unverdauliche Nahrungszusatzstoffe) als »Futter« für die Mikroorganismen der Darmflora. Probiotische Vorreiter und kommerzielle Hits sind die Joghurts mit »LC1«. Bereits jeder 6. Joghurt wird so »gedopt«. Da ist es kein Wunder, daß der Nestlé Konzern dies »als größten Erfolg seit der Erfindung des Nescafés« feiert. Der bekannte Lebensmittelexperte Udo Pollmer sagt dazu: »Probiotische Lebensmittel bewirken gar nichts.«

> **Bereits jeder sechste Joghurt wird gedopt.**

Dem neuen Trend zum Functional Food wird marketingmäßig gleich noch der Begriff »nutraceutical« hinterhergeschoben. Hierbei handelt es sich um ein Kunstwort aus *nutrient* (Nährstoff) und *pharmaceutical* (Medikament). Schon liegt der Anteil an Nutraceuticals bzw. Functional Food bei zehn Prozent und dies soll sich in zehn Jahren auf 25 Prozent steigern.

Lassen wir uns keine C, E und Q10 vormachen. Auch wenn die Boulevardzeitungen »Saurer Regen frißt Vitamine« schlagzeilen und (käufliche) Wissenschaftler wieder einmal verkünden, daß unsere Lebensmittel immer weniger Vitalstoffe enthalten, sollten wir weiterhin unser vollwertiges Biobrot dem trendigen Omega 3-Brot vorziehen und unsere Vitamine nicht in Pillenform oder Kapseln, sondern vor allem durch Obst und Gemüse zu uns nehmen. Auch bei einer Vollwerternährung können wir unser latent vorhandenes Bedürfnis, exotisch Neues zu entdecken, befriedigen. Wie wär's z.B. mit einem Kambuchagetränk oder Algen?

Möglichst natürliche Lebensmittel in einer vielseitigen Diät stellen uns alles zur Verfügung, was unser Körper braucht. Was uns jedoch zunehmend fehlt in unserer von Zeitbanditen (das sind wir übrigens selber) bedrohten Welt, sind Muße und Wertschätzung für Einkauf und Hausarbeit. Nur deshalb können »Convenience«-Produkte so erfolgreich sein – selbst im Biosektor.

Und was uns zunehmend abhanden zu kommen scheint, ist neben der Zeit auch das Wissen um unsere Ernährung und die Kunst des Kochens. Sollten Kochen und Ernährungslehre nicht Pflichtfächer auf allen Schulen werden? In den USA essen täglich 57 Prozent der Menschen außerhalb. Dort wird mehr Geld für Fast Food ausgegeben als für Weiterbildung, Computer oder sogar neue Autos. Obwohl TV-Kochkurse immer populärer werden, dienen sie offensichtlich vor allem zur Unterhaltung und nicht zur Nachahmung.

Was an Kochwissen schon verlorengegangen ist, wurde mir vor ein paar Jahren deutlich, als wir im Biogarten unseres Ökozentrums dank Kompost und Mischkultur eine Spinatschwemme erlebten. Der sich bei uns gerade im Einsatz befindliche Bautrupp sollte an diesem Erntesegen teilhaben, aber keiner der Leute konnte mit den grünen Blättern etwas anfangen. Der Spinat, den sie kannten, war verpackt, viereckig und tiefgefroren und machte beim Kochen vielleicht sogar »blubb«. Da wundert es mich überhaupt nicht, daß unlängst eine Studie in England herausfand, daß 93 Prozent der befragten jungen Leute Computerspiele beherrschten, aber nur 38 Prozent wußten, wie man eine Kartoffel im Ofen zubereitet.

Hilft den Kids wirklich nur noch Entertainment Food? Nein. Denn leider geht es dabei nicht um den Spaß am Kochen. Hier schmieden die Unterhaltungsindustrie und Fast Food neue Bündnisse. Die Universal Studios in Hollywood gehören schon länger dem Schnaps- und Lebensmittelkonzern Seagrams. Der Disney Konzern und McDonald's haben unlängst einen 10-Jahres-Vertrag für eine gemeinsame weltweite Werbekampagne abgeschlossen. Der Clown Ronald McDonald und Mickey Mouse als Ernährer der Welt?

> **Der Spinat, den sie kannten, war viereckig und tiefgefroren und machte beim Kochen »blubb«.**

Fast Food – auch eine Kulturrevolution

Fast Food ist keineswegs eine Erfindung der Amerikaner oder gar von McDonald's. Es wurde dort nur bis zur Perversion »optimiert«. Die kongeniale Übersetzung ins Deutsche lautet Schnellimbiß. Offiziell wird Fast Food von der Deutschen Gesellschaft für Ernährung und der AOK folgendermaßen definiert: »Kommerziell zubereitet und über die Theke als schnelles Standardgericht gereicht

– in verzehrfertigen Portionen«. Kennzeichnend für Fast Food ist neben dem Schnellen und zumindest vordergründig Preiswerten die Überdosis an Salz und Zucker. Hinzu kommt der Mangel an Vitaminen und Ballaststoffen.

Der Hamburger hat Karriere gemacht und ist unangefochten der Inbegriff von Fast Food. Aber das etwas aus der Mode gekommene Schaschlik, die Wiener- oder Bratwurst, Döner Kebab, Frühlingsröllchen und selbst das Fischbrötchen sind ebenso würdige Vertreter der schnellen Art, den Magen zu füllen. Hinsichtlich seiner Eigenschaften als Junk Food (Junk = Müll) schlägt die bei uns so populäre Bratwurst den Hamburger um Längen. Immerhin hat ein Hamburger nur 8,6 g Fett und 260 Kalorien und ist deshalb hin und wieder etwa in Verbindung mit einem Glas Orangensaft nur eine kleine »Sünde«. Die Bratwurst bringt es auf 51 g minderwertiges Fett und ca. 700 Kalorien! Und dann noch rote Zuckersoße (Ketchup) und ein Bier dazu?

> Und dann noch rote Zuckersoße (Ketchup) und ein Bier dazu?

Der Hamburger als »Fleischquell« des Lebens sollte eigentlich ungenießbar werden, wenn man sich klar macht, daß seine Herkunft auf gerodeten Regenwald zurückzuführen ist. Auch wenn das Gehackte bei McDonald's in Deutschland von hiesigen Rindern kommt, bleibt es eine Tatsache, daß Regenwälder nach wie vor gerodet werden, um großen Viehherden Platz zu machen, die unseren Fleischbedarf befriedigen. Die Konsequenz? Ein Hektar Regenwald beherbergt etwa 800.000 Kilogramm Pflanzenmasse und Tiere. Abgebrannt und zur Viehweide degradiert erzeugt ein Hektar nur noch 200 Kilogramm Rindfleisch pro Jahr. Dies entspricht ca. 1.600 Hamburgern. Einem Hamburger stehen demnach 500 Kilogramm »Regenwald« gegenüber bzw. hat der »Klops« im Prinzip neun Quadratmeter Regenwald gekostet.

Den ersten McDonald's gab es schon 1937 – ganz so schnell war der Siegeszug also nicht. Schon damals war die auch heute noch gültige Erfolgsrezeptur recht einfach: schnelle Bedienung, niedrige Preise, hohes Absatzvolumen. Heute ist McDonald's der gleichförmigste »Systemgastronom« der Welt mit einer eigenen anerkannten Fachhochschule für Fast Food; sozusagen eine »Hamburger«-Universität in den USA. Mir ist allerdings nicht bekannt, ob man dort zum Dr. »mac« promovieren kann.

McDonald's erwirtschaftete 1997 in seinen weltweit 23.132 »Restaurants« einen Gesamtumsatz (inklusive Franchising/Verpachtung) von ca. 60 Milliarden DM. Noch vor dem Jahr 2000 will

McDonald's in Deutschland sein 1.000stes »Restaurant« eröffnen (in Japan sind es schon 2.500). Täglich suchen 1,7 Millionen Deutsche (im Jahr sind das 638 Millionen Menschen) eine der Filialen auf. Dies beschert fast vier Milliarden DM Umsatz – mehr als das Doppelte des Gesamtumsatzes mit biologischen Lebensmitteln.

Nun, die Konkurrenz schläft nicht. Sie »kupfert ab«, verbessert das McDonald's-Konzept und hat so in Verbindung mit einem Preiskampf dem Konzern vor allem in den USA ganz erheblich zugesetzt. McDonald's ist nicht nur wegen seiner Abfall- und Müllberge in die Kritik gekommen. Auch was die sozialen Bedingungen und Arbeitsverhältnisse angeht, steht es im Abseits. Big Mac und Pommes sind unter anderem auch deswegen so preiswert, weil Niedrig- und Billigstlöhne gezahlt werden. McDonald's war schon immer sehr kreativ, Gewerkschaften »draußen« zu halten. Trotzdem bzw. gerade deshalb wehren sich viele Mitarbeiter. So trägt der Konzern erheblich zur Existenzsicherung von Anwälten und Arbeitsrichtern bei. Bei insgesamt 335 Mitarbeitern in den fünf Dortmunder Filialen wurden über 200 Klagen vor dem Amtsgericht geführt. Angesichts dieser Tatsache verwundert es nicht, daß McDonald's eine jährliche Personalfluktuation von 60 Prozent hat. In den USA soll dieses Personalkarussell sogar 300 Prozent betragen.

Big Mac und Pommes sind deshalb so preiswert, weil Billigstlöhne gezahlt werden.

Der Wettlauf der Schnecke gegen Fast Food

Schnelligkeit und Genuß scheinen zumindest beim Essen ein kaum zu überwindender Widerspruch zu sein. Wem also »Fast« beim »Food« den Magen umdreht, der wird »Slow« und damit Zeit als ein wesentliches Element in seine Eßkultur integrieren. Daher ist es nicht verwunderlich, daß es eine bereits weltumfassende Slow Food-Bewegung gibt. Sie hat ihren Ursprung in Italien, der Heimat von Pizza, Pasta, Pomodore, Parmesano, Balsamico und feinster Vinos.

Konsequenterweise war McDonald's der Auslöser für den »langsamen Marsch« der Slow Food-Bewegung, die sich so treffend die Schnecke als Wappentier auserkoren hat. Es geschah 1986 auf der Piazza di Spagna in Rom, daß der Gründer und Präsident von Slow Food, Carlo Petrini, am Eröffnungstag eines neuen McDonald's eine Provokation der feinen Art zelebrierte. Mit Freunden seiner Weinbruderschaft »Barolo« wurde ein Festival der Eßkultur vor den Toren von McDonald's gefeiert. Die vier »Waffen« dieser Demonstration, der Geburtsstunde von Slow Food, waren Kochen, Essen, Trinken und Singen.

Heute sind in 35 Ländern etwa 60.000 Mitglieder unter dem Banner der Schnecke versammelt. Regional in sehr freien und unabhängigen »Conviviens« organisiert setzt man sich statutenkonform für »das Recht auf Genuß, für die Achtung der natürlichen Lebensrhythmen des Menschen und für eine harmonische Beziehung zwischen Mensch und Natur ein«.

Slow Food eindeutig zu charakterisieren ist ein schwieriges und letztlich unmögliches Unterfangen. Die vielfältigen Aktivitäten von Slow Food entsprechen mal dem Bild eines mit Messer, Gabel und Gaumen kämpfenden Robin Hoods, mal dem eines snobistisch-elitären Gourmetklüngels. Gen Food, Tiertransporte aber auch Solarenergie gehören ebenso zu den Themen der Bewegung wie die Erhaltung des friaulinischen Schweines oder die aus regionaler Erzeugung traditionell zubereiteten »einfachen« Genüsse. Die Freunde der Langsamkeit und der Schnecke engagieren sich sehr stark im publizistischen Bereich (zum Beispiel Wein-, Einkaufs- und Restaurantführer). Aber beileibe wird nicht nur Trockenmasse zwischen Buchdeckeln produziert. Der »Salone del Gusto« in Turin ist das Mekka des guten Geschmacks. Auf dieser Messe werden Gaumen und Zungen über 200 Geschmacks»-Lektionen« erteilt. Vermutlich zur Qual der Wahl werden die 50 Weindegustationen, 27 Käseverköstigungen oder die 22 Wurst- und Fleischseminare. In Anbetracht der sintflutartigen Entwicklung von Fast Food, Gentechnik, industrieller Tierhaltung und chemisierter Landwirtschaft zimmern Bewegungen wie die des biologischen Landbaus und Slow Food an der Arche Noah zur Rettung dessen, was an Agrar- und Eßkultur noch nicht zerstört wurde.

Als wichtiger Beitrag der Bio-Bewegung sind vor allem die Anregungen und letztlich tausendfachen Umsetzungen in der Direktvermarktung (ab Hof, Wochenmarkt, Abo-Service, Erzeuger-Verbrauchergemeinschaften etc.) zu nennen. Diese Impulse wirken auch schon weit in die konventionelle Landwirtschaft, die Verarbeitung und den Handel hinein. Überall finden wir eine Renaissance der Wochen- und speziell auch Bauernmärkte und neben Naturkostläden etablieren sich zunehmend auch sogenannte Regionalwarenläden.

Überall finden wir eine Renaissance der Wochen- und Bauernmärkte.

DageGen

Wer kennt nicht das Märchen vom »Tischlein deck Dich«? Es scheint, daß diese fantastische Geschichte der Gebrüder Grimm gerade neu geschrieben wird. Die Gentechnik-Industrie verheißt uns mit den Segnungen ihrer Forschung ebenso Wundersames, wie es das sich ewig deckende Tischlein offerierte. Leider ist Gentechnik aber alles andere als ein Märchen, sondern eine rasant zunehmende Bedrohung für die Umwelt und uns selbst.

So blumig man atomare Endlager mit »Entsorgungspark« umschrieben hat, so irreführend geht die Gentechnik-Industrie vor, wenn sie ihr Treiben unter dem grünen Deckmäntelchen der sogenannten »Biotechnologie« kaschiert. Schaut man sich ihre vielfältigen Versprechungen an, so sind wir auf dem Weg in ein Schlaraffenland. Die Schluckimpfung gibt es in Form von Bananen, Melonen haben keine Kerne, Tomaten werden nicht mehr faul und matschig, und sicher wird man nichts unversucht lassen, daß auch Trauben in Finnland wachsen. Längst wurden alle ethischen Grenzen und Prinzipien mißachtet. Wie sonst ist es zu erklären, daß bereits munter menschliche Gene z.B. in Fisch und Schwein eingekreuzt werden. In seiner ihm unvergleichlichen Art hat der Literaturnobelpreisträger Dario Fo diese Machenschaften mit folgenden Fragen entlarvt: »Die Hybride Mensch-Schwein, die für Organverpflanzung vorgesehen sind, können durch den Transfer von Viren anderer Arten neue Epidemien auslösen. Überdies: Ab welchem prozentualen Anteil an Menschengenen darf ein Schwein Mensch genannt werden? Wieviele Schweineorgane werden nötig sein, um einen Mensch als Schwein bezeichnen zu können?«

> **Ab welchem prozentualen Anteil an Menschengenen darf ein Schwein Mensch genannt werden?**

Ist Gentechnik wirklich nur die logische Fortsetzung der »Modernisierung« der Landwirtschaft nach der Mechanisierung und Chemisierung? Nein, denn Gentechnik besitzt das Potential, unseren Lebens-Mitteln endgültig den Garaus zu machen.

Auf der Suche nach Argumenten für den Gebrauch von Gentechnik in Landwirtschaft und bei der Herstellung von Lebensmitteln stoße ich nur auf Profitgier. Zahlreich sind hingegen die Argumente, die eine konsequente Ablehnung gentechnischer Manipulationen unserer Nahrungsmittel untermauern. Eine grundsätzliche Kritik an der Gentechnik ist ihr sogenannter reduktionistischer Ansatz, bei dem Pflanzen, Tiere und Menschen zu beliebig manipulierbaren Organismen degradiert werden.

Genauso wie die Atomindustrie scheint die Gentechnik zunächst offenbar absolut risikolos und umweltfreundlich, aber letztlich doch nicht berechenbar. Wenn gentechnisch veränderte Organismen erst einmal in die Umwelt entlassen worden sind, kann sie keiner mehr zurückholen.

Wie die Atomindustrie ist die Gentechnik zunächst scheinbar risikolos und umweltfreundlich.

Gentechnisch manipulierte Arten werden für Systeme der Landwirtschaft entwickelt, die auf sehr viel »Input« (Zufuhr) von außen setzen. Beweise hierfür sind die gentechnisch veränderten Soja- und Zuckerrübenpflanzen, die bestimmte Herbizide tolerieren. Außerdem rentiert sich Gentechnik im Bereich der Pflanzen- und Tierzucht aufgrund der hohen Forschungs- und Investitionskosten nur, wenn sie auf breiter Fläche eingesetzt wird.

Wir alle werden zu Versuchskaninchen in einem riesigen Labor und haben bereits erste »Versuchsergebnisse« geliefert. So haben Wissenschaftler der Universität von Nebraska herausgefunden, daß Gene der Paranuß in Sojabohnen auch die Fähigkeit übertragen haben, »Paranuß-Allergien« auszulösen. Der Umfang dieses bislang gigantischsten Experiments mit unserer Gesundheit: Allein in der EU wurden bereits über 1.000 Versuche mit gentechnisch veränderten Pflanzen gemacht. Während sich das deutsche Umweltbundesamt noch die Frage stellt, ob von absichtlich freigesetzten gentechnisch veränderten Organismen ein Risiko für die Umwelt ausgeht (z.B. die Verdrängung der standorteigenen Flora und Fauna), beklagt sich die EU, daß die Bewertung des Anbaus von gentechnisch veränderten Nutzpflanzen schwierig ist, da »über einen Großflächenanbau transgener Pflanzen noch keine ausreichenden Daten verfügbar sind«. Warten wir also, bis es ausreichende Daten über katastrophale Auswirkungen der Gentechnik gibt? Warum gestehen die Wissenschaftler nicht ehrlich ein, daß es keine ausreichenden Maßstäbe und Maßnahmen für die Sicherheit von Gentechnik gibt? Bei der Entwicklung neuer Arzneimittel wird sehr rigoros nach Nebenwirkungen geforscht und trotzdem sind noch über zehn Prozent ernsthafter Nebeneffekte nicht entdeckt. Wir dürfen davon ausgehen, daß das Risiko (noch) nicht entdeckter Nebeneffekte bei der Gentechnik viel höher liegt. So erwarten Forscher zum Beispiel auch, daß neue Arten von Viren entstehen (Rekombination), die wesentlich aggressiver und gefährlicher sind als die für die Manipulation benutzten Ausgangsviren.

So spektakulär Ergebnisse in der Genforschung in den Medien dargestellt werden – man denke nur an das geklonte Schaf Dolly –, so konsequent wird verschwiegen, daß die Wissenschaftler noch sehr im Trüben fischen. Man geht davon aus, daß wir dank der intensiven gentechnischen Forschungen heute etwa drei Prozent der Genstrukturen (DNA) kennen. Will angesichts dieser Tatsache jemand das unkalkulierbare Risiko abstreiten, das sich aus der Manipulation extrem komplizierter Systeme ergibt, die noch so gut wie unbekannt sind?

Immer wieder wird von seiten der Gentechnik-Konzerne auf das große Potential der Gentechnik im Hinblick auf die Sicherung der Welternährung verwiesen. Die Realität ihres Tuns entlarvt diese Reden jedoch als reine Propaganda. Davon abgesehen, daß die Menschen nicht etwa hungern, weil es an Lebensmitteln fehlt, sondern weil sie sich diese nicht leisten können, hat sich bislang Gentechnik so gut wie gar nicht in der Dritten Welt etablieren können. Die auch kommerziell erfolgreichsten Resultate der Gentechnik sind bisher die bereits erwähnten Resistenzzüchtungen auf Herbizide, welche die Bauern nach der Chemisierung nun in eine noch größere Abhängigkeit von den Multis treibt. So kann man das Gensoja-Saatgut einzeln gar nicht kaufen, sondern nur im »Paket« mit dem Unkrautvernichtungsmittel »Round Up«.

Gensoja-Saatgut gibt es nur im Paket mit Unkrautvernichtungsmitteln zu kaufen.

Hinsichtlich der Verheißung »Nahrungsmittel für alle« entlarven sich eigentlich alle großen Saatgut- und Agrarchemie-Firmen selbst mit ihren Forschungsprogrammen zur Entwicklung von sterilem Saatgut. Das heißt, daß Gene nicht auf andere Wildkräuter oder Arten auskreuzen. Die Rural Advancement Foundation International (RAFI) hat bereits mehr als drei Dutzend neuer Patente aufgedeckt, die eine breite Palette von Techniken beinhalten, mit denen es möglich ist, Pflanzen und Saatgut durch genetische Manipulation steril zu machen. Zutreffend spricht RAFI von »Terminator«-Patenten. Genau damit aber wird ein riesiges Problem der Gentechnik unverblümt zugegeben.

Während Monsanto Saatgut entwickelt, das überhaupt nicht keimt, wenn es nicht mit entsprechenden Chemikalien behandelt wird, scheint die Öffentlichkeit noch gar nicht begriffen zu haben, was hier auf dem Spiel steht. Fast eineinhalb Milliarden Bauern und Bäuerinnen – vor allem in Afrika, Asien und Lateinamerika – setzen selbsterzeugtes und nachgebautes Saatgut ein. Wenn sie dank »Terminator« kein Saatgut mehr anbauen können, bedeutet dies eine unbeschreibliche Gefahr für die globale Ernährungssicherheit.

Aus all diesen Gründen setze ich mich vehement dafür ein, daß die Zukunft der Gentechnik bereits in der Gegenwart ihr Ende findet.

Dieser Kampf, dem sich hoffentlich ähnlich viele Menschen anschließen werden wie dem gegen die Kernenergie, ist beileibe kein Kampf von Don Quichotes gegen Windmühlen. Große Mehrheiten der Bevölkerungen in allen europäischen Ländern lehnen Genmanipulation bei Lebensmitteln ab. Am stärksten artikuliert sich der Widerstand zur Zeit in England mit Prinz Charles als prominentestem Wortführer. 90 Prozent der Verbraucher wären dort bereit, ihren Supermarkt zu wechseln und längere Einkaufswege in Kauf zu nehmen, wenn ihnen ein Konkurrenzunternehmen ein garantiert gentechnikfreies Sortiment offerieren würde.

Führende Supermarktketten in Europa haben sich diesbezüglich zusammengeschlossen, um sich gentechnikfreie Lebensmittel-Lieferungen zu sichern. Der Widerstand nimmt täglich zu, von Brasilien bis Indien, was sich auch schon am Aktienkurseinbruch von Monsanto bemerkbar macht. Während Greenpeace und IFOAM gerade das Bundesumweltamt der USA wegen der Zulassung von gentechnischem Mais und Soja verklagen, hat sich in Brasilien das Umweltbundesamt selbst einer Klage von Greenpeace und Umweltschützern angeschlossen, die das Verbot von gentechnisch verändertem Soja zu erreichen sucht.

Weltweit werden etwa 30 Millionen Hektar Ackerland mit gentechnisch manipuliertem Saatgut bestellt. Bereits 45 Prozent der Baumwollpflanzen, 25 Prozent des Mais und 3,5 Prozent der Kartoffeln in den USA sind gentechnisch manipuliert. Auch wissen wir, daß Gensoja in etwa 30.000 Lebensmitteln Verwendung findet. Diese erdrückenden Zahlen dürfen aber nicht zur Resignation führen. Zwar wollen sich Konzerne in Deutschland mit einem Marktanteil von über 80 Prozent noch nicht für einen Ausschluß von Gentechnik in Lebensmitteln aussprechen. Doch britische Fast Food-Ketten denken bereits um – und selbst McDonald's hat seine Pommes Frites-Lieferanten angewiesen, keine Gentechnik-Kartoffeln zu kaufen. Letztlich wird es auf uns Verbraucher ankommen, der Natur zum Sieg zu verhelfen.

Gensoja findet bereits in etwa 30.000 Lebensmitteln Verwendung.

Schlemmen Sie sich um die Welt

Mit dieser Aufforderung warb in meiner Tageszeitung ein Kaufhaus mit einem großen, bunten Inserat. Frei nach dem Motto »Was kostet die Welt – ich verkaufe sie dir« wurde man aufgefordert, die Welt der fernöstlichen oder mexikanischen Spezialitäten zu kosten. Frischer Ingwer aus Hawai, Wan Kwai Krupuk (Krabbensnacks) aus China oder Weine aus USA, Chile und Südafrika luden zur »kulinarischen Schlemmerreise« ein.

Zutreffend hat der Philosoph Ivan Illich beschrieben, daß wir heutzutage in einer Gesellschaft der modernen »Fernfütterung« leben. Er führte hierzu aus, daß noch vor etwa 100 Jahren ungefähr 95 Prozent der Lebensmittel, die ein Bürger damals zu sich genommen hat, in der Regel aus dem Blickfeld seines Kirchturmes stammten. Die Situation hat sich in unserer Zeit im Verhältnis jedoch umgedreht. Wer von den Verbrauchern sieht heute eigentlich noch das Wachsen und Gedeihen dessen, was er als Nahrung zu sich nimmt?

In den USA reist ein Pfund Lebensmittel durchschnittlich ca. 2.000 Kilometer, bevor es auf einem Eßtisch serviert wird. Ein in Deutschland wissenschaftlich vom Wuppertal Institut für Klima, Umwelt und Energie untersuchter Erdbeerjoghurt hat es deshalb zur Berühmtheit gebracht, da seine Bestandteile (einschließlich der Verpackung) aus vier verschiedenen Ländern kommen und dabei insgesamt fast 8.000 Kilometer zurücklegen. Wen wundert es noch, daß sich der Güterverkehr auf deutschen Straßen von 1950 bis 1990 verzehnfacht hat? Das Erdbeerkonzentrat aus Polen in besagtem Joghurt ist übrigens vergleichsweise noch ein Produkt aus der Nachbarschaft angesichts der Tatsache, daß im letzten Jahr in England zur Zeit der Erdbeersaison zusätzlich über eine Million Kilogramm Erdbeeren per Flugzeug aus Kalifornien importiert wurden.

Haben Sie schon einmal versucht herauszufinden, welche Tomatensorten in Ihrem Supermarkt angeboten werden? Statt mit Sortennamen werden wir mit Beschreibungen wie Strauch-, Fleisch- oder Kirschtomaten informiert. Die Krönung der Absurdität ist es, wenn die namenlosen Tomaten als »Fuertaventura Flugtomaten« – mit dem Hinweis, daß sie spätestens 48 Stunden nach der Ernte bei uns in Deutschland sind – angepriesen werden.

Schauen wir uns beim Gemüse die Situation einmal etwas genauer an. Nur 40 Prozent des gesamten Gemüsebedarfs in Deutsch-

In den USA reist ein Pfund Lebensmittel durchschnittlich 2.000 Kilometer.

land wird auch hierzulande erzeugt. Ein Großteil des importierten Gemüses kommt aus EU-Ländern (davon allein ca. 40 Prozent aus Holland), aber der Anteil von Importen aus Israel, Südamerika, Südafrika oder Neuseeland nimmt ständig zu. Gemäß einer Studie von Wonneberger werden für den Transport des importierten Frischgemüses ca. 170 Millionen Liter Diesel verbraucht. Dies entspricht einer CO_2-Schadstoffemission von 500.000 Tonnen! Für den Transport dieses Gemüses wird dreimal soviel Energie verbraucht wie für die Produktion von Gemüse (inklusive Gewächshauskulturen) in unserem Land. Die Tatsache, daß ein Kilogramm Spargel aus Südafrika während seiner 10.000 Kilometer langen Flugreise 4,3 Liter Kerosin verbraucht, ist in diesem Zusammenhang nur ein letzter Tropfen im »überlaufenden Benzinfaß«.

Nur eine rigorose Besteuerung des Kerosins und die Verteuerung von Benzin und Diesel können diesem Wahnsinn ein Ende bereiten.

Nur eine rigorose Besteuerung des Kerosins sowie eine sehr deutliche Verteuerung von Benzin und Diesel kann dem Wahnsinn ein Ende bereiten, daß dänische oder irische Butter unsere Regale füllt und Butter aus Neuseeland in englischen Geschäften billiger ist als die lokal erzeugte. Es darf sich nicht mehr lohnen, sondern es muß bestraft werden, Verkehr zu erzeugen.

Regionalität statt Fernfütterung

Die biologische Landwirtschaft kann den Entwicklungen zur »Fernfütterung« zunächst einmal wenig entgegensetzen. Bio-Lebensmittel haben nicht zwingend einen Einfluß auf unsere Eßkultur. Ganz evident sichert die biologische Landwirtschaft sowohl bäuerliche Existenzen als auch die Bodenfruchtbarkeit, bringt Vielfalt auf die Felder, in die Landschaft und bietet den Tieren ein artgerechtes Leben, aber auch diese naturverträglich produzierten Lebensmittel sind global, *fast* und *convenient* vermarktbar. Und genau dies geschieht zunehmend auch zwangsläufig mit Bio-Lebensmitteln.

Kaffee, schwarzer Tee, Kakao, Erdnußbutter oder Bananen können wir in unseren Breitengraden bekanntermaßen nicht anbauen, und so legen diese Bio-Produkte auch für die ökologisch bewußten Verbraucher weite Strecken zurück. Wenig bekannt ist z.B. die Tatsache, daß größere Mengen bio-dynamischen Getreides aus Australien in der Schweiz zu Babynahrungsmitteln für den hiesigen Markt weiterverarbeitet werden.

Bei einer
Naturkost-
messe in Eng-
land wurden
Bio-Kartoffel-
chips aus
Schweden
angeboten.

Wie »fundamental« müssen sich Verbraucher und die Bio-Bewe-gung mit dem Transport der Lebensmittel auseinandersetzen? Jüngst habe ich auf einer Naturkostmesse in England aus Schwe-den importierte Bio-Kartoffelchips offeriert bekommen. Gibt es etwa in England keine Kartoffeln oder versteht man sich nur in Schweden auf die Kunst der Chipsherstellung? Solche Wider-sprüche finden wir zahlreich und leider auch zunehmend in den Bio-Regalen der Supermärkte und auch in Naturkostläden.

In der biologischen Landwirtschaft wird durch Richtlinien gere-gelt, wie man naturverträglich und nachhaltig Lebensmittel er-zeugt. Deren Umsetzung wird streng kontrolliert und durch Zertifi-zierung garantiert. Die Produkte dieser Bemühungen werden zu-nehmend auch zu »Convenience«-Produkten verarbeitet (Fertigpiz-za, Instant-Kartoffelbrei ...), und sie finden sogar inzwischen den Weg zum Fast Food-Sektor, z.B. zur McDonald's-Kette, die in Schweden nur noch zertifizierte Biomilch verkauft.

Vergeblich wird man in den Richtlinien der biologischen Land-wirtschaft nach Vorgaben zur Saisonalität, Regionalität oder den Handelswegen suchen. Die biologische Landwirtschaft als Roh-stofflieferant bietet nicht zwangsläufig eine Alternative zu Fast Food und »Convenience«-Entwicklungen. Dies kann auch gar nicht die Aufgabe der Bio-Bauern und -Bäuerinnen sein. Die Nach-frage nach Fast Food und »Convenience«(Bequemlichkeits)-Pro-dukten wird sehr stark durch gesellschaftliche Entwicklungen (z.B. Single-Haushalte) und Werbung gesteuert (allein McDonald's gab letztes Jahr fast eine Milliarde DM für Werbung aus, davon 95 Pro-zent im TV).

Der ganzheitliche Ansatz und die Praxis der biologischen Land-wirtschaft bietet aber durchaus entscheidende Anregungen und echte Alternativen. Das Bemühen, sich mit Bio-Kost nicht nur ge-sund zu ernähren, sondern auch eine nachhaltige Wirtschaftsweise zu unterstützen, bringt es mit sich, daß man sein Konsumverhalten auch nach den Aspekten Regionalität, Saisonalität und soziale Ge-rechtigkeit (fairer Handel) ausrichtet.

Die Nachfrage auf »Regionalität« umzustellen scheint augen-scheinlich einfacher zu sein und ist schon viel weiter als die Saiso-nalität im Bewußtsein verankert. Viel Geld und Engagement wird inzwischen (auch für konventionelle Lebensmittel!) in die Wer-bung und den Absatz von regionalen Produkten investiert. Es ist sicher begrüßenswert, wenn etwa im Saarland das hier meist auf grünen Wiesen erzeugte Rindfleisch mit dem Motto »saarhaftig gut« als vom »Saarlandwirt« kommend angeboten wird. Die Nachfrage läßt nichts zu wünschen übrig, ändert aber nichts an der Tatsache, daß aufgrund des gesteigerten Fleischkonsums und des europäisch sowie global gesteuerten Strukturwandels der Landwirtschaft nur noch etwa 20 Prozent des verzehrten Rindfleisches in unserer Region selbst erzeugt werden.

Nur noch 20 Prozent des verzehrten Rindfleisches werden regional erzeugt.

Die Definition von »Regionalität« ist dehnbar. Mit »Region« verbindet man Heimat, Überschaubarkeit und auch Nachbarschaft. Diese Assoziation hat man sicher auch in Texas, das ein Vielfaches größer ist als die Bundesrepublik. Was in Texas noch als regionales Produkt durchgeht und gekauft werden kann, mag die vergleichbare Strecke von Spanien nach Schweden transportiert worden sein.

Gerade in der Bio-Bewegung habe ich immer wieder festgestellt, daß zwischen Nationalität und Regionalität nicht genau unterschieden wird. Nicht vergessen werde ich einen Vortrag für Naturkostladner und Verbraucher in Berlin, kurz nach dem Fall des Eisernen Vorhangs. Der erste Beitrag in der Diskussion brachte die große Besorgnis zum Ausdruck, daß bald eine Flut von »Billig-Bio« aus Polen auf den Berliner Markt hereinbrechen werde. Auf meine Frage hin wurde mir bestätigt, daß niemand ein Problem damit hatte, daß mein damaliger Biobetrieb aus dem Saarland sein Getreide an eine Berliner Mühle verkaufte. Immerhin 700 Kilometer Transport!

Angesicht dieser Akzeptanz konnte ich mir den Hinweis nicht verkneifen, daß von Berlin aus die Grenze zu Polen keine 100 Kilometer weit entfernt sei und Kartoffeln aus Westpolen demnach kaum überbietbare regionale Qualitäten hätten. Bio-Produkte aus Polen haben übrigens bis heute noch nicht in nennenswertem Umfang den Weg auf den deutschen Markt gefunden. Der Warenfluß läuft eher in die umgekehrte Richtung, um dort das Sortiment der recht zahlreichen polnischen Naturkostläden vor allem mit verarbeiteten Produkten zu ergänzen.

Zu hoffen ist, daß wenigstens im zusammenwachsenden Europa Regionalität im wahrsten Sinne des Wortes nicht mehr durch nationale Grenzen »begrenzt« sein wird. So ist der Munsterkäse aus dem Elsaß auf dem Verbrauchertisch in Stuttgart allemal das »regionalere« Produkt als ein Chiemgauer Biokäse in Kiel. Auch bei der Nachfrage nach Regionalprodukten gilt es also zu differenzieren. Dabei ist es überlegenswert, ob Bioqualität allein über die Ein-

kaufspräferenz entscheiden sollte. Bei der Wahl zwischen einer Biomilch im Naturkostladen aus dem ca. 500 Kilometer entfernten
Bayern und einer (nicht biologisch zertifizierten, aber vollwerti-
gen) Vorzugsmilch im Supermarkt von einem 20 Kilometer entfernten, saarländischen Betrieb kann die Entscheidung durchaus
für das fast schon »lokale« Produkt fallen.

Saisonalität – oder: Alles zu seiner Zeit

Ein wesentliches Merkmal der biologischen Landwirtschaft ist der
Respekt vor und das Einbinden von natürlichen Kreisläufen. Dies
geschieht mit dem Wissen, daß alles in der Natur seine Zeit braucht
und vor allem auch seine Zeit hat. Auf den Tag genau berechnete
Turboschnellmast, wie z.B. bei konventionell gezüchteten Schweinen und Geflügel, paßt genausowenig ins Konzept wie der Anbau
von Kulturen mit unpassenden geoklimatischen und anderen ökologischen Rahmenbedingungen. »Natürlich« gibt es auch biologisch bewirtschaftete Gewächshäuser, und die Schweine oder
Hähnchen werden auch nicht erst im Greisenalter geschlachtet,
das heißt, auch die biologische Landwirtschaft greift letztlich in
Naturzyklen ein und verändert sie.

In der Diskussion um saisonal ausgerichtetes Nachfrageverhal-
ten werden gerne die »Erdbeeren im Januar aus Costa Rica« angeführt. Aber Tomaten gibt es auch im Winter (durchaus saisonal
korrekt in Israel gewachsen und energetisch vergleichsweise gün-
stig per Schiff nach Frankreich gebracht), die wir durchaus im Sortiment eines Naturkostladens vorfinden können. Auch werden bei
uns schon im März Bio-Erdbeeren aus Italien oder Spanien angeboten und auch gekauft. Es bleibt aber dabei, daß die Erdbeeren
hierzulande vor allem im Juni und Juli »Saison« haben.

Bio-Erdbeeren aus Italien oder Spanien werden schon im März angeboten.

Vergleichsweise gering saisonal ausgeprägt ist die Nachfrage
nach Äpfeln. Der biologische Apfel scheint in der Einschätzung der
Verbraucher eine »Ganzjahresfrucht« zu sein, obwohl auch die Bio-
äpfel vom Frühjahr bis zum August entweder mit viel Energieverbrauch schon lange in Kühlhäusern lagern oder aus der Ferne zu
uns gereist sind, aus Argentinien, Neuseeland oder Südafrika.

Die »Convenience« und ständige Verfügbarkeit von Tiefkühlkost
hat vor allem bei Gemüse das Gespür und Wissen von Saisonalität

abhanden kommen lassen. Bio-Tiefkühlkost entwickelt sich neuerdings zum Verkaufserfolg! Saisonal korrektes Einkaufsverhalten verlangt uns Verbrauchern einiges ab. Wir müssen uns nicht nur viel mehr Gedanken darüber machen, wann welche Lebensmittel geerntet werden, sondern als Konsumenten müssen wir viel häufiger die Frage nach der Konsequenz unseres Konsums stellen und uns entsprechend beim Einkauf verhalten.

Mit gerechtem Handel die Welt »fair«ändern

Wir Deutschen gelten zwar als Weltmeister im Biertrinken, aber mit 170 Litern Kaffee pro Kopf und Jahr – also durchschnittlich einem halben Liter pro Tag! – liegt unser Kaffeekonsum noch weit höher. 90 Prozent trinken regelmäßig Kaffee, d. h. wir verbrauchen jährlich pro Kopf 7,5 Kilogramm der schwarzbraunen Bohnen und tragen so dazu bei, daß Kaffee gleich nach Erdöl der wichtigste und umsatzstärkste Rohstoff der Welt ist.

Wer von uns macht sich bei einer Tasse Tee oder Kaffee Gedanken darüber, wo dieser herkommt, unter welchen Bedingungen er angebaut und geerntet wird und wer wieviel daran verdient auf dem Weg vom Feld bis ins Supermarktregal? Dem Genuß beim Konsum von Kaffee, Tee und Kakao stehen ökologische und auch gravierende soziale Probleme bei ihrer Erzeugung gegenüber.

Für viele Länder ist der Kaffeeanbau zum Schicksal geworden und bedeutet eine totale Abhängigkeit vom Weltmarkt. Für Burundi und Ruanda ist Kaffee praktisch das einzige Produkt, das Devisen bringt. El Salvador, Guatemala, Kolumbien, Nicaragua, Tansania und Äthiopien erzielen etwa die Hälfte ihrer gesamten Exporteinnahmen mit Kaffee – in Uganda sind es sogar 93 Prozent. Man schätzt, daß weltweit 25 Millionen Menschen mit Kaffeeanbau ihren Lebensunterhalt verdienen. Für die meisten von ihnen ist das ohnehin kärgliche Leben seit dem 4. Juli 1989 noch weiter bedroht. An diesem Tag platzte das Welt-Kaffee-Abkommen, in dessen Folge der Weltmarkt zu Dumpingpreisen mit Kaffee überschwemmt wurde. Seitdem wurden ständig neue Rekordtiefpreise erreicht. Vor etwa zehn Jahren zahlten wir im Durchschnitt für ein Pfund Kaffee noch 11,69 DM. Mitte 1999 war es beim Discounter für 5,59 DM zu haben.

> Für viele Länder ist der Kaffeeanbau zum Schicksal geworden.

Des einen Freud ist des anderen Leid, und kann unter Umständen sogar dessen Ruin bedeuten. Der Erlös aus Kaffeebohnen für die Entwicklungsländer betrug im Rekordjahr 1985/86 14,2 Milliarden Dollar. Innerhalb von fünf Jahren waren diese Einnahmen um fast zwei Drittel auf 5,5 Milliarden Dollar abgestürzt – und dies bei gewaltig steigenden Exportmengen.

Anschaulicher ausgedrückt: 1985 hatten 92 Säcke Kaffee den Wert eines kleinen LKW. Ende 1989 mußten dafür mehr als 300 Sack exportiert werden. Die Ökonomen nennen so etwas verharmlosend eine Verschlechterung der »Terms of Trade« (Handelsbeziehungen). Ehrlich gesagt heißt dies aber nichts anderes als »noch nie konnten wir die Menschen der Dritten Welt so billig ausbeuten«, wie es die Menschenrechtsorganisation Terre des Hommes treffend auf den Punkt brachte.

Noch nie konnten wir die Menschen der Dritten Welt so billig ausbeuten.

Hinter diesem nüchternen Rechenbeispiel stehen wirtschaftliche Not und menschliches Leid. Oft beginnt der Aufbruch zur Arbeit in den Plantagen um 3 Uhr morgens. Um die Mittagszeit ist es meistens glühend heiß und nach der Siesta wird bis zum Einbruch der Dunkelheit weitergearbeitet. Kinderarbeit ist nach wie vor weit verbreitet und gewiß ein preisstabilisierender Faktor für unsere billige Tasse Kaffee. Arbeit in den Plantagen ist in der Regel gleichzusetzen mit gravierender Ausbeutung bei Akkordarbeit.

Den größten Anteil am Verkaufspreis verschlingen Transport, Kaffeesteuer (der Staat verdient hier kräftig mit), Rösten, Mahlen, Vertrieb, Werbung und Mehrwertsteuer. Bei einem Preis für ein Pfund Kaffee von 7 DM entfallen auf den Rohkaffee nur 1,50 DM. Die Kaffeebauer selbst bekommen aber je nach Region nur zwischen 50 Pfennig und 1 DM für das Pfund Kaffeebohnen. Zahlreiche Zwischenhändler und Aufkäufer machen auf dem Rücken der »Campesinos« und Plantagenarbeiter ihren Reibach. Nicht umsonst nennt man Zwischenhändler in Lateinamerika nach den aasfressenden Wildhunden »Cojotes«. Für die Arbeiter bleibt oft nur ein Hungerlohn von manchmal nicht mehr als 25 Pfennigen pro Stunde.

Daß nicht nur Umweltschutz, sondern auch soziale Gerechtigkeit ihren Preis haben, ist jedem klar. Die Frage ist nur, was uns dies wert ist. Der Aufpreis für fair gehandelte Produkte liegt etwa bei zwei bis drei DM für eine 250-Gramm-Packung. Teurer müssen diese Produkte nicht sein, da durch Ausschalten des Zwischenhandels den Erzeugern wesentlich höhere Rohstoffpreise bezahlt werden können. Außerdem werden die Vertriebskosten bei uns oft denkbar gering gehalten (zum Beispiel durch Dritte Welt-Läden, Kirchenbasare, Direktversand). Ein recht großer Anteil des Kaffees, Tees, Kakaos etc. aus biologischem Anbau erfüllt auch die Bedingungen des fairen Handels. Umgekehrt ist festzustellen, daß nur ein relativ geringer Anteil des fair gehandelten Kaffees oder Tees auch aus biologischem Anbau kommt.

Fair gehandelte Produkte, die zudem aus biologischem Anbau stammen, sind natürlich noch etwas teurer. Die Höhe variiert nach Herkunft, Qualität und Vertriebsweg. Der im Vergleich zu fair kalkulierten Produkten höhere Preis wird verständlich, wenn man bedenkt, daß sich auch zusätzliche Maßnahmen im biologischen Landbau wie Mulchen, Jäten von Beikräutern oder Kompostieren in der Kalkulation niederschlagen. So können für ein Pfund Kaffee schon 12 DM zustande kommen.

Die Argumente für gerechtere Preise und Handelsstrukturen sind leichter zu vermitteln als die Notwendigkeiten zum biologischen Landbau. In wesentlich kürzerer Zeit als Bio-Produkte haben fair gehandelter Tee, Kaffee und neuerdings auch Bananen beachtliche Marktanteile gewinnen können (z.B. fünf Prozent beim Kaffee in der Schweiz) und den Weg in die Regale der Supermärkte gefunden. Unverkennbar hat sich in den letzten Jahren der Markt für biologische Produkte auch stark um gerechte Preis- und Handelsstrukturen gekümmert. Dabei wird aber noch zu wenig herausgestellt, daß diese Bemühungen nicht nur für die Kleinbauern aus Lateinamerika, Asien und Afrika wichtig sind, sondern daß auch unsere hiesigen landwirtschaftlichen Betriebe an den tatsächlichen Kosten orientierte und faire Preise brauchen, damit die bäuerliche Agrarkultur überleben kann.

Die Bio-Bewegung muß sich noch engagierter mit den Gefahren (und leider auch Realitäten) des sogenannten Bio-Kolonialismus auseinandersetzen. Vor allem Bio-Ware aus Ländern der »dritten« Welt (aber z.B. auch aus Ungarn oder den Mittelmeerländern) wird überwiegend für die zahlungskräftigen Kunden im »Norden« produziert, d. h. nicht in erster Linie für die Bevölkerung vor Ort. Bei diesen Vermarktungswegen müssen wir zudem davon ausgehen, daß auch hier die höchsten Gewinnspannen beim Transport, der Wiederverarbeitung und dem Handel der Bio-Waren liegen. Aufgabe ist es, dafür zu sorgen, daß nicht nur an, sondern zunehmend auch wieder in der Landwirtschaft Geld verdient wird.

Die Bio-Bewegung muß sich mit den Gefahren des sogenannten Bio-Kolonialismus auseinandersetzen.

Vom Untergang der Agrarkultur – oder:
Wieviel Bauernsterben verträgt das Land?

Es bedurfte des Wandels vom Jäger und Sammler zum seßhaften, seine Nahrung anbauenden Menschen, um die freie Zeit zu schaffen, die kulturelle Entwicklungen erst ermöglichte. Wer sich intensiver mit diesen geschichtlichen Zusammenhängen auseinandersetzt, wird feststellen: keine Kultur ohne Agrarkultur.

Die sogenannte moderne Landwirtschaft mit ihrem Einsatz von Chemikalien und dem Rationalisierungsdogma hat nicht nur viel an (Agrar-)Kultur zerstört, sie ist vielmehr auf dem besten Wege, diese komplett abzuschaffen. Es ist leider so, daß wir heute schon absehen können, wann es praktisch keine Bauern und Bäuerinnen im herkömmlichen Sinne mehr geben wird. Sie können nicht mehr viel Geschichte und Kultur gestalten, denn sie sind bereits zu Randerscheinungen in unserer Gesellschaft geworden. Allein seit 1991 haben rund 550.000 Menschen ihren Arbeitsplatz in der Landwirtschaft verloren oder auch bewußt aufgegeben. Dieser Prozeß wird bürokratisch vernebelnd als »Strukturwandel« beschrieben. Zutreffender ist es, vom »Bauernsterben« zu reden.

Ein kleiner Blick in die Statistik zeigt die alarmierende Situation recht deutlich. Um den bereits kräftig »strukturgewandelten« Stand der Bauern in Hessen zu erhalten, müßten etwa 250 junge Leute pro Jahr eine landwirtschaftliche Ausbildung abschließen. Wohl keine 20 Prozent der benötigten zukünftigen Landwirte sind momentan in hessischen landwirtschaftlichen Berufsschulen anzutreffen. Bei uns im Saarland gibt es keine zehn Auszubildenden. Das durchschnittliche Alter der saarländischen Landwirte liegt bei 56 Jahren und eine Umfrage hat kürzlich ergeben, daß 80 Prozent der Höfe ohne Nachfolger sind. Es ist leider kein Horrorszenario, sondern absehbare Realität, daß es im Laufe der nächsten Generation hier zum Notstand kommt. Die bäuerliche Struktur wird nicht mehr »gewandelt«, sondern scheint völlig zu verschwinden.

Wir würden es uns zu leicht machen, wenn wir die Schuld an dieser Misere nur auf die Agrarpolitik in Bonn oder Brüssel schieben würden. Unser ausgeprägtes Streben zu Lebensmitteldiscountern und Fast Food-Tempeln und unsere relative Gleichgültigkeit gegenüber Ernährungsfragen haben ursächlichen Anteil an der Tatsache, daß Bauern und Bäuerinnen eigentlich auf die rote Liste der vom Aussterben bedrohten »Arten« gehören.

Bauern gehören auf die rote Liste der vom Aussterben bedrohten Arten.

Innerhalb von nur 30 Jahren ist der Anteil für die Landwirtschaft an jeder Verbrauchermark für Essen von 80 Prozent auf nur 20 Prozent gesunken. Der Getreideerlösanteil an einem Brötchen liegt in der Regel bei nur noch zwei Pfennigen, und der Preisanteil der Braugerste pro Flasche Bier ist so hoch wie die Kosten des Kronenkorkens.

Wir leben doch wirklich in einer verkehrten Welt, wenn das Speiseöl keine fünf Mark kosten darf, wir aber ohne mit der Wimper zu zucken für einen Liter Motorenöl 20 DM ausgeben. Wieviele Bauern kommen nicht einmal auf einen Stundenlohn von zehn DM für ihre harte Arbeit. Die Reparaturstunde in der Werkstatt ist uns dagegen allemal 100 DM wert. Die Schizophrenie unserer Prioritäten brachte der grüne Europaabgeordnete und Bio-Bauer Graefe zu Baringdorf treffend mit folgender Feststellung auf den Punkt: »Wenn Butter billiger ist als Schuhcreme und Milch weniger kostet als Tafelwasser, dann ist in der Wertsetzung bäuerlicher Arbeit in unserer Gesellschaft etwas schief.«

Wenn Butter billiger ist als Schuhcreme und Milch weniger kostet als Tafelwasser ...

Die Bauern gelten vielfach als Subventionsabzocker, wobei dieser Vorwurf vor allem Großbetrieben gemacht wird. Dabei landet ein sehr großer Teil der Brüsseler Agrarsubventionen gar nicht auf den Bauernhöfen, sondern wird für die Lagerhaltung, Milchpulverberge und die sich am Export von Lebensmitteln Bereichernden bezahlt. Von den Subventionen fließt zudem der allergrößte Anteil noch immer in die konventionelle Landwirtschaft. Umgerechnet ist jeder Bundesbürger mit 23,60 DM monatlich an den Agrarsubventionen beteiligt. Ganze 7,25 Pfennige davon haben die verschiedenen EU-, Bundes- und Landesprogramme für die Förderung des biologischen Landbaus übrig!

Wie nicht nur das Huhn »zur Sau« gemacht wird

Exemplarisch für die Misere in der Landwirtschaft möchte ich mich mit der Tierhaltung auseinandersetzen. Schon im Rahmen meines Studiums der Agrarwissenschaft wählte ich diesen Bereich als Schwerpunkt. Seine offizielle Bezeichnung lautete »Tierproduktion«. Die Benennung war ein Stück weit ehrlich, denn was mir dort vermittelt wurde, war z.B. Hühnerhaltung in Käfigen oder die intensive Schweineaufzucht unter industriellen Produktionsbedingungen. Der Begriff Tierproduktion reflektiert im Prinzip nur, was seit mehreren Jahrzehnten bei uns durch die Agrarpolitik und auch das Verbraucherverhalten forciert wird – nämlich aus der Landwirtschaft einen industriellen Prozeß zu machen.

Das Schicksal der Hühner in Käfigen ist in den letzten Jahren etwas in den Hintergrund gedrängt worden durch die Aufdeckung von skandalösen Tiertransporten oder dem Rinderwahnsinn in England und anderswo. Ich möchte mich an dieser Stelle, gleichwohl Lutzenberger und Gottwald es ebenfalls kurz angerissen haben, etwas ausführlicher mit dem Schicksal der Hühner beschäftigen.

Rund 90 Prozent der Eier sind aus der Käfig- oder Batteriehaltung.

Mit durchschnittlich 226 Eiern pro Kopf und Jahr verzehren wir beinahe täglich ein Ei. Rund 90 Prozent der Eier sind aus der Käfig- oder Batteriehaltung. Irregeführt von Packungsaufschriften wie »Bauernhofeier« oder »Eier frisch vom Bauernhof« glauben über die Hälfte der befragten Eierkäufer, sie kaufen Eier aus der Freilandhaltung.

Spätestens seit Bernhard Grzimek vor Jahrzehnten die Käfighaltung der Hühner als »KZ-Systeme« gebrandmarkt hat, können wir nicht mehr behaupten, davon nichts zu wissen. Die Lobbyarbeit der Tierschützer und der Biobewegung haben über all die Jahrzehnte nicht ausgereicht, um bei uns die Käfighaltung als das zu brandmarken, was sie meiner Meinung nach ist: Kriminell, weil ein eklatanter Verstoß gegen den Tierschutz. Herausgeredet haben sich die politisch Verantwortlichen immer wieder mit den Zwängen der EU (»die billigen Käfigeier kommen dann aus Holland«), und da hat es bislang nicht geholfen, daß unser jetziger Bundeslandwirtschaftsminister Karl Heinz Funke zu Zeiten seines Ministeramtes in Niedersachsen fröhlich reimte: »Frisch muß es sein und die Henne frei, darauf kommt es an beim Hühnerei.« Zur Zeit wird am Bundesgerichtshof in Karlsruhe die »Verordnung zum Schutz von Legehennen bei Käfighaltung« (was für ein Sarkasmus) von der grünen Landwirtschaftsministerin Nordrhein-Westfalens, Bärbel Höhn, juristisch angefochten. Funke vertritt offensichtlich die Auffassung, daß die umstrittene Verordnung nicht verfassungswidrig sei. Er scheint am Fernziel einer EU-weiten Abschaffung der Käfighaltung festzuhalten, aber er verfolgt eine Politik der kleinen Schritte. Wie sie aussieht? Die Käfige sollen zunächst bis 2005 um 100 auf 550 cm^2 vergrößert werden. Wieviel mehr Platz (natürlich immer noch im Käfig) wäre dies pro Huhn? Die zusätzliche Fläche entspricht einem 20 DM-Schein. In welcher Welt leben wir eigentlich, wo wir den Hühnern Hochleistung beim Eierlegen auf einer Gitterboden-fläche von der Größe eines DIN A4-Blattes abverlangen! Die Hüh-nerindustrie versucht schon seit Jahrzehnten, uns die Hühnerhal-tung in Käfigen als artgerecht zu verkaufen. Nicht vergessen werde ich ein Propaganda-Faltblatt des »Hühner«-Verbandes, in dem her-vorgehoben wurde, daß in Käfigen schließlich die Hühner nicht vom Habicht gefangen werden können.

In Käfigen können die Hühner wenigstens nicht vom Habicht gefan-gen werden.

Politikerschelte bringt den Hühnern aber nicht viel. Selbst wenn Höhn in Karlsruhe erfolgreich sein sollte, müssen letztlich wir Ver-braucher über unser Konsumverhalten die Hühner aus den Käfig-gittern befreien. Daß dies möglich ist, zeigt uns die Schweiz, die schon vor zehn Jahren diese Art von Haltung verboten hat.

Bei einer repräsentativen Umfrage erklärten sich fast 80 Prozent der Bundesbürger bereit, mehr Geld für Eier aus Freilandhaltung zu bezahlen. Hier scheint aber doch sehr viel Lippenbekenntnis dabei zu sein, denn das Kaufverhalten sieht leider anders aus. Gewiß ist die Tatsache, daß zwölf Milliarden Eier jährlich von Käfighühnern stammen auch mit der geschickten Marketingstrategie und Augen-wischerei auf den Eierschachteln zu begründen. Eigentlich ist direkt wirkender Tierschutz und ein gutes Gewissen beim Früh-stücksei preiswert zu haben. Ein Ei von glücklichen Hühnern aus der Freilaufhaltung ist nur 15 Pfennige teurer. Zehn Quadratmeter Platz in frischer Luft bieten wir unter anderem dafür unseren Eier-lieferanten.

Eine Trendwende in der industriellen Tierhaltung ist beim besten Willen nicht in Sicht. Nach Erkenntnissen des Umweltver-bandes BUND waren Anfang 1999 insgesamt 56 Großanlagen für Tiermast in Planung. So sollen etwa in Rheinland Pfalz und Thürin-gen zwei neue Käfigbatterien für je 1,2 Millionen Legehennen ent-stehen.

Nach der um sich greifenden Erkenntnis, daß Schweinefleisch immer fader und wässriger wird und der Konsum von »Rinder-wahnsinn«-Steaks vielleicht fatale Folgen hat, glauben viele sich durch den Verzehr von Putenfleisch Gutes zu tun. Das kalorienar-me und eiweißreiche Putenfleisch kommt aber von noch geschun-deneren Kreaturen als den Käfighühnern. Etwa sieben Millionen Truthähne und -hennen fristen bei uns in drangvoller Enge ein tristes Dasein. Im Endstadium der Mast werden pro Quadratmeter 50 Kilogramm »Tiermasse« fast übereinandergestapelt gehalten. Zu dieser Fleischmasse kommt man unter anderem durch die brutale Prozedur des Samenmelkens, künstliche Befruchtung und Zuchtmethoden, die man nur als qualvoll bezeichnen kann. Eigentlich ist die bei uns am häufigsten gehaltene Hochleistungsrasse »B.U.T. Big 6« aufgrund des Tierschutzgesetzes § 11 b verboten. Der sogenannte »Zuchtfortschritt« hat bewirkt, daß vor 25 Jahren ein Masttruthahn ein Endgewicht von elf Kilogramm hatte. Heute bringt er ca. 20 Kilogramm vor dem Schlachten auf die Waage. Vor allem die überdimensionierte und schwere Brust ist viel zu schwer für das Skelett, Beine und Sehnen sind ramponiert, weshalb die Puten in der Regel am Ende ihrer etwa 22 Lebenswochen meist nur noch liegen oder verzweifelt hin- und herrutschen können.

Eine solche industrielle Tierhaltung ist angewiesen auf den massiven Einsatz von präventiv verabreichten Medikamenten. Wenn man den Tieren praktisch alle Möglichkeiten eines artgerechten Lebens nimmt, entwickeln sie Fehlverhalten, z.B. den sogenannten Kannibalismus. Was mit gegenseitigem Federnausreißen beginnt, endet oftmals mit dem Zu-Tode-Hacken der Artgenossen. Mit Aspirin und Tranquilizern will man Aggression und Schmerzen unterdrücken, und Antibiotika im Trinkwasser sollen Infektionen vermeiden. Um gegen Keime, Milben und Fliegen in den Unmengen von Mist bei der Bodenhaltung vorzugehen, werden Desinfektionsmittel und Formalinbegasung angewandt.

Nachdem man schon lange die Geflügelhaltung von der ursprünglich bäuerlichen zur industriellen Produktion umgewandelt hat, sind nun seit einiger Zeit die Schweine an der Reihe. Tragende Muttersäue werden angebunden, weil die Wissenschaft festgestellt hat, daß ein sich frei bewegendes Schwein mehr Energie braucht, d.h. also mehr Futter und somit mehr Haltungskosten verursacht. Die kleinen Ferkel landen dann vielleicht auf sogenannten »Flat Decks« mit ihren Blechlochböden. Wer etwas über die Lebendigkeit und Intelligenz von Schweinen weiß, kann sich gut vorstellen, welche Tristesse in den Ställen auf Spaltenboden herrscht.

Tragende Muttersäue werden angebunden, weil sie sonst zuviel Energie verbrauchen.

Ich habe im Laufe meines Studiums und auch danach abscheuliche Käfighaltungsbetriebe, Putenmästereien und auch Pelztierhaltung im Käfig gesehen. Aber nichts hat mich so stark motiviert, gegen industrielle Tierhaltung zu kämpfen, wie das Schlüsselerlebnis meiner Hausarbeit zum Thema »Kannibalismus bei Schweinen«. Die Lösungsvorschläge der Professoren beschränken sich auf die Empfehlung, Schwänze und Ohren der Schweine zu coupieren, d.h. abzuschneiden. Es bedurfte keiner akademischen Leistung meinerseits, um sofort zu erkennen, daß das Problem der Schweine nicht das Vorhandensein von Ringelschwanz und Schlappohren ist. Für mich war diese Erfahrung das eindringlichste Beispiel dafür, daß wir oft versuchen, Probleme nicht an der Wurzel anzupacken, sondern lediglich die Symptome zu bekämpfen – sprich abzuschneiden.Von den oben aufgeführten 56 neuen Tierfabriken sind übrigens»nur« 23 für Geflügel vorgesehen. 33 Anträge sollen uns neue Großanlagen für die Schweineproduktion bescheren.

Auch bei der Schweinehaltung gilt einmal mehr, daß wir als Verbraucher Verantwortung an dieser Situation mittragen. Wenn wir wieder einmal»tierisch« beim Supermarkt zuschlagen, wenn das Kilo Gehacktes weniger als fünf Mark oder das Schnitzel nur sechs Mark kostet, dann müssen wir uns klarmachen, daß diese»Sonderangebote« nur in Tierfabriken erzeugt werden können und diese Schleuderpreise mit die Totengräber unserer bäuerlichen Landwirtschaft sind.

Allein der Schwarzmarkt für Hormone, mit denen unsere Nutztiere gedopt werden, wird auf rund 300 Millionen Mark jährlich geschätzt. Hinzu kommen»natürlich« noch wesentlich größere Umsatzzahlen für zugelassene Antibiotika und sonstige Arzneimittel. Weit über die Hälfte der in der EU verbrauchten Antibiotika landen im Tierfutter! Und dies nicht einmal überwiegend in der therapeutischen Anwendung, sondern als sogenannte Leistungsförderer. Arzneimittel, die als solche gar nicht zugelassen sind, landen ganz legal in Form von»Futterzusatzstoffen« in den Futtertrögen der Mastbetriebe – und letztlich in uns.

Weit über die Hälfte der in der EU verbrauchten Antibiotika landen im Tierfutter!

Die Tragödie der zu den Verbrennungsöfen gebulldozerten Rinderkadaver sollte unser Erinnerungsvermögen eigentlich nicht mehr verlassen. Es ist jedem klar, daß diese Katastrophe schmerzlich teuer ist. Allein in den Jahren 1996/97 wurden 4,2 Milliarden Mark für die Bekämpfung der Rinderwahnsinnsseuche in Großbritannien und für die Stabilisierung des Rindfleischmarktes ausgegeben. Einmal mehr ein Beleg dafür, daß nicht naturkonforme Zuchtmethoden uns mehr als teuer zu stehen bekommen und wir uns mit den Lebensmittelpreisen beim Discounter in die Tasche lügen.

Aber es muß gar nicht Rinderwahnsinn sein, um auch in bezug auf den Rindfleischsektor besorgt zu sein. Gerade haben amerikanische Forscher der *Cornell University* herausgefunden, daß sich krankheitserregende Stämme von Escheria Coli-Bakterien beson ders stark in Rindermägen vermehren, wenn die Tiere vorwiegend mit Getreide statt mit Heu ernährt werden. Die Wiederkäuer können die Stärke nicht vollständig abbauen, weil sie die nötigen Enzyme nicht im Magen vorrätig haben. Diese ernährungsphysiologisch falsche Fütterung von Kühen verursacht in der Folge viele Infektionen bei Menschen. Biologisches Fleisch weist die Probleme in diesem Maß nicht auf, denn hier bekommen die Rinder überwiegend Grünfutter und Heu.

Der rasant gestiegene Konsum von Fleisch in den letzten 50 Jahren von 44 auf 210 Millionen Tonnen hat dazu geführt, daß die Weideflächen für die Tiermast nicht mehr ausreichen. Spitzenreiter im Fleischkonsum sind die Amerikaner mit einem Verbrauch von 123 Kilogramm pro Kopf und Jahr. Knapp die Hälfte davon wird von uns Deutschen verzehrt, während die Menschen in Indonesien dagegen nur zwei Kilo im Jahr verzehren. Getreidemast in der Tierhaltung ist pure Energieverschwendung: Um das Fleisch für einen Hamburger zu erzeugen, muß ein Bauer etwa so viel Getreide verfüttern wie ein Bäcker für drei Brote braucht.

Spitzenreiter im Fleischkonsum sind die Amerikaner mit 123 Kilogramm pro Kopf und Jahr.

Ein kurzer betriebswirtschaftlicher Exkurs bringt das Dilemma der »Tierproduktion« auf den Punkt. Schweinefleischerzeuger in der Bretagne bekamen 1999 nur gerade noch fünf Franc, das sind umgerechnet 1,50 DM, für ein Kilogramm Fleisch. Dies ist der niedrigste Preis seit über 50 Jahren. Allein die Produktionskosten für ein Kilo Schweinefleisch betragen in der Bretagne zwischen acht und neun Franc. Bäuerliche Landwirtschaftsstrukturen können längst nicht mehr mithalten. Selbst bei Dumpingpreisen für Schnitzel und Hackfleisch scheint aufgrund der riesigen gehandelten Mengen für Fleisch- und Wurstkonzerne Profit noch möglich zu sein.

Glücklicherweise wird der Direkteinkauf beim Bauern gerade auch im Fleisch- und Wurstsektor immer bedeutsamer – und dies nicht erst seit dem Problem des Rinderwahnsinns. Einen wirksameren Beitrag zur Erhaltung der bäuerlichen Kultur können wir Verbraucher nicht leisten.

Biologische Landwirtschaft – gesunde Ernährung

Die Biobewegung hat sich die Frage gestellt, ob ein flächendeckender biologischer Landbau die Sicherheit der Welternährung gewährleisten kann. Wir sind zu dem Ergebnis gekommen, daß dies sogar der »radikalste« (im besten Sinne des Wortes, nämlich an die Wurzeln gehende) Lösungsansatz des Problems ist.

Eine leider kaum gestellte Kernfrage bei der Betrachtung der Sicherung der Welternährung bezieht sich auf die Nachhaltigkeit. Es bleibt eine Herausforderung für die Biobewegung, diesem Anspruch auf ihrem Weg heraus aus der Nischenproduktion gerecht zu bleiben. Wenn die zentrale Zielsetzung nicht aufgegeben wird, weitgehend geschlossene Kreisläufe in unseren biologischen Landbausystemen zu ermöglichen, wird dies gelingen.

Praktisch alle Strategien und Lösungsvorschläge zur Sicherung der Welternährung konzentrieren sich auf die Frage, wie wir »heute« die Welt ernähren können. Da gilt es zunächst darauf hinzuweisen, daß die konventionelle Landwirtschaft in ihrer Entwicklung hin zur Industrialisierung und zu Monokulturen bis zu 300 Energieeinheiten als »Input« benötigt, um 100 Energieeinheiten an Lebensmitteln zu produzieren. Dagegen erbringen in vielfältigen ökologischen Landwirtschaftssystemen fünf Energieeinheiten 300 Einheiten an Lebensmitteln.

Der biologische Landbau ermöglicht eine Perspektive, wie wir im nächsten Jahrtausend genügend Nahrungsmittel auf der Erde produzieren können, ohne uns dabei der natürlichen Grundlagen zu berauben. Viele wissenschaftliche Studien und empirische Fakten erbringen den Beweis, daß gerade der biologische Landbau die geeignetste Methode ist, erosionsbedingten Landverlust und den Verlust der Fruchtbarkeit unserer Böden aufzuhalten.

Niemand wird abstreiten, daß die Erträge der konventionellen Landwirtschaft zumindest in den Ländern mit intensiver Bewirtschaftung meist höher sind als die des biologischen Landbaus. Aber vergessen wir nicht, daß hier im Prinzip ein Vergleich wie zwischen einem Porsche und einem Fahrrad angestellt wird. Man sollte sich einmal die möglichen Erträge in der biologischen Landwirtschaft hierzulande vorstellen, wenn diese Methode in den letzten Jahrzehnten die gleiche politische, wirtschaftliche und insbesondere wissenschaftliche Unterstützung wie die konventionelle Landwirtschaft erfahren hätte.

Die Kernfrage bei der Betrachtung der Sicherung der Welternährung bezieht sich auf die Nachhaltigkeit.

Bereits Ende der 70er Jahre zeigte eine Untersuchung der IOWA State University in den USA auf, daß auch bei einer kompletten Umstellung auf biologische Landwirtschaft der Bedarf an Lebensmitteln sichergestellt wäre. Diese und weitere Arbeiten führten schließlich in einer umfassenden Studie des amerikanischen Landwirtschaftsministeriums zur Schlußfolgerung, daß der biologische Landbau die beste Bewirtschaftungsmethode zur Erhaltung von Boden- und Wasserqualität ist.

Auch für Europa gibt es inzwischen zahlreiche Untersuchungen und faktengestützte Modelle, die aufzeigen, daß bei uns eine komplette Umstellung auf ökologischen Landbau nicht zu Problemen in der Nahrungsmittelversorgung führen würde. Dies belegt etwa die gemeinsame Studie der Universität von Aberystwyth und des »Elm Farm«-Forschungszentrums in Großbritannien. Voraussetzungen hierfür wären allerdings der Wechsel zu vielfältigen Fruchtfolgen und eine signifikante Reduzierung der momentan angebauten Mengen an Getreide, Ölsaaten und Zuckerrüben. Statt dessen müßte die Gemüseproduktion und vor allem der Anbau von Hülsenfrüchten für die menschliche Ernährung wesentlich gesteigert werden.

Bei diesem Wissens- und Faktenstand ist es nur logisch, wenn das Wuppertal-Institut in seiner Studie »Zukunftsfähiges Deutschland« die flächendeckende Umstellung auf ökologischen Landbau bis zum Jahr 2010 fordert. Angesichts des erst zweiprozentigen Anteils des biologischen Landbaus an der landwirtschaftlichen Nutzfläche in Deutschland scheint diese Forderung das Werk unverbesserlicher Optimisten und Utopisten zu sein. Ein Blick über die Ländergrenzen, sowohl im Norden als auch im Süden der Bundesrepublik, zeigt jedoch, daß wesentlich mehr möglich ist.

In der Schweiz erreicht der Anteil der biologischen Landwirtschaft bereits eine Größenordnung von sieben Prozent. Im größten Schweizer Kanton Graubünden wird bereits auf 30 Prozent der Fläche biologisch gewirtschaftet. Aufsehen erregt die Wachstumsrate der Umstellung zum biologischen Landbau in Österreich. Gab es vor ein paar Jahren immerhin schon 2.000 österreichische Bio-Bauern, sind es inzwischen ca. 20.000. Dies bedeutet einen Flächenanteil von durchschnittlich etwa zehn Prozent, in einzelnen Bundesländern (Salzburg und Tirol) sogar 50 Prozent! In Italien gab es dank eines EU-Programmes innerhalb eines Jahres eine Zunahme von 17.000 auf 30.000 Bio-Betriebe.

In Graubünden wird bereits auf 30 Prozent der Fläche biologisch gewirtschaftet.

Bereits vor ein paar Jahren hat das schwedische Parlament beschlossen, bis zum Jahr 2000 in Schweden zehn Prozent der Landwirtschaft umzustellen. Ähnliche Zielsetzungen und Entwicklungen gibt es in Finnland. In Island werden bereits Strategien und Programme für einen kompletten Wandel hin zum biologischen Landbau entwickelt.

Der Blick nach Dänemark läßt fast schon Euphorie aufkommen. Die Tatsache, daß dänische Supermarktketten bereits von der Auslistung nicht-biologischer Produkte (Brot und ausgewählte Gemüsesorten) sprechen, zeigt auf, daß das dänische Ziel eines 20prozentigen Marktanteils nicht nur Wunschdenken ist. Eine Steigerung des Umsatzes mit biologischen Lebensmitteln bei der schweizer Supermarktkette »COOP« innerhalb eines Jahres von 100 Millionen auf 190 Millionen Schweizer Franken (und es wäre wesentlich mehr gewesen, wenn es nicht an zertifizierter Bio-Ware gemangelt hätte) runden das Bild ebenso ab, wie die seit Jahren schon über 20prozentige Zuwachsrate des »Biosektors« in den USA.

Auch bei uns in Deutschland gibt es längst Trends und Realitäten auf dem Lebensmittelmarkt, die beweisen, daß der biologische Landbau längst auf dem Weg aus der Nische heraus ist. Im Fall der Babynahrung ist absehbar, daß bald das komplette Marktsegment auf kontrolliert biologische Qualität umgestellt sein wird. Der Branchenführer ist mit 900 Mitarbeitern und 350 Millionen DM Jahresumsatz und einem bereits 80prozentigen Anteil an biologischen Rohwaren weltweit der größte Verarbeiter biologischer Lebensmittel. Die Konkurrenz beugt sich (wohl notgedrungen) der Nachfragemacht der Verbraucher. In und um München herum wird für Millionen von Menschen schätzungsweise 30 Prozent des »täglichen Brotes« mit kontrolliert biologischem Getreide gebacken.

> **Die Konkurrenz beugt sich notgedrungen der Nachfragemacht der Verbraucher.**

Die Entscheidung liegt in unseren Händen

Die Verantwortung zur Sicherung der Welternährung liegt in unseren Händen, in denen der Bauern und Bäuerinnen, die unsere Nahrung erzeugen, und in denen der Konsumenten, die durch den richtigen Griff ins Ladenregal entscheiden, ob die eigentlich ausreichend verfügbaren Nahrungsmittel unter allen Menschen gerecht verteilt werden sollen.

Bei der Umsetzung von Strategien zur weltweiten Sicherung der Ernährung ist es eine unausweichliche Voraussetzung, daß die Regenerationskräfte der Natur respektiert werden. Im Gegensatz zum konventionellen Landbau mit seinen negativen ökologischen, ökonomischen und sozialen Folgeerscheinungen bietet der biologische Landbau eine Lösung an. Wir können aber die Erwartungen in die biologische Landwirtschaft nur dann erfüllen, wenn unser ganzheitlicher Anspruch zu einer »anderen Art zu leben« führt. In diesem Zusammenhang ist aktueller denn je, was E. F. Schumacher in seinem Buch »Small is beautiful« festgestellt hat: »Wir müssen einen neuen Lebensstil entwickeln, mit neuen Produktionsmethoden und Verbrauchsverhalten: einen Lebensstil, der Dauerhaftigkeit erlaubt.«

Der Schlüssel liegt in den Konsum- und Ernährungsgewohnheiten, bei denen gravierende Verhaltensänderungen nötig sind. Wir können die Welternährung sicher nicht auf dem hohen »Steakniveau« der Nordamerikaner oder entsprechend der »Bratwurst- und Kotelettleidenschaft« der Deutschen sichern. Eine Ernährung, die weltweit und vor allem bei uns weniger fleischbetont ist, könnte auf lange Sicht das Problem der Nahrungsmittelversorgung reduzieren. Unsere »Fleischberge«, »Milchseen« und »Butterberge« sind nämlich nur aufgrund enormer Futtermittelimporte möglich. Der jährliche Import von 50 Millionen Tonnen Futtermittel in die EU allein würde ausreichen, um 600 Millionen Hungernden die fehlende Ernährung zukommen zu lassen. Die sogenannten Kräfte am Markt lassen dies aber nicht zu, weil die »Kaufkraft« der Futtertröge von Huhn, Schwein und Rind größer ist als die der Hungernden.

Wir können die Welternährung nicht auf dem hohen »Steak-Niveau« oder der »Bratwurstleidenschaft« sichern.

Beim ökologischen Landbau ist noch nicht alles grün, was schimmert

So sehr die Fakten für den biologischen Landbau sprechen, darf nicht der Eindruck entstehen, daß eine komplette Umstellung ganz unproblematisch wäre. Es wird unausweichlich sein, daß der ökologische Landbau bei seinem Weg heraus aus der Nische etwas von seiner »Unschuld« verliert. Kompromisse scheinen unausweichlich, aber höchste Aufmerksamkeit muß darauf gerichtet bleiben, daß die ökologischen Prinzipien nicht auf dem »Altar der Marktexpansion« geopfert werden.

Wenn wir die Betriebsgrößenstatistik im ökologischen Landbau betrachten, stellen wir fest, daß auch hier ein Trend zum »Wachsen und Weichen« unverkennbar ist. Die ideale Größe für einen Biobetrieb gibt es nicht und wird es nie geben, denn ein solches System kann sowohl auf einem Morgen Land als auch auf einer zigtausend Hektar großen Farm etabliert werden. Ich habe durchaus »klassische« Familienbetriebe in den USA und Australien kennengelernt, die 1.000, 2.000 oder sogar mehr Hektar bewirtschaften. Ich glaube auch, daß eine Öko- und Energiebilanz auf diesen großen und extensiven Betrieben günstiger ausfällt als bei kleinen, aber hoch technisierten Biobetrieben in Deutschland. Die durch die Wiedervereinigung möglich gewordene Umstellung auf Biolandbau von großen Betrieben in den neuen Bundesländern aktualisiert die Frage, wie effizient bzw. logisch der Drang nach immer größeren Einheiten ist.

Es steht außer Zweifel, daß wir die Welternährung langfristig nur sichern können, wenn wir auch die Nahrungsmittelproduktion steigern. Hier ist sicherlich noch ein großes Entwicklungspotential bei ökologischen Landbaumethoden möglich. Eines der Hauptargumente für die Industrialisierung und Monokulturisierung der Landwirtschaft ist die angeblich geringe Produktivität der kleinen Betriebe. Die Produktivität von Monokulturen ist aber nur deshalb »erfolgreich«, weil sie auf den partiellen Ertrag einer Pflanze ausgerichtet ist. Die Wissenschaft gelangt glücklicherweise zusehends zu der Erkenntnis, daß wir Erträge anders definieren müssen als nur durch »Tonnen pro Hektar«.

Wir müssen Erträge anders definieren als nur durch »Tonnen pro Hektar«.

Gerade in Ländern der südlichen Hemisphäre, in der es die meisten Hungernden gibt, sind die Zahlen beeindruckend, die die Produktivität verschiedener Betriebsgrößen widerspiegeln. So ergab eine Studie in Brasilien, daß die Produktivität von landwirtschaftlichen Betrieben bis zehn Hektar bei ca. 130 DM pro Hektar liegt, während die Produktivität einer 5.000 Hektar großen Farm bei etwa drei DM pro Hektar liegt. In Indien liegt die Produktivität bei einer bis zu zwei Hektar großen Farm bei über 1.800 Rupien pro Hektar, während eine vergleichbare, »nur« 15 Hektar große Farm es lediglich zu einer Produktivität von 850 Rupien pro Hektar bringt. Die indische Wachstumsrate im Bereich der Landwirtschaft liegt bei drei Prozent, während sie im indischen Bundesstaat Bengalen mehr als doppelt so hoch ist, weil dort eine Landreform zugunsten von Kleinbauern durchgeführt wurde!

Diese Beispiele geben einen Hinweis darauf, daß eine weitere zentrale Frage bei der Sicherung der Welternährung die ist, wer in welcher Weise Zugang zu Landbesitz hat. Die Ergebnisse und Erfahrungen aus den südlichen Ländern sollten auf jeden Fall Anlaß geben, innerhalb der biologischen Landbaubewegung ernsthafter die Frage zu diskutieren, ob wir uns weiter dem Wachstumsdiktat unterwerfen können. Die »Logik« des Wachstums bleibt nach wie vor ein zentrales Element der Zerstörung unserer natürlichen Ressourcen und Umwelt.

Ein weiteres Problem der ökologischen Landbaubewegung ist die überall zunehmende Spezialisierung. Sie steht gewiß im Widerspruch zum fundamentalen Prinzip der Vielfalt und des Strebens nach ganzheitlichen Systemen. Es ist sicher leicht, am Schreibtisch oder in Diskussionen mit Bio-Bauern und -bäuerinnen die Erfüllung einer recht romantischen Vorstellung eines Bauernhofes mit Hühnern, Schweinen, Schafen, Kühen und Pferden zu verlangen. Rationalisierung an sich muß allerdings noch nichts Schlechtes bedeuten. So gibt es etwa günstige Rationalisierungsmöglichkeiten, wenn sich mehrere Biobetriebe in einem Dorf zu einem Verbund zusammenschließen.

Es gibt glücklicherweise vielversprechende Ansätze der Versorgung lokaler Märkte mit Ökoprodukten. Erfolgreiche und vor allem kooperative Projekte von Kleinbauern zeigen, daß über den Einstieg der ökologischen Erzeugung von »Cash Crops« die erworbenen Kenntnisse auch beim Anbau von Lebensmitteln für die Selbstversorgung angewendet werden. So folgen z.B. den Schattenbäumen in den Kaffeeplantagen und dem Komposteinsatz auch ökologische Methoden beim Anbau von Mais und Bohnen.

Biokost – wer soll das bezahlen?

Immer wieder hört man gerade bei Verbraucherbefragungen, daß Biokost zu teuer sei.

Immer wieder hört man gerade bei Verbraucherbefragungen, daß Biokost zu teuer sei. Diese Einschätzung erklärt vielleicht auch den großen Widerspruch zwischen der häufig geäußerten Präferenz für Bio-Produkte und dem tatsächlichen Kaufverhalten. Wie anders ist es zu erklären, daß es in Deutschland bis zu zehn Prozent ökologisch motivierte Wähler gibt, wir aber nur einen Verbrauch von zwei Prozent Biokost zuwege bringen?

Das eigentliche Problem liegt jedoch in den Dumping- und Billigpreisen bei den konventionellen Lebensmitteln. Ich habe geschildert, wie die sogenannte moderne Ernährung uns auf dem Portemonnaie liegt und zum Teil horrende Folgekosten verursacht. Würden wir vollständige ökonomische Berechnungen anstellen, würde sich der Nachweis erbringen lassen, daß biologische Lebensmittel mit Abstand günstiger sind. Leider werden aber nach wie vor Kosten, wie sie durch die Art unserer Lebensmittelerzeugung verursacht werden, nicht in den Verkaufspreis einkalkuliert, sondern auf die Umwelt (z.b. über die Wasserrechnung) oder auf die sozialen Kosten (z.b. durch Arbeitsplatzvernichtung) abgewälzt.

> **Das eigentliche Problem liegt jedoch in den Dumping- und Billigpreisen bei den konventionellen Lebensmitteln.**

Es ist noch nicht allzu lange her, daß der nun nicht mehr im Amt befindliche Präsident des Deutschen Bauernverbandes die »soziale Ungerechtigkeit« beklagte, daß Biokost nur etwas für die Reichen sei. Ein Mehrpreis für Bio-Lebensmittel schlage bei einem monatlichen Einkommen von 10.000 Mark oder darüber kaum zu Buche. Hingegen merkten Studenten, Auszubildende oder junge Familien mit geringem Einkommen Mehrkosten bei Lebensmitteln ganz schnell im Portemonnaie. Angesichts der Tatsache, daß wir im Schnitt nur noch 15 Prozent unseres monatlichen Einkommens für Lebensmittel ausgeben, scheint die Preisdiskussion auf wackligen Füßen zu stehen.

Nach-gedacht

Kürzlich fiel mir ein Zitat des Zukunftsforschers Eckard Minx in die Hände: »Die Erforschung der Zukunft beginnt mit der Analyse der Gegenwart.« Diese Erkenntnis läßt hoffen, daß wir Dank des Wissens über die Bedrohungen unserer Agrar- und Eßkultur in der Gegenwart, gepaart mit dem Wissen der vielfältigen ökologischen, ökonomischen und sozialen Lösungsmöglichkeiten, nicht um die Zukunft unserer »Lebens«mittel fürchten müssen.

So griffig der Vergleich von Gen-Lebensmitteln mit Frankenstein-Food ist (Frankenstein ist allerdings nur eine Fiktion Hollywoods), so wenig bin ich der Überzeugung, mit Horrorszenarien oder dem Erzeugen von Schuldkomplexen die Erhaltung oder gar die Weiterentwicklung der Agrar- und Eßkultur bewirken zu können.

Eigentlich können nur ökologisch und sozial engagierte Menschen Optimisten sein. Apfelbäumchen habe ich schon lange gepflanzt, und ein erstes konkretes Ergebnis hat das Schreiben dieses Textes für mich bereits gehabt: Ich bin Mitglied bei Slow Food geworden. Wenn sich die Bio- und ökologische Lebensstilbewegung weiterhin so dynamisch entwickelt und Slow Food (nicht ganz so langsam) massenhaft Zulauf bekommt, dann wird die kritische Masse bald groß genug sein, um den Paradigma-Wechsel hin zur echten Lebens(mittel)qualität zu erreichen.

Ich bin Mitglied bei Slow Food geworden.

Man ist, was man ißt

Ernährung und Landwirtschaft in den USA

Elizabeth Henderson

»Man ist, was man ißt« – so lautet einer der Slogans auf dem Banner der New York Sustainable Agriculture Working Group, kurz NYSAWG, einem Zusammenschluß von Umweltschutzgruppen, landwirtschaftlichen Initiativen, religiösen Gruppen und Landarbeitern, deren Vorsitz ich führe. Der folgende Beitrag ist eine kritische Bestandsaufnahme der Erzeugung und des Konsums von Nahrungsmitteln in Nordamerika. Gegen Ende unseres Jahrtausends verzehren die meisten Menschen Nahrungsmittel, die von weniger als fünf Prozent der landwirtschaftlichen Betriebe erzeugt werden. Nur eine verschwindende Minderheit weiß, auf welchen Bauernhöfen ihre Nahrungsmittel angebaut wurden und schon gar nicht, wie diese Bauern ihr Land bewirtschaften.

Ich wende mich jedoch gegen diese Allmacht der Großindustrie und versuche, mit gutem Beispiel voranzugehen. Die Erträge meiner acht Hektar Land verkaufe ich direkt an 160 Familien, die ich inzwischen gut kenne, weil sie selbst auf meinen Hof kommen, um mir bei der Ernte ihrer Nahrung zu helfen. Als Landwirtin, die größten Wert darauf legt, biologische Prozesse zu verstehen und im Einklang mit ihnen zu arbeiten, vertrete ich eine kleine, aber wachsende Zelle des Widerstands gegen die industrielle Landwirtschaft. Langsam ringen wir den verschmutzten Böden im Würgegriff der Industrie winzige Flecken befreiten Territoriums ab. Ein Blick auf den großen Mainstream zeigt, wie schwierig dieses Unterfangen ist.

> Die Erträge meiner acht Hektar Land verkaufe ich direkt an 160 Familien.

Der Welt-Supermarkt

Eine Bekannte in New York bekam zu ihrem Geburtstag einen Strauß Rosen ins Haus geschickt. Sie war überrascht und freute sich. Während sie das glänzende Papier aufriß, fragte sie sich, wer ihr wohl diese duftenden Blumen geschickt haben mochte. Dann fand sie die Karte. Die Rosen kamen vom größten Supermarkt der Stadt. Meine Freundin gehört zu seinem Kunden-Club – man weiß alles über sie, über ihren Geschmack und ihre Vorlieben, was genau sie jede Woche kauft, ihre Kreditfähigkeit, ihr Alter, ihren Geburtstag. Sie braucht keine Verehrer mehr. Sie hat ja den Wegman's Supermarkt!

Beileibe keine Eintagsfliege! Die neuartigen Formen der Verteilung und des Konsums von Lebensmitteln zeichnen sich schon jetzt in den Städten Amerikas ab. Schaltzentrale im Lebensmittelvertrieb ist der Einzelhandel. Er ist die dominierende Antriebskraft auf dem Weg zu einer weiteren Stufe der Industrialisierung: Nach dem Vorbild computerisierter Informationssysteme sammelt man dort mit Hilfe der Kundenkarten Daten, um jeweils zum genau richtigen Zeitpunkt liefern zu können. 27.000 neue Nahrungsmittel pro Jahr versprechen die größten Gaumenfreuden. Dank Kommunikation, strategischer Firmenzusammenschlüsse und Transportverbindungen in die ganze Welt haben die Jahreszeiten keinen Einfluß mehr auf das, was verkauft wird. Die Lebensmittel kommen aus aller Welt, und wer die Kohle dafür hat, dem bietet sich ein unbegrenztes Angebot.

In den USA muß der Konsument nicht mehr kochen können, er braucht nicht einmal mehr zu wissen, wie man Gemüse wäscht. Fastfood-Restaurants, Betriebs-Catering, auf Fertiggerichte spezialisierte Geschäfte und Automaten liefern 60 Prozent der Mahlzeiten, die die Menschen verzehren. Die Hälfte der Bevölkerung frühstückt im Auto auf dem Weg zur Arbeit. Da die herkömmliche Hausfrau allmählich zu einer vom Aussterben bedrohten Gattung wird, entwickeln sich die Lebensmittelgeschäfte langsam fast zu einer Art »Take-away«-Restaurant, in denen Fertiggerichte oder halbfertig gekochte Mahlzeiten verkauft und dann zu Hause verspeist werden. Mein Schwiegervater, der in einem Vorort von New York lebt, wo ein großer Teil der Bevölkerung zum Arbeitsplatz pendelt, berichtet, daß die Pendler jeden Abend scharenweise vom Bahnhof zum Supermarkt fahren, wo sie Fertiggerichte fürs Abendessen kaufen, ehe sie nach Hause düsen. In den Regalen der Tiefkühlabteilung stehen die tiefgefrorenen Gourmet-Gerichte neben den TV-Dinners. Alles light und alles leicht gemacht! Ein Sektor mit großer Zuwachsrate ist die Herstellung von vorgeschnittenem Salat, die

Die Hälfte der amerikanischen Bevölkerung frühstückt im Auto auf dem Weg zur Arbeit.

durch verbesserte Verpackungen ermöglicht wurde. Die Verkaufszahlen erreichten 1997 1,09 Milliarden Dollar, was eine zwanzigprozentige Steigerung gegenüber 1996 bedeutet. Der Verkauf aller möglichen Sorten von »frischem Kleingeschnittenem« – z.b. auch »Baby«-Möhren (Möhren in Stücke geschnitten und auf Baby-Format »gedrechselt«), Obst, diverse Mischungen zum kurzen Anbraten und Salate – brachte sechs Milliarden Dollar ein, das ist ein Anteil von zehn Prozent am gesamten Nahrungsmittelverkauf. Veröffentlichungen seitens der Industrie bejubeln für das Jahr 2003 bereits Verkaufszahlen von 19 Milliarden Dollar. Amerikanische Konsumenten werden das Zwei- bis Dreifache des Preises für unbehandeltes Gemüse ausgeben, um geschälte Möhren oder gewaschenen und kleingeschnittenen Salat zu bekommen.

Bei Umfragen zeigen sich dieselben Konsumenten dabei immer besorgter um ihre Gesundheit und Ernährung. Die Nahrungsmittelindustrie reagiert darauf mit massiven Werbekampagnen für fett- und kalorienreduzierte Versionen beliebter Produkte. Der vorgeschnittene Salat wird häufig zusammen mit fettarmen Dressings verkauft. Das amerikanische Landwirtschaftsministerium, zuständig für Landwirtschaft, Forstwirtschaft und staatliche Ernährungsprogramme, hat eine Aktion gestartet, die die Leute dazu ermuntern soll, fünfmal pro Tag eine Portion Obst oder Gemüse zu essen.

Doch während die Amerikaner immer mehr Obst und Gemüse verzehren, gibt es deutliche Beweise dafür, daß der Nährwert dieser Nahrungsmittel abnimmt. Bei fast allen Mineralstoffen und Vitaminen ist in den Nährstofftabellen des Landwirtschaftsministeriums von 1997 im Vergleich zu denen von 1975 ein Rückgang von 15 bis über 50 Prozent zu erkennen. So ist der Kalziumanteil in 100 Gramm Brokkoli von 103 mg auf 48 mg gesunken. Eine Ausnahme bildet der Vitamin A-Gehalt einer durchschnittlichen Möhre, der um 155,7 Prozent gestiegen ist, obwohl gleichzeitig Vitamin C, Kalzium und Eisen abgenommen haben. Dem verantwortlichen Labor zufolge erklären sich solche Veränderungen zum Teil aus den verbesserten Analysemethoden, zum Teil aber auch dadurch, daß heute andere Gemüse- und Obstarten auf den Markt kommen. Als Landwirtin habe ich feststellen können, daß die Züchter bei den meisten kommerziellen Arten größeren Wert auf die Eignung für maschinelle Ernte, längere Lagerung und Transport legen als auf den Nährwert. Neue Kataloge für Gemüsebauern preisen z.B. die glatte Schale bei Möhren, die das Schälen erleichtert.

Neue Kataloge für Gemüsebauern preisen Möhren mit glatter, gleichmäßiger Schale.

Bei der ständigen Jagd nach neuen Produkten verliert die Lebensmittelindustrie Profit und Image niemals aus den Augen. Bedürfnisse dagegen spielen in dieser Rechnung keine Rolle. Seit sich Vitaminpillen und diverse Zusätze so gut verkaufen, macht sich die amerikanische Lebensmittelindustrie mit Feuereifer an die Herstellung von sogenannten »Nutraceuticals« und »funktionellen« Nahrungsmitteln. In die neuen »funktionellen« Nahrungsmittel wie Kellogg's-Zerealien mit Psyllium-Zusatz, die den Cholesterinspiegel senken sollen, sind sozusagen medizinische Qualitäten »eingebaut«. Der Einkaufs-»Club«, über den man in unserer Gegend Lebensmittel bestellen kann, bietet in seinem Katalog die Auswahl zwischen Müslis mit Johanniskraut-, Ginko- oder Echinaceazusätzen. Fastfood-Buden in New York machen ein Bombengeschäft mit »health smoothies« – Saftmischungen auf Obstbasis, bei denen die Kunden sich aus einer Liste von Früchten, Heilkräutern, Vitamin- und Mineralstoffzusätzen selbst ihr Getränk zusammenstellen. Die Firma Novartis hat ein neues Produkt namens SMOG C, eine Mischung aus Traubenkernextrakt und Methionin-gebundenem Zinkzusatz, herausgebracht, das Schutz vor den schädlichen Auswirkungen des Tabakkonsums und der Luftverschmutzung verspricht. Der nächste Schritt sind Fruchtarten, die mit dem Label »Identity Preserved« versehen werden: Die großen Saatgutfirmen verkaufen den Landwirten Samen, die auf spezielle Zielvorstellungen hin entwickelt wurden, zum Beispiel Canola mit hohem Laurinsäureanteil oder stark ölhaltige Sonnenblumen-Mais-Mischungen. Im übrigen sind auch Forschungen mit dem Ziel, die Wirkung krebshemmender Substanzen in Trauben, Zwiebeln, Knoblauch und anderen Gemüse- oder Obstsorten zu verstärken, in vollem Gang. Ein Lizenzabkommen zwischen den Firmen Dow AgroSciences und Demegen Inc. zielt auf eine Erhöhung des Proteingehalts in Nahrungsmitteln und gängigen Fruchtarten.

Novartis hat ein neues Produkt herausgebracht, das Schutz vor den Folgen der Luftverschmutzung verspricht.

Die Saatguthersteller lassen den Landwirten die Wahl zwischen »Input-orientierten Pflanzen« (zum Beispiel Fruchtarten, die das Herbizid Round-up garantiert vertragen) oder solchen Pflanzen, die bei geringem Aufwand hohen »Output« erreichen (»Identity Preserved«-Fruchtarten), ob sie aber gentechnisch veränderte Samen verwenden wollen, steht nicht zur Wahl. Um die Samen kaufen zu können, müssen die Landwirte Verträge mit den Saatgutherstellern unterzeichnen, denen das Patent gehört – die wiederum, wie der Zufall es will, über praktische Beziehungen zur Lebensmittelindustrie verfügen, die das Endprodukt herstellt. Was ist bloß aus der Idee einer ausgewogenen Ernährung mit frischem Obst und Gemüse der Saison geworden?

Ernährung in den USA

Es steht außer Frage, daß Lebensmittel in Amerika für jeden, der sie sich leisten kann, leicht verfügbar sind. Eine durchschnittliche Familie aus der Mittelschicht gibt einen geringeren Prozentsatz ihres monatlichen Einkommens für Nahrungsmittel aus als in anderen entwickelten Ländern – die Zahlen schwanken zwischen zwölf und 15 Prozent. Doch das bedeutet nicht, daß die Ernährung für die gesamte Bevölkerung wirklich gesichert ist. Die Regale der Lebensmittelgeschäfte sind zwar gut gefüllt, und im Prinzip fehlt es auch an nichts, doch das verfügbare Nahrungsmittelangebot der Städte im Nordosten Amerikas würde im Notfall nur für 13 Tage ausreichen. Aus einem Bericht des Landwirtschaftsministeriums, der sich auf eine im April 1995 in 45.000 Haushalten durchgeführte Umfrage stützt, ging hervor, daß in knapp zwölf Millionen amerikanischen Haushalten die Ernährung »nicht gesichert« war; in 820.000 dieser Haushalte herrschte Hunger. Eine Studie der Cornell University, die auf einer zwischen 1988 und 1994 durchgeführten Umfrage basiert, hat bestätigt, daß zehn Millionen Amerikaner, darunter vier Millionen Kinder, nicht genug zu essen bekommen. Die Zahl der *food banks*, Sammelstellen der Gemeinden, in denen Essensreste und gespendete Lebensmittel an diverse Hilfsdienste verteilt werden, ist in Amerika von 75 im Jahr 1980 auf 225 im Jahr 1990 angestiegen, und die Menge der verteilten Nahrungsmittel hat sich von etwa elf Millionen Kilogramm im Jahr 1980 auf ca. 370 Millionen Kilogramm im Jahr 1995 gesteigert. Der Kongreß wiederum reagierte auf diese zunehmende Bedürftigkeit leider mit einer Reduzierung der Gelder für Lebensmittelmarken, die für Familien mit niedrigem Einkommen eine große Hilfe sind.

> **Eine Studie bestätigt, daß zehn Millionen Amerikaner nicht genug zu essen bekommen.**

Ein Übermaß an Kalorien ist die andere Seite der Medaille. Denn trotz allen Geredes über fettreduzierende Diäten und Kalorienbremsen gibt es bei uns mehr massiv übergewichtige Menschen als in jedem anderen Land, das ich bereist habe. Und ich meine damit nicht »mollige« Leute. Ich meine Frauen von meiner Größe (1,63 m), die drei Zentner oder mehr wiegen. Frauen um die 20, die kaum noch gehen können und für die es eine gewaltige Herausforderung bedeutet, sich zu bücken, um sich die Schuhe zuzubinden. Eßstörungen – Übergewicht und sein Gegenteil, die Anorexie, die zwanghafte Weigerung zu essen – gehören heute in Amerika zu den verbreitetsten psychischen Krankheiten. Über die Gründe können wir zwar spekulieren – der übermäßige Verzehr von extrem gezuckerten Limonaden oder vitamin- und nährstoffarmen, mit billigen Fetten hergestellten Lebensmitteln, zu wenig Bewegung, zuviel Fernsehen, Überkompensation eines schwachen Selbstbildes durch konstantes Essen, panische Angst vor Übergewicht –, das schockierende Phänomen jedoch bleibt.

> **Eßstörungen gehören heute in Amerika zu den verbreitetsten Krankheiten.**

Wenn ich Forderungen nach einem sicheren Nahrungsmittelsystem höre, muß ich mir die Frage stellen: »Sicher für wen?« Gewiß, die Hygienestandards in der Lebensmittelindustrie, in den Restaurants und im Einzelhandel können in der Regel garantieren, daß die meisten in Amerika verkauften und in Umlauf gebrachten Lebensmittel niemanden krank machen. Aber das ist eine ziemlich enge Sicht dessen, was man unter Sicherheit im Bereich Ernährung versteht. Strenggenommen müßte man nämlich auch die Gefahr einer Nahrungsmittelknappheit, die Sicherheit der Menschen, die im Kontakt mit Lebensmitteln arbeiten, und die Sicherheit der Umwelt bei der Produktion und Verteilung von Lebensmitteln mit berücksichtigen. Und in allen diesen Punkten verdienen sich die Vereinigten Staaten keine guten Noten. Während ein Bericht des National Research Council, ein Forschungszweig der National Academy of Sciences, 1996 zu dem Schluß kommt, daß die geringfügigen Mengen von krebserzeugenden synthetischen Chemikalien in amerikanischen Lebensmitteln »kein nennenswertes Krebsrisiko darstellen«, kommt es im Jahresdurchschnitt zu 110.000 Pestizidvergiftungen, von denen zumeist Bauern und Landarbeiter betroffen sind. Als die Environmental Protection Agency (EPA) quer durch Amerika eine Untersuchung von Flüssen, Seen und Sumpfgebieten durchführte, stellte sich heraus, daß nur knapp die Hälfte davon über sauberes Wasser zum Trinken, Baden und Entspannen verfügte, über Fische und Schalentiere, die ohne Bedenken verzehrt werden konnten, und eine intakte Fauna und Flora. 72 Prozent der Verschmutzung von Bächen und Flüssen durch Schlick, Abwasser von den Feldern oder überschüssige Nährstoffe wie Phosphor gehen aufs Konto der Landwirtschaft.

Jim Hightower, ein früherer Agrarbeauftragter in Texas, bringt die Logik der industriellen Landwirtschaft am deutlichsten auf den Punkt: »Wenn rohe Gewalt nicht funktioniert, hat man wahrscheinlich nicht genug davon eingesetzt.« 1964 wurden in den Vereinigten Staaten bereits Pestizide in einer Größenordnung von ca. 245 Millionen Kilogramm an Wirksubstanzen eingesetzt, im Jahr 1990 waren es satte 425 Millionen Kilogramm. 1997 konnten die Pestizidhersteller ihre Gewinnkurve erneut nach oben ziehen. Novartis, der größte Pestizidhersteller der Welt, verkaufte Agrochemikalien im Wert von 4,2 Milliarden Dollar, 21 Prozent mehr als 1996. Im *State of the World* von 1998 vertritt Lester Brown den Standpunkt, daß die Menschen die Grenzen, welche die Umwelt einer konstanten Steigerung der landwirtschaftlichen Erträge setzt, überschritten haben: Bodenerosion plus abnehmende unterirdische Wasserreserven plus Klimaveränderungen durch die globale Erwärmung machen den Nutzen zusätzlicher Düngemittel, Pestizide oder verbesserter Fruchtarten sogleich wieder zunichte. Das ist die Realität einer überfüllten Welt.

Die Logik der industriellen Landwirtschaft: »Wenn rohe Gewalt nicht funktioniert, hat man nicht genug davon eingesetzt.«

Es gibt auch deutliche Anzeichen dafür, daß Lebensmittel in Amerika schwerwiegende Krankheiten auslösen, und zwar direkt und ohne Umwege. E. Todd zufolge, der für das *Journal of Food Protection* schreibt, werden in den Vereinigten Staaten jedes Jahr etwa 6,5 Millionen ernährungsbedingte Krankheiten gezählt, darunter 9.000 Todesfälle. Die amerikanischen Behörden veröffentlichten 1996 einen Bericht, in dem vor der wachsenden Gefahr ernährungsbedingter Krankheiten gewarnt wurde. Folgende möglichen Gründe wurden aufgeführt:

- die Tatsache, daß immer mehr Tiere auf engstem Raum gehalten werden;
- die Zunahme von Immunstörungen unter der Bevölkerung;
- das Auftreten von neuen, extrem bösartigen oder gegen Antibiotika resistenten Krankheitserregern wie Campylobacter, Listeria und E. coli 0157:H7;
- die Verbreitung von normalerweise mit Fleisch assoziierten bakteriellen Erregern, die jetzt auch bei Apfelwein, Kopfsalat, Tomaten, Melonen oder Orangensaft auftreten.

In dem Bericht werden die Gesamtkosten, die jährlich für die Wirtschaft entstehen, auf etwa 5,6 Milliarden Dollar geschätzt, wenn man nur die direkten medizinischen Kosten berücksichtigt, und auf 22 Milliarden Dollar, wenn man die Produktivitätsverluste mit einbezieht. Eine Studie des amerikanischen Center for Disease Control über die Zunahme von Antibiotika-resistenten Bakterien kommt zu dem Schluß, daß diese Entwicklung durch die routinemäßige Verwendung von Antibiotika bei der Tierfütterung bedingt ist. 40 Prozent der in Amerika verkauften Antibiotika finden ihre Anwendung in der Landwirtschaft, meist zur Wachstumsförderung bei der Viehzucht. Der vom Bundesstaat Minnesota beauftragte Epidemiologe führt zwei weitere Gründe an: der zunehmende Konsum von Produkten, die nicht der Jahreszeit entsprechen und aus Ländern mit niedrigen Hygienestandards angeliefert werden, und die Tatsache, daß viele Menschen, die durch ihre Arbeit täglich mit Lebensmitteln in Berührung kommen, schlecht bezahlt werden, ungebildet sind und deshalb keine ausreichende Gesundheitsfürsorge betreiben.

Landwirtschaftliche Strukturen im Wandel

Dieses Ernährungssystem wird auf dem Rücken der Schwachen am Laufen gehalten. Denn die Politik der billigen Lebensmittelversorgung funktioniert in den USA nur deshalb, weil es ein verläßliches Angebot an schlecht bezahlten und zum größten Teil nicht gewerkschaftlich organisierten Arbeitern gibt, die auf den Feldern die Ernte besorgen, in den Fabriken Konserven abfüllen und Fleisch verpacken und in den Supermärkten und Billig-Restaurants das Personal stellen. 4.000 Wanderarbeiter reisen jedes Jahr in mein *county*, um Äpfel und andere Früchte zu pflücken. Landarbeitern ist es im Staat New York per Gesetz verboten, sich gewerkschaftlich zu organisieren. Sowohl die Interessenvertreter der Landarbeiter als auch das Arbeitsamt und die Arbeitsvermittler, die den Bauern Arbeitskräfte liefern, sind sich einig, daß allein in meinem *county* bereits 60 Prozent der Landarbeiter illegal arbeiten.

> Die Politik der billigen Lebensmittelversorgung funktioniert nur deshalb, weil es schlecht bezahlte Arbeitskräfte gibt.

Darüber, wie man zu einer ausreichenden Anzahl an legalen Arbeitskräften kommen soll, besteht Uneinigkeit. Die Politik der Regierung ist in dieser Hinsicht schizophren. Auf der einen Seite ermöglichen die 1996 verabschiedeten Gesetze eine Verdoppelung der Grenzkontrollen, härtere Strafen für jeden, der Ausländer über unsere Grenzen schleust, und schnellere Abschiebungen; so können die Politiker für sich in Anspruch nehmen, durch energische Maßnahmen der Flut von Ausländern Einhalt geboten zu haben. Auf der anderen Seite stellen die Bauern und Betriebe weiterhin Hunderttausende von ausländischen Arbeitern ein und profitieren von den Niedriglöhnen, die letztere aufgrund ihrer unsicheren Situation und ohne den Schutz von Gewerkschaften akzeptieren müssen.

Dieselben Leute, die uns Landwirten erklären, daß unser Ernährungssystem in Sachen Sicherheit unübertroffen ist, erzählen uns auch, daß die amerikanische Landwirtschaft niemals glänzendere Aussichten hatte. Nachdem die meisten Handelsschranken durch das General Agreement on Tariffs and Trade (GATT) und das North American Free Trade Agreement (NAFTA) aus dem Weg geräumt worden sind, so der Tenor, werden die landwirtschaftlichen Betriebe in Amerika in der Lage sein, alle anderen zu übertrumpfen. Und da der internationale Verhaltenskodex durch die Freihandelsbestimmungen der World Trade Organization (WTO) definiert wird, könnten die landwirtschaftlichen Exporte, die 1997 57 Milliarden Dollar erreichten, in naher Zukunft noch ansteigen. Der immer höhere Lebensstandard in China verspricht wachsende Importe von amerikanischem Getreide und Fleischprodukten. Die knapp 19,5 Millionen Hektar Ackerland, auf denen 1998 gentechnisch veränderte Samen gesät wurden – 25 Prozent des in Amerika angebauten Mais, 38 Prozent der Sojabohnen und 45 Prozent der Baumwolle – sind nur der Anfang. Die Masse an genetischen Informationen verdoppelt sich alle zwölf bis 24 Monate: Die Firma Monsanto kann pro Jahr 10.000 neue genetische Kombinationen hervorbringen. Gentechnisch veränderte Feldfrüchte werden resistent gegen Schädlinge sein, den Einsatz von weniger Pestiziden ermöglichen und Nährstoffe effizienter aufnehmen, wodurch der Bedarf an Düngemitteln sinkt. Die Firma Novartis Seeds hat voller Stolz angekündigt, daß sie für das Jahr 2002 damit rechnet, »Mais-Hybride mit einer Ertrags ›Versicherung‹ gegen wirtschaftliche Verluste durch Schädlinge« entwickelt zu haben. Durch maßgefertigte, gentechnisch veränderte Samenarten, Global Positioning Satellites (GPS) und landwirtschaftliche Technologien, die eine computerisierte Präzision ermöglichen, werden 75 Prozent der landwirtschaftlichen Produktion Amerikas auf 50 Prozent des Bodens erzielt werden, und zwar von nicht mehr als 50.000 Landwirten. Durch Säen aus der Luft werden sie in der Lage sein, Reihen von 40, 50

Die Masse an genetischen Informationen verdoppelt sich alle zwölf bis 24 Monate.

Die Bauern
werden als
landwirt-
schaftliche
Technologie-
Manager
arbeiten.

oder 75 cm Breite zu setzen, ohne den Boden zu berühren. Diese Bauern werden als »landwirtschaftliche Technologie-Manager« arbeiten, die bei den Vertrieben und der Lebensmittelindustrie unter Vertrag stehen.

Seit den 50er Jahren empfiehlt das landwirtschaftliche »Establishment«, so z.B. die staatlichen Landwirtschaftsschulen, den Bauern, »größer zu werden oder es ganz zu lassen«. Diese Empfehlung paßt genau zur amerikanischen Geschäftsphilosophie: »Wenn du dich nicht vergrößerst, gehst du kaputt.« Viele Bauern haben mit aller Kraft versucht, diese Idee umzusetzen, indem sie ihre Farmen in regelrechte Agrarfabriken umwandelten. Nur ein geringer Prozentsatz tat dies mit Erfolg. Der letzten Erhebung zufolge gehen 72,1 Prozent des Verkaufs von landwirtschaftlichen Produkten auf das Konto von 7,2 Prozent (130.645) der Bauernhöfe. Diese großen Höfe beziehen mehr als 30 Prozent der staatlichen Agrarsubventionen. Dazu gehören Farmen mit Tausenden von Hektar an intensiv bewässerten Gemüsefeldern in Kalifornien oder Arizona und sogar Mexiko. Das ganze Jahr über erzeugen und verfrachten sie Agrarprodukte und beschäftigen dabei Tausende von Wanderarbeitern. In Kalifornien gibt es auf Milchviehhaltung spezialisierte Bauernhöfe mit 2.000 Kühen, von denen einige sich zu noch größeren Gruppen zusammengeschlossen haben; hier wird die Milch von etwa 80.000 Kühen zentral weiterverarbeitet.

Diese großen landwirtschaftlichen Betriebe versuchen, die biologischen Prozesse beim Anbau von Nahrungsmitteln mit Hilfe von chemischen und mechanischen Technologien zu steuern; dabei erzielen sie, was die Produktion pro Hektar betrifft, spektakuläre Erfolge. Durch chemische Düngemittel, synthetische Herbizide und Insektizide, Artenkreuzung, Bewässerung und immer größere Maschinen haben sich die Erträge bei den wichtigsten Getreidearten Mais, Weizen und Reis verdoppelt und verdreifacht. Der Weizenertrag ist von einer Tonne pro Hektar im Jahr 1950 auf 2,6 Tonnen im Jahr 1983 angestiegen; beim Mais steigerte sich der Ertrag von vier Tonnen im Jahr 1950 auf 7,9 Tonnen im Jahr 1995.

Doch zu welchem Preis? Vor 50 Jahren, am Ende des Zweiten Weltkrieges, gab es in den USA 23 Millionen Bauern. Bei der letzten Zählung waren es noch 1.911.850, von denen 961.560 Haupterwerbslandwirte waren. Ältere Leute erinnern sich noch daran, daß in den Randgebieten der meisten Großstädte Obst und Gemüse gediehen. Bauernhöfe jenseits des Hudson River in New Jersey versorgten die Bevölkerung von New York mit Gemüse. In der Bronx blühten Apfelplantagen. Durch die wildwuchernde Ausbreitung der Stadtgebiete wurden die Felder zugepflastert und Häuser und Highways hingesetzt, wo früher Kohl wuchs. Die Nahrungsmittelproduktion ist dahin verlegt worden, wo sie »effizienter« ist, wo größere Maschinen auf weiteren, flacheren Feldern manövrieren können, wo Chemikalien und Technik die Kraft von Mensch und Pferd überflüssig machen und wo Scharen von schlecht bezahlten Wanderarbeitern ihren Job tun und dann weiterziehen. Das globale Ernährungssystem ist rücksichtslos. Auf dem Land hat eine brutale Beschleunigung stattgefunden. Wo ein Bauer 1950 mit 20 Kühen seine Familie ernähren konnte, braucht er heute 200. Wo 65 Hektar genug Getreide für den Lebensunterhalt einer Familie abwarfen, sind heute 650 Hektar mit einem weitaus größeren Ertrag pro Hektar gerade mal genug.

Das Field to Family Community Food Project berichtet: »Iowa ist ein Bilderbuch-Beispiel für die Folgen eines expansiven, industriellen Ernährungssystems. Die landwirtschaftliche Produktion dieses Staates, die sich auf Vieh und Getreide konzentriert, hat sich für den Export hochspezialisiert, und da nur wenige Betriebe der Lebensmittelindustrie in Iowa ihren Sitz haben, werden fast alle Nahrungsmittel, die von den 2,8 Millionen Einwohnern des Staates konsumiert werden (sogar solche, die aus den in Iowa produzierten Rohstoffen hergestellt werden), importiert. Der Staat muß praktisch alles Obst und Gemüse einführen.«

1910 lebte noch ein Drittel der amerikanischen Bevölkerung, etwa 32 Millionen Menschen, auf Farmen. Trockenperioden, die Weltwirtschaftskrise und der Zweite Weltkrieg vertrieben neun Millionen Menschen aus den ländlichen Gebieten. Doch diese Umwälzungen sind nichts im Vergleich zur Dezimierung der in der Landwirtschaft tätigen Bevölkerung, welche in den 50er Jahren durch die Umstrukturierung der Preissubventionen bei Agrarprodukten ausgelöst wurde. 1993 lebten weniger als zwei Prozent der Bevölkerung auf nur noch 2,2 Millionen Bauernhöfen, und die Entwicklung setzt sich noch fort. Schwarze Bauern wurden noch schneller vom Land verdrängt als weiße: 1920 war einer von sieben Bauern ein Schwarzer; 1982 war es nur noch einer von 67, und die schwarzen Bauern bewirtschafteten lediglich ein Prozent der Bauernhöfe. Der Staat New York hat 20 Jahre lang jede Woche etwa 20 Bauernhöfe und jedes Jahr etwa 40.000 Hektar Ackerland verloren.

Schwarze Bauern wurden noch schneller vom Land verdrängt als weiße.

Der immense wirtschaftliche Druck des Weltmarktes fordert seine Opfer gerade unter den Bauern, die Grundnahrungsmittel produzieren: Milch, Getreide, Sojabohnen, Kartoffeln und Äpfel. Gleiches gilt für Baumwolle. Unter amerikanischen Bauern gibt es eine Redensart:»Verkaufen tun Bauern zu Großhandelspreisen, aber wenn sie selbst einkaufen, dann zu Einzelhandelspreisen.« Und die Bedingungen in diesem Deal werden immer schlechter. Der Index der Preise, die Bauern für Saatgut, Ausrüstung etc. bezahlen, ist seit 1950 um 23 Prozent gestiegen, während die Preise, die man den Bauern für ihre Produkte zahlt, um 60 Prozent gesunken sind. Der Wert der Grundnahrungsmittel, die auf Bauernhöfen erzeugt werden, sinkt: Zwischen 1978 und 1988 ist der Preis für Milch um elf Prozent, für Kartoffeln um neun Prozent und für frisches Gemüse um 23 Prozent gesunken. Eine Untersuchung des Landwirtschaftsministeriums, die auf der Befragung von 11.800 bäuerlichen Haushalten beruhte, kam 1991 zu dem Schluß, daß 84 Prozent der amerikanischen Bauernhöfe auf zusätzliche Einkünfte angewiesen sind. Das Durchschnittseinkommen eines Hofes liegt bei 37.000 Dollar, aber nur 16 Prozent davon kommen aus der Landwirtschaft.

Der Wert der auf Bauernhöfen erzeugten Grundnahrungsmittel sinkt.

Das komplexe und verwirrende staatliche System von Darlehen, Lebensmittelreservefonds, Ausgleichszahlungen etc. bringt den Höfen nichts. Ein markantes Beispiel: 1993 beliefen sich die jährlichen Ausgaben für die Bestellung von etwas weniger als einem halben Hektar Mais laut Rechnung des Landwirtschaftsministeriums auf 177,89 Dollar. Der Verkauf dieses Mais brachte brutto 227,36, Dollar ein, was einen scheinbaren Gewinn von 49,47 Dollar bedeutet. Als die Ökonomen des Ministeriums jedoch die gesamten »Besitzkosten« dazurechneten, Ausgaben, die geleistet werden müssen, um einen Bauernhof langfristig lebensfähig zu halten – z.B. das Betriebskapital, die Ersetzung der Kapitalgüter, Land und unbezahlte Arbeitskräfte in Form von Familienmitgliedern –, kam unter dem Strich ein Minus von 59,74 Dollar heraus, wobei noch keine Rücklagen für die Rente mit eingerechnet waren. Hafer ergab ein Minus von 51,18 Dollar, Weizen ein Minus von 52,87 Dollar und Milch pro Zentner ein Minus von 2,02 Dollar. Kein Wunder, daß Bauern im ganzen Land ihren Beruf an den Nagel hängen. Die Schwierigkeiten, mit denen die Landwirte zu kämpfen haben, entstehen eindeutig durch die politischen Rahmenbedingungen; nicht das schlechte Management oder mangelnde Effizienz sind die Ursache für ihre Probleme.

1979 veröffentlichte das Landwirtschaftsministerium unter seinem damaligen Minister Bob Bergland einen Bericht mit dem Titel *A Time to Choose*. Das Ministerium sprach darin eine Warnung aus: »Wenn die derzeitige Agrarpolitik nicht dahingehend verändert wird, daß sie dem Trend zu immer größeren landwirtschaftlichen Unternehmen entgegenwirkt, anstatt ihn zu verstärken oder zu beschleunigen, wird dies dazu führen, daß schon in wenigen Jahren nur noch ein paar große landwirtschaftliche Betriebe die gesamte Lebensmittelproduktion kontrollieren.« Achtzehn Jahre und mehr als 300.000 verlorengegangene Farmen später berief das Landwirtschaftsministerium eine Kommission ein, die den Zustand der Landwirtschaft und ihren Platz im Ernährungssystem untersuchen sollte. Die Kommission führte quer durch Amerika eine Reihe von sehr kurzfristig anberaumten Anhörungen durch, bei denen Hunderte von Farmern aussagten; im Januar 1989 veröffentlichte sie dann *A Time to Act*. Dieser Bericht enthält 146 Empfehlungen für eine Politik, die den kleinen Bauern einen fairen Marktzugang gewährleisten und die bestehenden staatlichen Programme so umlenken würde, daß sie nicht mehr ausschließlich den großen Agrarunternehmen zugute kämen. Im Januar 1999 trafen sich 24 der 29 Kommissionsmitglieder, um die Fortschritte des Landwirtschaftsministeriums bei der Umsetzung ihrer Empfehlungen zu beurteilen. Auf dem Zeugnis, das sie dem Ministerium ausstellten, hieß es zwar nicht »durchgefallen«, aber fast.

Die größten Bauernhöfe werden wohl immer größer werden, sei's drum – schlimmer noch ist, daß der landwirtschaftliche Sektor zunehmend Kontrolle an die immer enger verzahnten multinationalen Konzerne wie Novartis und Cargill verliert. Viele der einst selbständigen Bauern arbeiten heute als Angestellte größerer Farmen, für Hersteller von Düngemitteln, Saatgut und anderen Einsatzmitteln, in der Lebensmittelindustrie oder im Handel – Sektoren, die eine Investitionsverzinsung von 18 Prozent erreichen und den Bauernhöfen von dem, was die Konsumenten für Lebensmittel ausgeben, immer mehr wegschnappen. Stewart N. Smith, früherer Landwirtschaftsminister in Maine und Wirtschaftswissenschaftler, faßt die Talfahrt der Landwirtschaft folgendermaßen zusammen:

> Viele Bauern arbeiten heute als Angestellte für Hersteller von Düngemitteln und Saatgut.

»Das Ernährungssystem und die Agrikultur haben sich in diesem Jahrhundert unter dem Regime der industriellen Landwirtschaft erheblich verändert, insbesondere was die Verlagerung wirtschaftlicher Aktivitäten von den landwirtschaftlichen Komponenten hin zu den nicht mehr landwirtschaftlichen Komponenten des Systems betrifft. Bauern trugen 1910 zu 41 Prozent zu den Aktivitäten des Systems bei (und erhielten 41 Prozent der Einkünfte), 1990 taten sie das nur noch zu neun Prozent. Lieferfirmen dagegen haben ihren Anteil von 15 auf 24 Prozent gesteigert, der Handel von 44 auf 67 Prozent.«

Smiths Berechnungen zufolge wird die eigentliche Landwirtschaft, sofern sich der augenblickliche Trend fortsetzt, im Jahr 2020 komplett von der Bildfläche verschwunden sein. Dann regiert der großindustrielle Komplex. Die Folgen sind klar.

Wenn der internationale Handel einen Aufschwung erlebt, streichen die Unternehmen, die die Märkte kontrollieren, die größten Profite ein. Nicht einmal fünf Firmen kontrollieren 90 Prozent des Exportmarktes für Mais, Weizen, Kaffee, Tee, Ananas, Baumwolle, Tabak, Jute und Produkte aus der Holzwirtschaft. Dieselben großen Handelsgesellschaften – Cargill, Continental Grain, Bunge, Luis Dreyfus, Andre and Co. and Mitsui/Cook – kontrollieren auch die Lagerung, den Transport und die Weiterverarbeitung der Lebensmittel. Übrigens wurde der amerikanische Agrarvorschlag fürs GATT von Daniel Amstutz, einem ehemaligen Cargill-Manager, unter Präsident Reagan entworfen. Cargill ist im Begriff, Continental Grains weltweite Getreideunternehmen aufzukaufen, womit Cargill 42 Prozent der amerikanischen Mais-Exporte, 20 Prozent der Weizen-Exporte und 31 Prozent des Sojabohnen-Verkaufs für sich verbuchen wird.

Auch die Kontrolle des Ernährungssystems innerhalb der Vereinigten Staaten gerät langsam aber sicher in immer weniger Hände. Tom Lyson hat errechnet, daß zehn Cent von jedem für Lebensmittel ausgegebenen Dollar an Philip Morris gehen, einem Konglomerat von neun Tabakmarken, 7-up, Miller Brewing, Maxwell House Coffee, Post Cereals, Sanka, Jell-O, Oscar Mayer, Log Cabin Syrup etc., mit einem Gesamtumsatz von 36 Milliarden Dollar im Jahr 1995.

Zehn Cent von jedem für Lebensmittel ausgegebenen Dollar landen bei Philip Morris.

Die Komplexität solcher Fusionen und Aufkäufe wird noch dadurch verstärkt, daß es ein ganzes System ineinandergreifender strategischer Bündnisse gibt. Der Soziologe Bill Heffernan kam in seiner Untersuchung über die drei größten Agro-Konglomerate, Cargill/Monsanto, ConAgra und Novartis/Archer Daniels Midland zu folgendem Schluß: »Die Komplexität der Verbindungen innerhalb des Systems untergräbt die Konkurrenz auf dem Markt und macht jede Beurteilung sehr schwierig. Durch das Beziehungsge-

flecht entsteht ein nahtloses System mit geringer Markttranspa-
renz, was die verschiedenen Stadien des Ernährungssystems betrifft. Aufgrund dieser Komplexität kann eine Firma, die nicht den
größten Anteil an einem bestimmten Markt hat, dennoch große
Entscheidungsgewalt innerhalb der Nahrungskette haben.«

Wenn vier große Verpackungsfirmen 86 Prozent der Rinderschlachtung kontrollieren, die größte Konzentration in der amerikanischen Geschichte, was bedeutet das für die Konsumenten und
kleinen Bauernhöfe? Bauern, die nur verschwindend wenige eigene
Käufer haben, müssen nehmen, was sie kriegen können, wenn sie
ihre Produkte loswerden wollen. Wenn sie nicht mit den großen
Verpackungsfirmen kooperieren, kann es passieren, daß sie ohne
einen einzigen Käufer dastehen. Zwischen 1979 und 1997 hat der
Anteil der Hersteller am Verkauf von Rindfleisch im Einzelhandel
von 64 Prozent auf 49 Prozent abgenommen, während die Preise,
die die Bauern für junge Schlachtochsen erzielten, um 50 Prozent
sanken. Die Konsumenten mußten am Ende weniger bezahlen –
aber nur 15 Prozent, während die Verpackungsunternehmen sich
über noch nie dagewesene Gewinne freuen konnten.

Vier große Verpackungsfirmen kontrollieren 86 Prozent der Rinderschlachtung.

Während die meisten Konsumenten in Amerika noch glücklich
damit sind, ihre Einkaufskörbe im globalen Supermarkt zu füllen,
beginnen die Bauern und ihre Verbündeten langsam zu begreifen,
wie wenig nachhaltig und wie antidemokratisch dieses System ist.
Wendell Berry, der auf seiner Farm in Kentucky Gedichte, Romane
und Essays schreibt, gehört zu denen, die uns am deutlichsten vor
Augen führen, welche Richtung unser Ernährungssystem tatsächlich eingeschlagen hat:

»Um mich herum wie in allen Teilen dieses Landes geht es mit dem Ackerland bergab: Felder und ganze Farmen liegen mit offenen Wunden da, verlassen von ihren Besitzern, überwuchert von Unkraut und Gestrüpp; guter
Boden, der Jahr für Jahr dichter bestellt wird, ohne Pausen oder Fruchtwechsel; Gebäude und Zäune, die zusammenstürzen, schöne Häuser, die
leerstehen, mit blätterndem Anstrich und zerbrochenen Scheiben. Und wer
einmal genau in jede beliebige Menschenmenge blickt, der wird begreifen,
daß wir unsere Körper genauso verschwenden wie unser Land. Unsere Körper sind fett, schwach, traurig, kränklich, häßlich – ein gefundenes Fressen
für die Hersteller von Medizin und Kosmetika.«

Für ein nachhaltiges Ernährungssystem

Doch in der aufkommenden Wissensgesellschaft gibt es auch Zeichen der Hoffnung. Bürgerinitiativen für eine nachhaltige Landwirtschaft gewinnen zunehmend an Boden. Während es anfangs nur eine Handvoll vereinzelter Individuen sowie kleine, regionale Organisationen waren, die alternative landwirtschaftliche Methoden erprobten, entwickelt sich die Idee einer nachhaltigen Landwirtschaft langsam zu einer wichtigen gesellschaftlichen Kraft, die über ein nationales Netzwerk und eine wirkungsvolle politische Lobby verfügt. Diese ausgesprochen volksnahe Bewegung mit einem starken Bewußtsein für Bürgerrechte und gesellschaftliche Gerechtigkeit steht mit keiner politischen Partei oder religiösen Sekte in Verbindung. Die Grünen in Deutschland umschreiben es so: weder links noch rechts, aber mit einem festen Standbein in jeder Region des Landes – bei ökologischen Bauernhöfen, bei Organisationen, die sich für gesunde Ernährung und Landwirtschaft, gegen Hunger und Ausbeutung starkmachen, bei Tierschutzaktivisten, kirchlichen Gruppen sowie Umwelt- und Verbraucherschutzgruppen.

Konsumenten, die sich über Pestizidrückstände in Lebensmitteln und über die Gesundheit ihrer Familien Gedanken machen, merken langsam, daß sie mit der Entscheidung, welche Nahrungsmittel sie kaufen oder nicht, unter Umständen mehr Einfluß darauf ausüben können, wie die Welt in Zukunft aussehen wird, als mit ihrem Wahlschein. In allen Staaten Amerikas schießen immer mehr Gruppen aus dem Boden, die sich für direkt von den Bauern belieferte Märkte einsetzen, für landwirtschaftliche Projekte, die von der Gemeinschaft getragen werden, für städtische Gartenanlagen und eine ungeheure Vielzahl an Initiativen, die darauf abzielen, eine direkte Verbindung zwischen den Konsumenten und den Bauern, die ihre Nahrung erzeugen, herzustellen. Diese Bewegung ist betont dezentral, auch wenn sie über ein dynamisches Netzwerk verfügt, das ihr geholfen hat, sich schnell zu vergrößern. Gerade dieser Dezentralisierung und fehlenden Hierarchie, die im übrigen verhindert, daß eine einheitliche Organisation oder gar Partei aus ihr wird, verdankt sie ihre große Vitalität und Kraft. Als hätte jemand in einem dunklen Raum ein Puzzle fallenlassen, müssen die einzelnen Teilchen sich finden und erkennen, wie sie zueinander passen.

Es schießen immer mehr Gruppen aus dem Boden, die sich für direkt von den Bauern belieferte Märkte einsetzen.

Viele dieser Teilchen haben sich der National Campaign for Sustainable Agriculture angeschlossen. Diese Kampagne versteht unter nachhaltiger Landwirtschaft ein Agrar- und Ernährungssystem, das wirtschaftlich lebensfähig und umweltfreundlich ist und die Ideen von Menschlichkeit und sozialer Gerechtigkeit umsetzt. Oder, wie Wendell Berry es auf den Punkt bringt, »eine Landwirtschaft, die weder das Land noch die Menschen ausbeutet«. Als die Kampagne im Zusammenhang mit dem Gesetzentwurf von 1996 im Kongreß intensive Lobbyarbeit leistete, hatten sich ihr am Ende mehr als 500 Gruppen angeschlossen.

Um einen Eindruck von der Vielfalt der Bewegung zu vermitteln, möchte ich nur zwei dieser Gruppen ganz kurz beschreiben. Im mittleren Westen gibt es das Center for Rural Affairs, das von Landbewohnern aus Nebraska gegründet wurde, die mit Sorge das Aussterben von familienbetriebenen Bauernhöfen und ganzen Dorfgemeinden zur Kenntnis nahmen. Das Center bietet Farmen technische Hilfe bei der Umstellung auf erneuerbare Ressourcen und bei der Entwicklung von billigeren Methoden der Viehzucht. Die Federation of Southern Cooperatives, die in den siebziger Jahren von Bürgerrechtsaktivisten ins Leben gerufen wurde, umfaßt mehr als 70 Kooperativen mit mehr als 20.000 Mitgliedsfamilien in den Südstaaten. Die Mitgliedskooperativen sind in den verschiedensten Bereichen tätig: landwirtschaftliche Produktion inklusive Vermarktung, Verbraucher- und Arbeiterschutz, Wohnungsbeschaffung, etc. Hauptziel der Federation ist immer gewesen, den schwarzen Grundbesitzern dabei zu helfen, ihr Land zu behalten.

Von der Wissenschaftlerin zur Bio-Bäuerin

Mein eigener Weg zum bio-dynamischen Landbau war lang. Am Anfang war ich schlichte Konsumentin. Als junge, berufstätige Städterin (ich unterrichtete an einer Universität) wollte ich meinem kleinen Sohn nur Dinge zu essen geben, die möglichst frisch und naturbelassen waren. Die frustrierende Erkenntnis, daß es unendlich viele Zusätze zu vermeiden galt, trieb mich zur Lebensmittel-Kooperative vor Ort, wo man Produkte der ökologischen Bauernhöfe aus der Region und natürliche Lebensmittel ohne jegliche Zusätze bekommen konnte. Als mein Mann bei einem Autounfall

Mein eigener Weg zum bio-dynamischen Landbau war lang.

ums Leben kam, zog ich zu Freunden, die einen Garten hatten. Ich hatte noch nie selbst Obst oder Gemüse angebaut. Langsam aber sicher übernahm ich den Garten meiner Freunde. Sie waren zu beschäftigt, um zu jäten oder auch nur zu ernten, und mir schenkte dieses kleine Stückchen Erde inmitten der Stadt ungeheuren Trost. Der Wunsch, daraus einen wichtigeren Teil meines Lebens zu machen, wurde immer größer, obwohl ich erst eine wissenschaftliche Karriere begonnen hatte. Wenn ich mich nicht gerade mit Literaturkritik beschäftigte, verschlang ich Bücher über Ernährung, Landwirtschaft und erneuerbare Ressourcen als Alternative zur industriellen Umweltverschmutzung. Ein Unfall in einer Chemiefabrik in unserer Gegend, der die staatliche Schule, die mein Sohn besuchte, zu einer Reihe von hektischen, schlecht durchdachten Schutzmaßnahmen veranlaßte, war der letzte Tropfen, der das Faß zum Überlaufen brachte. Ich beschloß, aufs Land zu ziehen und zu lernen, mir meine Nahrung selbst zu erzeugen.

> **Langsam aber sicher übernahm ich den Garten meiner Freunde.**

Nach längerer Suche kaufte ich gemeinsam mit zwei Freunden eine Farm im ländlichen Massachusetts. Wir mußten alles neu bauen und begannen mit einer Scheune, um Erfahrungen zu sammeln. Dann folgten das Wohnhaus und ein Gewächshaus. Im zweiten Sommer fingen wir an, unsere Nahrung anzubauen und darüber hinaus den ersten Porree für den Verkauf. Im dritten Jahr konnten wir mit dem Verkauf unserer Erzeugnisse die Kosten der Farm decken; wir verkauften an drei Lebensmittel-Kooperativen der Gegend, an ein paar Restaurants, einen Markt und eine neue Kette von Bioläden. In den folgenden Jahren weiteten wir den für den Verkauf bestimmten Anbau auf über eineinhalb Hektar aus und schafften uns eine kleine Schafherde an.

Noch bevor ich auf den Bauernhof zog, war ich Mitglied der Northeast Organic Farming Association (NOFA) geworden, die jedes Jahr eine Tagung veranstaltete, bei der man an Workshops zu praktisch allen landwirtschaftlichen Themen teilnehmen konnte – von der Brot- und Käseherstellung über biodynamischen Gemüseanbau und Viehzucht bis hin zum Bau von Solar- und Gewächshäusern. Außerdem konnte man dort Hunderte von Leuten treffen, die alle im selben Bereich arbeiteten. Da ich keine richtige Ausbildung gemacht hatte, arbeitete ich jeweils für mehrere Tage auf den Höfen zahlreicher NOFA-Freunde, was mir enorm dabei half, mir das notwendige landwirtschaftliche Handwerkszeug anzueignen. 1982 schloß ich mich einer Arbeitsgruppe mit anderen, erfahreneren Bio-Bauern an, um mehr über gesunden Boden, Deckfrüchte, Schädlingsbekämpfung und Kompostierung zu erfahren. Nach einem Jahr voller Diskussionen und intensiver Lektüre beschlossen wir, ein Öko-Kontroll-Programm und eine Regionalgruppe der NOFA zu gründen. Als Richtlinien übernahmen wir die Maßstäbe für biodynamischen Landbau, wie sie von der International Federation of Organic Agricultural Movements (IFOAM) definiert worden sind. In den folgenden Jahren entstanden in sieben Staaten des Nordostens weitere Regionalgruppen, und in ganz Amerika bildeten sich vergleichbare Gruppen. Die Zahl der Bauernhöfe, die von den NOFA-Gruppen und der MOFGA als kontrolliert ökologisch eingestuft worden sind, hat sich von einer Handvoll Farmen Mitte der 80er Jahre auf über 1.300 im Jahr 1998 gesteigert.

Nachdem ich meinen Einstieg in den ökologischen Landbau geschafft hatte und mein Sohn aus dem Haus gegangen war, um zu studieren, zog ich auf einen größeren Bauernhof in meinem Heimatstaat New York. 1989 starteten wir in Zusammenarbeit mit der Organisation Politics of Food, die in Rochester ihren Sitz hat und sich für mehr Gartenanlagen in den Städten, stärkere Lebensmittelkontrollen und bessere Verbindungen zwischen Stadt und Land engagiert, ein auf dem Gemeinschaftsprinzip beruhendes Landbau-Projekt, das erste dieser Art im Norden des Staates New York. Innerhalb von zehn Jahren ist diese Initiative, die sich den Namen Genesee Valley Organic CSA gegeben hat, auf über 150 Familien angewachsen. Die Mitglieder erhalten 25 Wochen lang je eine Kiste Gemüse und Obst von unserem Bauernhof. Dafür zahlen sie zwischen 250 und 460 Dollar und helfen vier Stunden bei der Verteilung der Lebensmittel sowie zwölf Stunden bei der Arbeit auf dem Hof. Um den Mitgliedern zu helfen, die 70 verschiedenen Gemüse, die wir ihnen liefern, auch möglichst gut zu verwerten, haben mein Partner und ich das Buch *Food Book for A Sustainable Harvest* geschrieben, in dem wir kurz erläutern, woher jedes einzelne Gemüse stammt, welche Nährstoffe es hat und wie man es kurz- oder langfristig am besten lagert; außerdem erzählen wir einige Anekdoten über seinen Anbau und schlagen allerhand Rezepte vor.

Schätzungen zufolge existierten 1998 mehr als 1.000 CSAs – fast alles ökologisch betriebene Bauernhöfe –, die zwischen drei und mehr als 800 Mitglieder hatten. CSA-Farmen sind eine ganz neue Art von Kooperativen, bei denen die Verbraucher sich mit einem Bauernhof oder einer kleinen Gruppe von Bauernhöfen zusam-

1989 starteten wir ein auf dem Gemeinschaftsprinzip beruhendes Landbau-Projekt.

menschließen. Die Mitglieder sind bereit, die Risiken der Landwirtschaft gemeinsam mit den Bauern zu tragen. Wenn die Ernte reich ist, bekommen sie auch mehr Lebensmittel; ist sie mager, bekommen sie weniger. Die ersten CSA-Farmen der Vereinigten Staaten, die Indian Line Farm in Massachusetts und die Temple-Wilson Farm in New Hampshire, beide 1986 ins Leben gerufen, gingen vom Modell einer »community farm« aus, die ihren gesamten Ertrag unter den Mitgliedern aufteilt. Nur etwa ein Viertel der CSA-Farmen haben dieses Modell übernommen. Wieviele Mitglieder bei der landwirtschaftlichen Arbeit oder der Verteilung der Erzeugnisse mithelfen, ist von Hof zu Hof unterschiedlich. Das eine Extrem bilden CSAs wie *Genesee Valley Organic*, wo von allen Mitgliedern verlangt wird, daß sie als Beitrag auch gewisse Arbeiten verrichten. Das andere Extrem sind sogenannte »Abonnenten«-CSAs, wo die Mitarbeiter des Bauernhofs die gesamte Arbeit leisten, während die Mitglieder gegen eine bestimmte Gebühr jede Woche eine Kiste oder einen Sack Obst, Gemüse, etc. erhalten – ähnlich wie die »Bio-Kisten« in Deutschland. Bei den meisten CSAs ist es jedoch eine Mischung: Die Mitglieder arbeiten tageweise freiwillig auf der Farm, helfen bei der Verteilung der Lebensmittel oder entrichten einen Teil ihrer Gebühren in Form von sonstiger konkreter Mithilfe.

Die Mitglieder der CSAs möchten frische, nährstoffreiche Lebensmittel aus einem ökologisch betriebenen Bauernhof ihrer Gegend beziehen. Das Vertrauen in den Hof ist wichtiger als der Preis. Weil ich das weiß, ist für meine Auswahl der Obst- und Gemüsesorten, die ich anbaue, der Geschmack und Nährstoffgehalt ausschlaggebend und nicht die Frage, wie lange man sie lagern kann, wie leicht sie zu ernten sind oder gar ihre einheitliche Größe und Form. In ganz Amerika halten CSAs und Bauern, die nicht an die großen Unternehmen liefern, Ausschau nach Arten, die noch über einen charakteristischen Geschmack verfügen. Alte heimische Sorten feiern ein Comeback; viele davon wurden nur deshalb vor dem Aussterben bewahrt, weil ein paar Saatgut-»Retter« sich mit Unterstützung der Organisation Seed Savers Exchange dafür eingesetzt haben. Die Erkenntnis, daß es durch die Konsolidierung der Saatgutindustrie schon bald so gut wie unmöglich sein wird, Samen zu finden, die nicht gentechnisch verändert wurden, hat bei den ökologischen Bauernhöfen und Gärtnereien und auch bei neuen, kleineren Saatgutfirmen immer stärkere Bemühungen zur Rettung von Saatgut zur Folge.

Alte heimische Obst- und Gemüsesorten feiern ein Comeback.

Neben der Landwirtschaft engagiere ich mich auf Bezirksebene, auf bundesstaatlicher und auf Bundesebene für die Belange der Bauern. In meinem *county* leite ich das Agricultural and Farmland Protection Board. Auf dem Weltmarkt herrscht allein das Prinzip Konkurrenz, doch die Realität der Nahrungsmittelversorgung auf regionaler Ebene zeigt, daß Farmen aufeinander angewiesen sind, wenn sie überleben wollen. Es braucht nun einmal eine Mindestanzahl an Bauernhöfen, um die Infrastruktur aufrechtzuerhalten, auf die wir angewiesen sind: Geschäfte für Ersatzteile, Materialien und Ausrüstung, Reparaturwerkstätten und Transportunternehmen. In meinem *county* hat unser Farmland Protection Board einen Aktionsplan entwickelt, der den Bauern dieser Gegend nicht nur moralischen Auftrieb geben, sondern auch ihre wirtschaftliche Lebensfähigkeit sichern soll.

1995 wurde ich außerdem als erste Bio-Landwirtin in den Beirat des Dekanats des Cornell College of Agriculture and Life Sciences berufen, der Landwirtschaftsschule des Staates New York. Ich kam mir vor wie jemand, der widerrechtlich auf fremdes Territorium vorgedrungen ist. Unter dem strengen Regiment des damaligen Dekans rief das Wort »nachhaltig« fast genauso hysterisches Gelächter hervor wie das Wort »bio-dynamisch«. Doch der Wind dreht sich langsam. In drei aufeinanderfolgenden Jahren wurde ein Treffen zwischen Wissenschaftlern und Bio-Bauern organisiert, bei dem es jedesmal um Forschungsprojekte zum ökologischen Landbau ging; außerdem haben Studenten die Schule dazu gebracht, ihnen Land für eine selbstbetriebene ökologische Gärtnerei zur Verfügung zu stellen. Ich möchte die Veränderungen, die im Cornell College allmählich stattfinden, nicht überbetonen; die Schule ist noch immer ein Bollwerk der konventionellen Landwirtschaft und ein erstklassiges Zentrum für Genmanipulation. Aber wenigstens wird inzwischen anerkannt, daß der ökologische Landbau seine Berechtigung hat.

> Das Wort »nachhaltig« rief fast genauso hysterisches Gelächter hevor wie das Wort »bio-dynamisch«.

Auf Bundesebene habe ich die ökologischen Bauernhöfe des Nordostens im Lenkungsausschuß vertreten, den die National Campaign for Sustainable Agriculture gegründet hat – die größte und bunteste Koalition für eine Veränderung des Ernährungssystems, die es in der amerikanischen Geschichte jemals gegeben hat. Nachdem diese Kampagne ursprünglich entstanden war, um Strategien zu den Agrargesetzen von 1995 bis 1996 zu entwickeln, setzt sie sich jetzt für langfristigere Ziele ein. Trotz des schlechten politischen Klimas, das in den letzten Jahren in Washington herrschte, ist es der Kampagne gelungen, nicht nur die Weiterführung von Forschungsprogrammen für eine nachhaltige Landwirtschaft durchzusetzen, sondern auch die Bereitstellung von Geldmitteln und Informationen für ökologisch orientierte Farmen, technische und finanzielle Hilfe für Kleinstbauernhöfe, ein Förderprogramm für direkt von den Bauern belieferte Märkte sowie Fördergelder für Verbraucherinitiativen zu sichern.

Welche Zukunft wollen wir? – Ein Appell

In ihrem Buch *Chicken Little, Tomato Sauce and Agriculture* spielt Joan Gussow die Möglichkeit einer nachhaltigen Landwirtschaft durch, die auf der Produktion von Biomasse aus gentechnisch erzeugten Pflanzen basiert. Nahrungsrohstoffe könnten zu stark proteinhaltigen Sirups verflüssigt und durch Pipelines zu »Verdickungsmaschinen« geleitet werden, die in der Nähe von großen Bevölkerungszentren installiert wären; dort würden die Sirups je nach Bedarf in extrem nahrhafte Kombinationen umgewandelt. Dieses System würde jede Erosion ausschließen, Transportkosten senken und die Unsicherheiten in der Produktion, die durchs Wetter verursacht werden, auf ein Minimum reduzieren. Die Mehrheit der amerikanischen Konsumenten, die ohnehin an extrem konserviertes und sonstwie behandeltes Junk-food gewöhnt sind, würde den Unterschied niemals bemerken. Wird das die Realität des 21. Jahrhunderts sein?

Wenn wir – Bauern, Gärtner, Gourmet-Köche, Feinschmecker und Normalverbraucher, Umweltschützer und Pädagogen, Wissenschaftler und Gewerkschaftler, »grüne« Unternehmer und Mitglieder aller Glaubensrichtungen – zusammenarbeiten, können wir eine gerechte und friedliche Welt schaffen. Ein Ernährungssystem ist möglich, das auf unbezahlbaren Werten fußt: die enge Beziehung zu unserer Nahrung und dem Land, auf dem sie wächst; Ehrfurcht vor dem Leben; Kooperation, Gerechtigkeit und Fairneß; Sinn für die Schönheit der Kulturlandschaft. Wir können eine Welt-Kooperative gründen, in der Menschen der unterschiedlichsten Völkergruppen Saatgut und Rezepte austauschen anstatt Kugeln und Raketen.

> Wir können eine Welt-Kooperative gründen, die Saatgut und Rezepte austauscht anstatt Kugeln und Raketen.

Das Leben ist Nahrung

Eßkultur und Ernährung in Asien

Vandana Shiva

»Strebt danach, daß es Nahrung in Fülle gebe.
Das ist der Menschheit unabweisbare Pflicht.«
Aus einem alten indischen Text, der Taittreya Upanishad.

Asien ist nicht nur die Wiege der ältesten Zivilisationen, sondern auch Heimat einer bunten Vielfalt an Nahrungskulturen und Ernährungsstilen. Das liegt unter anderem darin begründet, daß die extremen Landschaften und klimatischen Bedingungen die Menschen schon früh zu regionaler Anpassung zwangen. Die Bandbreite erstreckt sich vom eher trockenen Westasien, von wo aus Weizen, Roggen und Gerste ihren weltweiten Siegeszug antraten, über das feuchte Ostasien mit seinem wunderbaren Reichtum an Reissorten und Reiskulturen bis hin zu den nördlichen Wüstengebieten mit Nahrungskulturen, die auf Viehzucht und Nomadentum gründen. Kurzum: Die kulturelle und ökologische Vielfalt Asiens spiegelt sich in der Verschiedenartigkeit seiner Nahrungsmittel und Ernährungsweisen – eine Diversität, die sich trotz Globalisierung behauptet, wie man in den Straßen Indiens, Thailands, Malaysias und Indonesiens noch heute unschwer feststellen kann.

Die extremen Landschaften und klimatischen Bedingungen zwangen die Menschen schon früh zu regionaler Anpassung.

Nahrungsmittel und Hungersnöte

Trotz dieser Kultur der Fülle wird Asien immer wieder vom Hunger heimgesucht – man erinnere sich nur an die großen Hungersnöte in China oder in Indien zur Zeit der Kolonialherrschaft. Wie Amartya Sen, der indische Nobelpreisträger für Wirtschaftswissenschaften, nachgewiesen hat, waren die Hungersnöte seines Subkontinents jedoch nicht auf Nahrungsmittelknappheit, sondern vielmehr darauf zurückzuführen, daß den Menschen der Zugang zu Nahrungsmitteln verweigert wurde. Unter der britischen Kolonialherrschaft trugen die Bauern eine schwere Steuerlast. Die auferlegte Abzweigung von immer größer werdenden Mengen an landwirtschaftlichen Produkten führte zu immer schlechteren Lebens- und Produktionsbedingungen für die Bauern.

Während die Briten immer reicher wurden, blieb für die einheimischen Bauern zu wenig von ihren Produkten übrig, um sich ausreichend ernähren und zum dörflichen Gemeinwohl beitragen zu können. Nach Schätzungen mußte um 1750 ein bäuerlicher Produzent 30 Prozent seines Ertrages als Abgaben abführen. Mit der Zeit stieg die Abgabenlast auf knapp 60 Prozent. Die Folge dieser übertriebenen Abgabenpolitik war die existentielle Vernichtung von Bauern und anderen Dorfbewohnern. Allein die Hungersnot in Bengalen 1942/43 forderte über zwei Millionen Opfer, 20 Millionen weitere Menschen waren unmittelbar betroffen.

Aktuell leiden 97 Millionen Indonesier an Hunger.

Die Gefahr ist längst nicht gebannt. Aktuell leiden 97 Millionen Indonesier an Hunger, da der Zusammenbruch der indonesischen Wirtschaft Einkommensmöglichkeiten zerstört und die Nahrungsmittelpreise derart verteuert hat, daß Lebensmittel für viele Menschen unerschwinglich sind. Obwohl das Land im Ruf steht, die Reiskammer Asiens zu sein, darben viele Indonesier unter dem Joch der Globalisierung.

Die Reiskulturen Asiens sind in akuter Gefahr

Hunger in Asien ist aber nicht in erster Linie Folge von Wirtschaftskrisen oder Mißernten, sondern von den gefräßigen Mäulern in den Industrienationen, die von multinationalen Konzernen gestopft werden. Dabei ist Asien der Reiskontinent der Extreme, der Herkunftsraum vielfältiger Reisarten. Es gilt als sicher, daß es in Indien vor der Grünen Revolution mehr als 10.000 Reisarten gab. In Asien wachsen dürreresistente Zwergreisarten und andere, die Überschwemmungen überstehen können – das sind jene bis zu sechs Meter hohen Arten, die von Booten aus geerntet werden. Asien kann auch Reisarten aufweisen, die im Salzwasser der Küstengebiete wachsen und weitere, denen selbst die Höhen und das Klima des Himalaya nichts anhaben können.

Die von den USA gesteuerte Grüne Revolution wollte mit dieser unglaublichen Diversität der Reisarten ein Ende machen und die Einführung von hochgezüchteten Monokulturen durchsetzen. Im Jahr 1966 gab das International Rice Research Institute (IRRI) eine IR-8 genannte Reisart frei, die Kreuzung zwischen einer indonesischen Peta und einer taiwanesischen Dee-Geo-Woo-Gen. Die IR-8 wurde zusammen mit anderen neuen Sorten in Indien eingeführt, um sie zur Grundlage eines »All India Co-ordinated Rice Improvement Project« genannten Reisveredlungsvorhabens zu machen. Ziel war es, kleinwüchsige, wenig lichtempfindliche, kurzlebige und ertragreiche Reissorten zu entwickeln. Es ist jedoch bekannt, daß exotische Spielarten, deren genetische Variabilität gering ist, von Krankheiten und Schädlingen gefährdet sind – um so mehr, wenn sie monokulturell angebaut werden.

Genauso kam es. Die Sorte IR-8 wurde 1968/69 in Südostasien von einer bakteriellen Pflanzenkrankheit befallen. 1970/71 wurde sie vom Tungro-Virus zerstört. 1975 wurden andere Reissorten auf einer Fläche von mehr als 100.000 Hektar durch Schädlinge vernichtet. Als Gegenmaßnahme wurde IR-36 entwickelt, eine Sorte, die gegen alle bekannten Krankheiten und Schädlinge, einschließlich Bakterienbefall und Tungro, gewappnet sein sollte. Doch diese Sorte wurde von zwei neuen Virusarten befallen.

Es hätte nicht so kommen müssen. Einheimische Sorten weisen nämlich eine hohe Resistenz gegen lokal auftretende Schädlinge und Krankheiten auf. Der Fruchtwechsel gilt zudem als hilfreiches Mittel bei der Bekämpfung von Schädlingen. Da sich viele Schädlinge auf bestimmte Pflanzen spezialisiert haben, trägt ein breit angelegter Fruchtwechsel entscheidend dazu bei, Schädlingspopulationen zu reduzieren. Umgekehrt begünstigt der ständige Anbau ein und derselben Pflanzenart das Wachstum von Schädlingspopulationen.

Der ständige Anbau ein und derselben Pflanzenart begünstigt das Wachstum von Schädlingspopulationen.

Nach einer weit verbreiteten Legende soll Indien ohne die Grüne Revolution außerstande gewesen sein, sich aus eigener Kraft zu ernähren. Das trifft keineswegs zu. Die Reissorten, die die Grüne Revolution mit sich brachte, waren nicht per se ertragreicher als lokal vorkommende Arten. Es gibt in Indien eine Gesellschaft, die Samen von einheimischen Reisarten konserviert und untersucht. Man hat bewiesen, daß die einheimischen Reisarten sehr wohl höhere Erträge liefern können, als jene, die nach der Grünen Revolution erreicht wurden.

Landwirtschaftliche Betriebe in Asien bauen nicht nur Reis an. Sie erzeugen auch eine Vielzahl von Bohnen und Hülsenfrüchten, Weizensorten und Hirsearten wie Rispenhirse, Sorghum, Perlhirse und Fingerhirse. Obwohl diese Feldfrüchte nahrhafter sind als Weizen und Reis, hat man sie bisweilen als »minderwertige« Getreidearten abgestempelt, was man durchaus als rassistische Diskriminierung bestimmter Feldfrüchte bezeichnen könnte. Dieser Rassismus ist bei der Getreideverarbeitung allenthalben anzutreffen. Das weiße Mehl und der geschälte Reis gelten allein deswegen als überlegen, weil sie weiß sind, und zwar ungeachtet dessen, daß sie dadurch eines Großteils ihrer Ernährungskraft beraubt worden sind. Die westlichen Vorstellungen von Produktivität und Ernährung unterminieren die hohe Produktivität der asiatischen Landwirtschaftssysteme und geringschätzen die hohen Nährwerte von asiatischen Nahrungsmitteln. Darüber hinaus sind die jahrhundertealten Traditionen asiatischer Pflanzenzüchtung akut gefährdet.

> **Das weiße Mehl und der geschälte Reis gelten allein deswegen als überlegen, weil sie weiß sind.**

Patente und Biopiraterie

Während die Grüne Revolution durch Monokulturen und genetische Erosion die Reisvielfalt und -kulturen Asiens gefährdete, betraten weitere Gegner die Bühne: moderne Biopiraten, welche die ursprünglichen Reisarten mit dem Enterhaken ins eigene Boot holen. Das US-amerikanische Unternehmen Ricetec Inc. behauptet in diesem Zusammenhang, die Duftreissorte Basmati erfunden zu haben. Am 2. September 1997 erhielt der texanische Betrieb, der bereits eigene Warenzeichen mit Namen wie Kasmati, Texmati und Jasmati vermarktet, das Patent (Nr. 5663481) auf Basmati-Zuchtstämme und -früchte. Im Antrag des Unternehmens auf das US-Patent Nr. 5663484 heißt es:»Die Erfindung bezieht sich auf neuartige Reisstämme sowie auf Pflanzen und Früchte, die aus diesen Stämmen gewonnen werden. Die Erfindung erstreckt sich auch auf ein neuartiges Mittel zur Ermittlung der Koch- und Stärkeeigenschaften von Reisfrüchten sowie dessen Verwendung zur Identifizierung neuer wünschenswerter Reisstämme.«

Jene Basmatisorte, für die Ricetec ein Patent angemeldet hat, hat man dadurch gewonnen, daß man den indischen Basmatireis mit Halbzwergvarianten, zu denen Indica-Sorten gehören, kreuzte. Das

Patent gilt also für eine Reissorte, die im wesentlichen als Derivat einer in der Landwirtschaft vorkommenden Art anzusehen ist. Die zur Debatte stehende Sorte läßt sich daher mitnichten als neuartig bezeichnen, womit Ricetec fälschlicherweise ein Derivat als Erfindung angibt.

Der wirtschaftliche Schaden ist jedoch enorm, wie die folgenden Zahlen beweisen. Indien produziert jährlich 650.000 Tonnen Basmatireis. Diese Reissorte beansprucht zehn bis 15 Prozent der gesamten indischen Reisanbaufläche. Das Land exportiert Basmati- und andere Reisarten in mehr als 80 Staaten. Die Ausfuhren anderer Reissorten betrugen 1996 bis 1997 1,9 Millionen Tonnen und brachten dem Land um die 450 Millionen US-Dollar ein. Im selben Zeitraum beliefen sich die Basmati-Exporte auf fast 500.000 Tonnen mit einer Gesamtsumme von 280 Millionen US-Dollar. In den vergangenen Jahren erwies sich der Basmatireis als das Exportprodukt mit der größten Zuwachsrate. Die Hauptimporteure des indischen Basmatireises sind der Mittlere Osten, Europa und die USA. Der indische Basmatireis ist mit 850 US-Dollar pro Tonne der teuerste Reis, der von der Europäischen Union importiert wird (zum Vergleich: 700 US-Dollar pro Tonne für pakistanischen Basmati und 500 US-Dollar für thailändischen Duftreis). Die indischen Basmati-Exporte in die EU beliefen sich 1996 bis 1997 auf fast 100.000 Tonnen.

Viele Menschen in Asien protestieren gegen die drohende Enteignung. Indien, Thailand und die Philippinen sind darüber empört, daß US-amerikanische Großunternehmen Bestandteile der reichen Vielfalt, die asiatische Bauern in jahrtausendealter kreativer Interaktion mit der Natur entwickelt haben, als eigene Erfindungen geltend machen können. Doch die Proteste beschränken sich längst nicht mehr auf Basmati- und Jasminreis. Sie betreffen auch andere Fälle von Biopiraterie, wie z.B. die Patente auf den Neem-Baum, der Stoffe enthält, die in der Medizin und bei der Schädlingsbekämpfung Anwendung finden. Das US-Großunternehmen W.R. Grace hält viele Patente auf landwirtschaftliche Anwendungen des Neem als Pestizid und Fungizid. Die Biopiraterie nimmt epidemische Ausmaße an, besonders seit der Gründung der Welthandelsorganisation (WTO) und der Globalisierung des Handels mit geistigem Eigentum durch das sogenannte TRIPS-Abkommen (Abkommen über den Handel mit geistigem Eigentum nach dem GATT).

Viele Menschen in Asien protestieren gegen die drohende Enteignung.

Mcdonaldisierung und Coca-Colonisierung

Die reichsten und ältesten Nahrungskulturen der Welt werden durch die schlechteste zerstört.

In den letzten Jahren hat Asien dank der Globalisierung eine rapide Verbreitung des amerikanischen Fast Food erlebt. Die Paradoxie dabei: Die reichsten und ältesten Nahrungskulturen der Welt werden durch die schlechteste Nahrungskultur, die die Menschheit je erfunden hat, zerstört. Die Ausbreitung dieser industrialisierten Nahrungskultur droht, einigen der besten und gesündesten asiatischen Nahrungsmitteln den Garaus zu machen. Beispiel: Sojabohne.

Im Grunde genommen ist die Sojabohne eine Feldfrucht, die in Ostasien seit Jahrhunderten Verwendung findet. Heute ist die Sojabohne zu einem patentierten, gentechnisch veränderten US-Produkt degeneriert, das für die Ernährung und die Nahrungsdiversität eine Gefahr darstellt. Die USA sind der Welt größter Erzeuger und Exporteur von Sojabohnen. Auf rund der Hälfte aller Äcker wird die gentechnisch veränderte Round up Ready-Sojabohne angebaut. Diese Sorte, die so verändert wurde, daß sie gegen das von dem Agrarkonzern Monsanto vermarktete Breitbandherbizid resistent ist, genießt den durch das Patent der Firma Agracetus erreichten breiten Patentschutz auf Sojabohnen. Die Monsanto, die zunächst gegen das Patent gerichtlich vorging, zog ihre Klage später zurück – als Agracetus zur Tochterfirma wurde.

Bei den US-Patenten auf die Sojabohne handelt es sich in Wirklichkeit um eine Form von Biopiraterie, da diese vorgeben, eine bestimmte, in Asien entwickelte Feldfrucht sei eine durch US-amerikanische Großkonzerne erzielte Innovation. Monsanto selbst hält das Patent Nr. EP 546090 auf Pflanzen mit Resistenz gegen Glyphosat (ein Herbizid). Darunter sind Mais, Weizen, Reis, Sojabohnen, Baumwolle, Zuckerrüben, Ölsaaten, Raps, Flachs, Sonnenblumen, Kartoffeln, Luzerne, Pappeln, Kiefern, Apfelbäume sowie Weintrauben. Unter das Patent fallen auch Methoden der Unkrautbekämpfung, der Ausbringung von Saatgut und die Anwendung von Glyphosat. So kontrolliert Monsanto den gesamten Produktionsprozeß der Pflanzen, und zwar von ihrer Züchtung bis hin zu Anbau und Vermarktung.

Der US-amerikanische Fachverband American Soybean Association hat es darauf abgesehen, die Vielfalt der indischen Hülsenfruchtkulturen zu zerstören. An Stelle Dutzender von Hülsenfruchtsorten, kurz *dal*, mit ihren eigentümlichen Geschmackseigenschaften und einem reichen Gehalt an unterschiedlichen Nährstoffen will die Sojalobby sogenannte *analoge dals* auf den Markt bringen, die im wesentlichen nichts anderes als Sojavarianten sind. Weg von Sojabohne und Hülsenfrüchten hin zu den Ölsaaten und ihrer ebenso breiten Biodiversität. Speiseöle finden in fast allen indischen Regionen eine vielfältige Verwendung. Die indische Nahrungsvielfalt geht in hohem Maße auf die unterschiedliche Verwendung von Senf, Kokosnuß, Erdnuß, Sesam, Leinsamen und Saflor zurück.

Im August 1998 stellte man unvermittelt fest, daß mehrere Senfölarten in Delhi manipuliert und vergiftet worden waren. 60 Todesfälle durch Wassersucht waren die Folge. Die Regierung verbot sofort die Verwendung von Senföl sowie den Verkauf von lose abgegebenen Speiseölen und hob statt dessen alle Beschränkungen auf die freie Einfuhr von Sojabohnen auf. Da 80 Prozent der in Indien verwendeten Speiseöle durch Kaltpressung gewonnen werden, bedeutete die Entscheidung der Regierung, nur noch den Verkauf von industriell verarbeiteten, abgepackten Speiseölen zu erlauben, daß den Verbrauchern die angestammten und zudem billigen Speiseöle verweigert wurden.

Die Frauen von Delhi reagierten schnell: Sie schlossen sich unverzüglich zusammen, um für die Wiederzulassung von Senföl sowie ein Verbot von gentechnisch veränderter Soja zu kämpfen. Mittlerweile geht es dieser Frauenbewegung um mehr; ihr Ziel ist die Erhaltung der kulturellen Vielfalt von Nahrung und Biodiversität und damit die Verteidigung der Ernährungs- und Nahrungssicherheit. Sie versteht sich als Widerstand gegen Monokulturen, industriell gewonnene und gentechnisch veränderte Nahrungsmittel. Die ärmsten Frauen aus den Elendsvierteln Delhis führen die Bewegung an.

Die ärmsten Frauen aus den Elendsvierteln Delhis führen die Bewegung an.

Garnelen und Blumen im Tausch gegen Nahrungsmittel

Freihandel und Globalisierung haben die Nahrungssicherheit umgekrempelt. Darunter versteht man nicht länger die Produktion von ausreichend Nahrungsmitteln für die Haushalte, die Gemeinschaft oder den Staat. Nahrungssicherheit gilt inzwischen dann als gegeben, wenn genug Grundnahrungsmittel importiert werden, während man Luxusagrarerzeugnisse für den Export anbaut. Wie ein indischer Beamter bemerkte, als es darum ging, auch die Landwirtschaft dem Regime der Liberalisierung und Globalisierung zu unterwerfen:»Bei der Nahrungssicherheit geht es nicht um Korn in den Speichern, sondern um Dollar in den Taschen.«

Es ist ein ziemlicher Unsinn, zu glauben, der Export von Luxusgütern ermögliche die Einfuhr von Grundnahrungsmitteln. Drei Gründe:

1. Die Menschen setzen auf Vielfalt. Sie bauen an und verzehren unterschiedliche Arten von Nahrungsmitteln, während die globalen Märkte nur mit einigen wenigen Waren handeln wollen.
2. Obwohl es sich bei den zu exportierenden Agrarprodukten um Luxusgüter handelt, die zunächst viel Gewinn versprechen, fallen zwangsläufig die Preise, wenn viele Länder auf die Idee kommen, z.B. Garnelen und Blumen zu züchten. Und in der Zwischenzeit hat die Erosion der Nahrungsmittelproduktion und die damit einhergehende Nahrungsmittelknappheit im Land zur Folge, daß die Preise für Grundnahrungsmittel in die Höhe schnellen – ein Phänomen, das durch den Wertverfall von Währungen, wie man dies aus Südostasien kennt, verschärft wird. Ein solches Land gerät in die Lage, daß die Ausfuhren nicht ausreichen, um die Nahrungsmittelimporte zu finanzieren, und die Falle der Verschuldung und Nahrungsmittelknappheit zuschnappt. Tatsache ist, daß die Einnahmen aus Exporten in den globalen Handel fließen, während die Armen den Preis der Nahrungsunsicherheit zu bezahlen haben.
3. Die intensive industriemäßige Produktion z.B. von Garnelen und Blumen für den Export führt zu einem Prozeß massiver ökologischer Zerstörung, was die Nahrungs- und Ernährungssicherheit weiter unterminiert. Beispielsweise zerstört die Garnelenzucht vier bis sechs Dollar an Nahrung und Naturressourcen gegenüber jedem Dollar an Exporteinnahmen, den sie abwirft. Eine ein Hektar große Garnelenwirtschaft zerstört mithin 200 Hektar produktive Ökosysteme.

Da riesige Mengen Meeres- und Grundwasser in die Teiche einer Garnelenzucht gepumpt werden müssen, sind die ökologischen Folgen gravierend. Die massiven Entnahmen von Süßwasser aus unterirdischen Quellen, um in den Garnelenteichen den Salzgehalt zu regeln, stellen für die Küstenökosysteme ein großes Risiko dar.

In küstennahe leergepumpte Brunnen sickert meist Salzwasser ein. Bisweilen führt die Versalzung des Grundwassers sogar dazu, daß für die Fischer kein Trinkwasser mehr vorhanden ist, ganz abgesehen von den ruinierten Reisfeldern.

Die Garnelenfarmen leiten ihre Abwässer und andere Abfallstoffe direkt ins Meer und die angrenzenden Mangrovenwälder sowie auf landwirtschaftlich genutzte Flächen. Diese Abwässer sind mit Kalk, organischen Abfällen, Pestiziden, Chemikalien und krankheitserregenden Mikroorganismen belastet. Diese Abfallstoffe unterdrücken das Wachstum von Organismen, die im Wasser leben, und führen zu einer Verschlechterung der Wasserqualität. Die intensiven Küstenfischwirtschaften betrachtet man zudem als Verursacher der gefürchteten *red tides*, eines explosionsartigen Wachstums von giftigen Rotalgen, die Fischbestände zerstören und Menschen vergiften können, die belastete Meeresfrüchte essen.

Die Garnelenfarmen leiten ihre Abwässer direkt ins Meer.

Die Kosten dieser ökologischen Zerstörung liegen dreimal höher als die entsprechenden Einnahmen aus Exporten. Hinzu kommt, daß die industrielle Fischzucht mehr Fischressourcen verbraucht, als sie letzten Endes erzeugt. Experten haben darauf hingewiesen, daß 1988 weltweit die Garnelenzucht 180.000 Tonnen Fischmehl benötigte, was etwa 900.000 Tonnen Frischfisch entspricht. Man schätzt, daß Asien bis zum Jahr 2000 etwa 570.000 Tonnen Zuchtfisch erzeugen wird. Zu diesem Zweck wird man etwa 1,1 Millionen Tonnen Fischmehl brauchen. Dies entspricht dem geradezu schwindelerregenden Wert von 5,5 Millionen Tonnen Frischfisch, ein Wert, der beinahe zweimal so hoch liegt wie der gesamte in Indien jährlich eingebrachte Fischfang. Das Fischmehl ist als wesentliches Verbindungsglied zwischen der industriellen Fischzucht und dem industriellen Fischfang anzusehen: Der zur Gewinnung des Fischmehls verwendete Fisch wird mit Hilfe von Trawlern und Schleppnetzen gefangen, eine Praxis, die dazu führt, die maritimen Bestände endgültig zu erschöpfen. Die Reaktion darauf war und ist bei den Betroffenen heftig. Fischer und Bauern, Wissenschaftler, Ökologen, Umwelt- und Tierschutzgruppen sowie Gesundheitsaktivisten bilden Allianzen und demonstrieren gegen die ökologische und ökonomische Zerstörung, die auf das Konto der Garnelenindustrie geht.

Fazit: Der Export von Luxusagrargütern kann nicht die Mittel ins Land bringen, die erforderlich wären, um den Import von Grundnahrungsmitteln zu bezahlen. Hinzu kommt, daß Nahrungssicherheit sich nur durch eine nachhaltige Produktionsweise erzielen läßt, die die Biodiversität und die kulturelle Vielfalt der Ernährung bewahrt und dabei zugleich der Bevölkerung eine Lebens- und Beschäftigungsperspektive bietet. Die Dritte Welt ist nicht dazu da, von den Überbleibseln und Abfällen des globalen Handelssystems zu leben, sie sollte in den globalen Handel vielmehr nur das einspeisen, was übrigbleibt, wenn alle Menschen vor Ort ernährt worden sind. Die Women's Charter of Food Rights, die von mehr als 27 Frauenorganisationen in Indien gegründet wurde, enthält folgende Forderungen:

Die Dritte Welt ist nicht dazu da, von den Überbleibseln und Abfällen des globalen Handelssystems zu leben.

»Wir fordern die Regierung auf, Ausfuhren von Grundnahrungsmitteln solange zu beschränken und zu verbieten, bis für alle Menschen eine hinreichende Ernährung gesichert ist. Wir fordern, daß der Nahrungsbedarf der Frauen und Kinder dieses Landes erste Priorität haben muß und erst dann die Überschüsse für die Exportwirtschaft zur Verwendung kommen sollen. Anstatt, daß die Frauen zuletzt essen müssen und am wenigsten zu essen bekommen – und dabei für ihre Ernährung auf das angewiesen sind, was vom Tisch übrigbleibt –, fordern wir, daß sich der globale Handel mit den Überbleibseln abfinden sollte, und zwar erst dann, wenn den Ernährungsrechten des Landes Genüge getan worden ist. Die Regierung muß auch weiterhin die Produktion, den Verbrauch und den Nahrungsmittelbedarf aller Menschen sorgfältig im Auge behalten.«

Überall in Asien sind Bewegungen entstanden, die sich zum Ziel gesetzt haben, die nachhaltige Landwirtschaft zu fördern, die reiche Biodiversität in der Landwirtschaft zu schützen und die Nahrungskultur, Nahrungssicherheit und Ernährungsrechte der Menschen zu verteidigen.

In Indien bemüht sich die Navdanya-Bewegung um den Schutz der Biodiversität, die Schaffung von gemeinschaftlichen Verkaufsstellen für Saatgut, die Förderung der organischen Landwirtschaft und die Verteilung organischer Nahrungsmittel. Zusammen mit der Research Foundation for Science, Technology and Ecology führt die Bewegung auch eine Kampagne gegen gentechnisch veränderte Agrarprodukte an.

In Sri Lanka ist die Organisation Gami Seva Samiti Kopf einer Bewegung, die sich zum Ziel gesetzt hat, der organischen Landwirtschaft eine größere Verbreitung zu verschaffen.

In Malaysia führt das Pesticide Action Network for the Asia Pacific Region breit angelegte Kampagnen zur Nahrungssicherheit und nachhaltigen Landwirtschaft durch.

Auf den Philippinen ist die *Masipag*, eine Bewegung von 10.000 Bauern, bemüht, eine lebensfähige alternative Landwirtschaft zu schaffen, die sich um die Belange lokaler Kulturen und der besonderen Bedürfnisse der einheimischen Volksgruppen kümmert. Ihr Programm entspricht dem Motto: »Mensch vor Profit«.

Mensch vor Profit

In Japan haben sich 250.000 Hausfrauen im *Seikatsu Club* organisiert, der gentechnisch veränderte Nahrungsmittel ablehnt und sich zum Ziel gesetzt hat, den Verbrauch von organisch angebauten Nahrungsmitteln zu fördern.

Literatur

Basmati Biopiracy, Research Foundation for Science Technology and Ecology, A-60, Hauz Khas, New Delhi – 110 016, 1998.

Monsanto: Peddling Life Sciences or Death Sciences?, Research Foundation for Science, Technology and Ecology, A-60, Hauz Khas, New Delhi – 110 016, 1997.

Shiva, Vandana: *The violence of Green Revolution: Third World Agriculture, Ecology and Politics*, TWN, Penang and The Other India Bookstore, Goa 1991.

Shiva, Vandana/Jafri, Afsar H./Bedi, Gitanjali: *Ecological Cost of Economic Globalisation: The Indian Experience,* Research Foundation for Science, Technology and Ecology, A-60, Hauz Khas, New Delhi – 110 016, 1997.

Women's Charter on Food Rights, Dossier on the Women's Food Rights Campaign, 1998.

Palmwein und Erdnußkekse

Ernährung und Eßkultur in Afrika

Mariana Ogodi

Meine Ur-
großmutter
war in un-
serem Dorf
eine angese-
hene Frau.

Alles, was ich über Ernährung und Heilkräuter weiß, verdanke ich der sowohl traditionellen als auch modernen und weltoffenen Erziehung, die meine vier Geschwister und ich genossen haben. Den Großteil unserer Kindheit haben wir bei unseren Großeltern auf dem Lande verbracht. Einen immensen Einfluß auf unsere Erziehung hatte indirekt meine Urgroßmutter, die ich leider nicht mehr persönlich kennenlernen konnte. Sie war in unserem Dorf eine sehr angesehene Medizinfrau und hat ihre Begabung an ihre Kinder und Enkelkinder weitergegeben. Nutznießer war unter anderen meine Mutter, die einen großen Wissensschatz zum Thema Ernährung vererbt bekam und später Krankenschwester wurde. Von ihr erfuhr ich die Kochrezepte und Methoden zur richtigen Ernährung. Meine zahlreichen Freunde aus anderen afrikanischen Ländern haben das Ihrige dazu beigetragen, meine Kenntnisse über die Ernährung in Afrika zu erweitern. Heute kann ich sagen, daß ich viele Kochrezepte aus verschiedenen afrikanischen Ländern ausprobiert und mir habe erklären lassen, wie sie auf den Organismus wirken.

Trotzdem würde ich mir nicht anmaßen, mich als afrikanische Ernährungsexpertin zu bezeichnen, denn Afrika ist groß. Es gibt immer noch unbekannte Teilkulturen in Afrika. Schon die nigerianische Ernährungskultur zu beschreiben würde jede Grenze sprengen. Ich kann deshalb nur über eine aus meiner Erfahrung repräsentative afrikanische Ernährungs- und Eßkultur berichten.

Eßgewohnheiten in Afrika

Der berühmte nigerianische Schriftsteller Chinua Achebe schrieb einmal:»Wenn ein Mann seine Verwandten zu einem Fest einlädt, tut er dies nicht, um sie vor dem Verhungern zu bewahren, denn alle haben genug zu essen.« Essen hat demzufolge nicht nur die exklusive Aufgabe, Hunger zu stillen. Besucht z.B. ein Gast bei den Igbos (ein Stamm in Ostnigeria) eine Familie, die gerade beim Essen sitzt, begrüßt man ihn mit den Worten:»Du hast aber gute Beine«, oder anders ausgedrückt:»Du hast Glück mitgebracht«. Ein gemeinsames Essen oder Trinken mit persönlichen Feinden bedeutet bisweilen sogar Versöhnung. Essen stärkt und hilft den Tag durchzustehen, es gibt Kraft, beruhigt, heilt, beugt Krankheiten vor, macht glücklich und fördert die Schönheit.

Man stelle sich nur einen leckeren Teller *Ujuju*[1] und *Yam Fufu*[2] nach einem sehr anstrengenden Tag vor oder *Garri*[3] mit etwas kaltem Wasser, einer Prise Zucker oder Salz, einigen Kokosnußstückchen oder Erdnüssen, und schon empfindet man die Hitze nicht mehr als so schlimm. Dieser Snack wirkt wie ein Powerriegel und erfrischt zugleich. Nichts schmeckt besser bei der Feldarbeit als die geröstete Jamwurzel, getunkt in Palmöl mit etwas Salz und Pfeffer. Die Wurzel wird meistens von Männern zubereitet. Sie ist nicht nur köstlich, sondern durch die gemeinsame Zubereitung der Speise wird der Gemeinschaftssinn der Männer gestärkt, was sich sehr positiv auf die Arbeit auswirkt.

Nichts schmeckt besser bei der Feldarbeit als die geröstete Jamwurzel.

Es gilt in Afrika als einer der schönsten Liebesbeweise, jemand anderes zu bekochen. So wird in der Nachbarschaft und Verwandtschaft an Festtagen oder zu besonderen Gelegenheiten Essen als Zeichen von Zuneigung ausgetauscht. Die meisten frisch verliebten Frauen überraschen ihre Gatten hin und wieder mit leckerem Essen auf dem Feld. Ein alter Spruch bei uns lautet:»Die Freude und Liebe, mit der das Essen serviert wird, ist mindestens genauso wichtig wie die Sättigung durch das Essen.«

Wer ißt was?

Wer was in einer afrikanischen Familie wann ißt, hängt von verschiedenen Faktoren ab: Wie und wo die Familie lebt, spielt eine

---

1 *Ujuju:* Sehr würzige Gemüseblätter, die etwas schleimig sind. Nur die jungen Blätter werden zum Kochen in Soßen verarbeitet. Sie werden erst gestampft und im Dampf gegart.
2 *Yam Fufu:* Yam ist eine Art übergroße Kartoffel, die bis ca. 50 cm lang werden kann. Fufu ist von der Konsistenz etwas fester als Kartoffelpurée.
3 *Garri:* Cassava-Grieß.

Rolle, ebenso, was die Familienmitglieder beruflich machen, wie alt sie sind und ob sie gesund sind. Ein Feldarbeiter benötigt viele Kohlenhydrate. Dagegen braucht eine von Krankheit geschwächte Person leicht verdauliches Essen und viel Gemüse. In vielen afrika-

In vielen afrikanischen Ländern darf eine Schwangere kein Affenfleisch essen.

nischen Ländern darf eine Schwangere kein Affenfleisch essen, aus Angst, das Kind könnte später wie ein Affe aussehen. Beliebt ist _Uda Pepper Soup_, allerdings meistens stillenden Frauen vorbehalten, denn die Gewürze und Kräuter in dieser Suppe regen nicht nur Appetit und Verdauung an, sondern erhöhen auch die Milchproduktion und lindern Unterleibskrämpfe.

Da in den meisten afrikanischen Ländern die Sonne gegen Mittag fast unerträglich vom Himmel brennt, wird die körperlich anstrengende Feldarbeit früh morgens erledigt. Die Arbeit auf dem Feld fängt bereits um vier Uhr morgens an, und bis ungefähr zehn Uhr wird durchgearbeitet. Daran schließt sich eine einstündige Pause mit einer ersten Mahlzeit an. Diese hat wenig gemein mit einem typisch deutschen Frühstück, sondern erinnert mehr an ein Brunch.

Die Kinder frühstücken in der Regel früher als die Erwachsenen. Nachdem jedes Kind seine morgendlichen Aufgaben erfüllt hat, wird ihm von seiner Mutter oder, wenn diese arbeitet, von seiner Oma ein Frühstück gereicht. Die Kinder essen bis zu einem bestimmten Alter gemeinsam, dann erst erfolgt eine Trennung nach Geschlecht. Die Reihenfolge bei der Vergabe der Speisen richtet sich nach dem Alter der Kinder (vom Ältesten zum Jüngsten). Nach den Kindern frühstücken die Erwachsenen, die zu Hause sind. In den meisten Fällen wird getrennt nach Geschlechtern gegessen, besonders in den Großfamilien. Die Frauen essen zumeist in der Küche oder in deren Nähe, während die Männer im Wohnzimmer frühstücken. Das Frühstück ist normalerweise sehr einfach. Meistens werden Speisen vom Abend zuvor oder Getreidebrei verzehrt und dazu Obst gegessen. In einigen nördlichen Ländern Afrikas wird auch Joghurt zum Frühstück oder für zwischendurch gereicht.

Das Leben in afrikanischen Großstädten ist dem in den Großstädten Europas vergleichbar. Die Menschen arbeiten außer Haus, die Kinder kennen keine Feldarbeit, sondern gehen zur Schule. In Nigeria ist das beliebteste Frühstück _Akara_[4] und _Akamu_[5], in einigen Haushalten wird aber bereits nach europäischem oder nordamerikanischem Vorbild gefrühstückt. Das ist jedoch eher der wohlhabenderen Klasse vorbehalten, die es sich leisten kann, teure, importierte Lebensmittel zu kaufen.

Wenn die Hitze am stärksten ist (gegen 14 Uhr), machen die Menschen eine längere Pause. Die Frauen fangen schon um 12 Uhr an, das Mittagessen vorzubereiten, so daß es fertig ist, wenn die Männer von der Feldarbeit zurückkehren. Die Kinder, die schon alt genug sind, um auf dem Feld mitzuarbeiten, kommen wie die kleineren Kinder oder sehr alte Familienmitglieder vor den Erwachsenen dran. In Großfamilien, also der Mehrzahl afrikanischer Familien, gibt es jeweils drei »Eßtische«: einen für Kinder, einen für Männer und einen separaten für Frauen. Kleinere Familien essen gemeinsam an einem Tisch. Falls es Fleisch zum Essen gibt, wird es vom jüngsten Familienmitglied in Stücke geschnitten. Nachdem sich die Eltern ihre Portion genommen haben, wird das restliche Fleisch dem Alter nach verteilt (vom Ältesten zum Jüngsten), wobei sich jeder sein Stück selber auswählen kann.

> Nachdem sich die Eltern ihre Portion genommen haben, wird das restliche Fleisch dem Alter nach verteilt.

Als Zeichen ihrer Zuneigung geben die Erwachsenen von ihrem Fleisch oder Fisch etwas an die Kleineren ab. Chinua Achebe schreibt:»Die Gabe des Fleischstücks wird als Privileg angesehen, das nur den Lieblingskindern geschenkt bzw. für eine besondere Leistung als Belohnung gewährt wird. Für die Kinder ist es also etwas Besonderes, ein zusätzliches Stückchen Fleisch oder Fisch von einem Erwachsenen zu bekommen.« Nach dem Essen bedanken sich die jüngeren bei den älteren Familienmitgliedern und bei denen, die gekocht haben.

Nahrungsmittel werden grundsätzlich mit großem Respekt behandelt. Ob Kinder gut erzogen sind oder nicht, bemißt man an ihrem Verhalten bei Tisch. Die Kinder sollen beim Essen geduldig, diszipliniert und ehrlich sein. Es ist verboten, ein Stückchen Fleisch oder Fisch heimlich zu essen, wenn man mit Älteren zusammen ißt. Der besondere Wert von Fleisch oder Fisch äußert sich auch darin, daß größere Stücke erst nach den übrigen Speisen verzehrt werden. Ein Nachtisch oder Dessert, wie es aus Westeuropa oder Nordamerika bekannt ist, existiert in Afrika nicht.

Zum Essen wird meistens Wasser getrunken, in nördlicheren Teilen Afrikas dagegen Tee. Palmwein ist ein beliebtes Getränk bei den Erwachsenen, zumindest für die, die ihn vertragen, außerdem Bier aus Getreide oder Bananen oder auch selbstgebrannte Spirituosen, die nach dem Essen gereicht werden.

---

4 *Akara:* Kuchen aus Augenbohnen.
5 *Akamu:* Maisbrei.

Als Kind habe ich mich oft gefragt, warum bestimmte Tiere als heilig gelten, warum sie weder getötet noch gegessen werden durften. Oder warum Hühnereier bei der Verwandtschaft meines Vaters verboten waren, bei der Familie meiner Mutter jedoch nicht. Meine Urgroßmutter – die aus einer königlichen Familie stammte – hatte der Familie ihres Mannes erzählt, daß sie nur *pounded Yam Fufu* essen durfte und es ihr verboten war, *Cassava Fufu*[6] anzufassen oder gar zu essen. Deshalb brauchte sie *Cassava Fufu* auch nie für ihren Mann zu kochen. Wie vieles andere habe ich das erst später verstanden, als ich mehr über meine Urgroßmutter erfuhr. *Cassava Fufu* ist eigentlich eine Delikatesse, die allerdings sehr streng riecht und deren Zubereitung sehr aufwendig ist. Dagegen ist *Yam Fufu* purer Luxus, denn die Yamwurzel war schon immer die Königin aller Erdfrüchte.

Die meisten Verbote, bestimmte Nahrungsmittel zu essen, werden sehr ernstgenommen. Es wird sogar behauptet, daß die Nichtbefolgung solcher Vorschriften zum Tode eines Menschen führen könne. Diese Tabus sind aber nicht reiner Aberglaube, wie man vielleicht vermuten könnte, sondern haben einen ernstzunehmenden Hintergrund. Wer sie befolgt, kann sich z.B. weitgehend vor gefährlichen allergischen Reaktionen bewahren. Darüber hinaus werden durch die Tabus auch bestimmte Tierarten geschützt, die vom Aussterben bedroht sind. In dem Dorf etwa, aus dem meine Mutter stammt, war das Verzehren von Wildhühnern verboten, wohingegen es im Dorf meines Vaters erlaubt war, mit Ausnahme der Eier. Auf diese Weise konnte in früheren Zeiten das Fortbestehen einer Art gesichert werden. Die Zeiten haben sich jedoch geändert: Als ich im Dezember 1998 mit meinem Sohn das Dorf meiner Mutter besuchte, wollte ich ihm die Wildhühner zeigen. Doch leider existierten keine mehr. Afrika, das für viele Europäer und Nordamerikaner als Tierparadies gilt, wird immer mehr seines Reichtums beraubt. Die Menschen haben erfahren, daß das Verzehren von Wildhühnern nicht krank macht, und die jüngere Generation, die zumeist in Großstädten aufwächst, kennt solche Verbote leider nicht.

In dem Dorf, aus dem meine Mutter stammt, war das Verzehren von Wildhühnern verboten.

---

6 *Cassava Fufu:* Ein tropisches, stärkehaltiges Knollengemüse, das viel dünner und nicht so lang ist wie Yam. Es wird ähnlich wie Kartoffelpuree zubereitet, ist nur weißer, fester in seiner Substanz und riecht etwas streng.

Ein weiteres Beispiel für ein Tier, das als heilig gilt, ist die Pythonschlange. Diese Schlange wird von den Igbos verehrt. Dem Mythos nach verkörpert die Python den Gott des Wassers und darf sich deshalb überall frei bewegen. Aus diesem Grund ist sie für die Igbos, die sie verehren, ungefährlich. Wer aber eine heilige Python tötet, wird behandelt wie ein Mörder, und die Python wird beerdigt wie ein Mensch.

Der Mensch soll nicht nur die Lebensmittel essen, die seinem Körper guttun, sondern auch seiner Seele. Quer durch Afrika gilt das Prinzip der Achtung von Nahrungsmitteln, und der Imperativ, nur soviel zu nehmen, wie man für seinen eigenen Verzehr benötigt. Das Verschwenden von Nahrungsmitteln ist eine Sünde gegen die Mutter Erde. Meine Oma erzählte mir, daß die Polizei niemals jemanden während des Essens verhaften durfte, sondern warten mußte, bis der Beschuldigte fertig war. Denn das Essen verdient denselben Respekt wie ein König.

> **Die Polizei durfte niemals jemanden während des Essens verhaften, sondern mußte warten, bis der Beschuldigte fertig war.**

Nahrungsquelle Afrika

Die Landwirtschaft in Afrika ist noch immer sehr traditionell geprägt. Ackerbau bedeutet auch heute in erster Linie Handarbeit. Da Landschaft und Klima innerhalb eines Landes sehr stark variieren können, existieren große Unterschiede in der landwirtschaftlichen Produktion und somit auch bei den Eßgewohnheiten.

Im nördlichen Afrika wird hauptsächlich Getreide und Reis angebaut sowie Viehzucht betrieben. Die Eßkultur im südlichen Teil ist stärker von der europäischen und der indischen Kultur beeinflußt, weil das gemäßigte Klima den Anbau von Erdfrüchten aus Europa erlaubt. Dasselbe trifft auch auf Ostafrika zu. Die zahlreichen Hochplateaus ermöglichen dort ein angenehmes Klima, das viele Siedler aus Europa und Asien magisch anzog. Die Siedler brachten neben ihrer Kultur auch viele Agrarpflanzen mit, die ursprünglich nicht in Ostafrika anzutreffen waren.

Neben dem Ackerbau ist in Ostafrika auch die Viehzucht weit verbreitet, vor allem bei den Massai und Nomadenstämmen aus Somalia. Dabei helfen die Tiere nicht nur bei der Bearbeitung der Felder, sondern sind auch die Hauptnahrungsquelle der Menschen.

In den tropischen und subtropischen Regionen Afrikas, die in

West- und Zentralafrika liegen, werden zumeist unterschiedliche Wurzel- und Knollenarten sowie Getreide, vor allem Mais, angebaut. Insbesondere Kochbananen sind hier ein sehr beliebtes Nahrungsmittel. Außerdem werden viele Gemüsearten, Kräuter und Gewürze gezogen, die ursprünglich im Urwald gesammelt wurden. Obstbäume und Palmen sind in großer Zahl zu finden, was sich in den Eßgewohnheiten der Menschen widerspiegelt. So wird in den meisten Ländern West- und Zentralafrikas Palmöl zur Herstellung von Soßen, Ragouts oder zum Frittieren verwendet.

In Nordafrika, wo Reis, Mais, Getreide, viele Gewürze und Tee gut gedeihen, werden süße oder salzige Backwaren mit einem sehr zuckerhaltigen Tee serviert. Couscous und Reis gehören zu den Grundnahrungsmitteln und dienen als Beilage zu Gemüse, Soßen und Salaten. An den Küsten Afrikas und auf den zahlreichen Inseln wie Madagaskar spielt die Kokosnuß eine bedeutende Rolle in der Ernährung. Die Milch der Kokosnuß dient der Verfeinerung von Soßen. Das Fleisch der Kokosnuß wird zur Herstellung von Backwaren verwendet. Außerdem werden sehr viele Getränke, alkoholische wie nichtalkoholische, aus der Kokosnuß gewonnen.

Die Milch der Kokosnuß dient der Verfeinerung von Soßen.

Die Natur Afrikas bietet eine Vielzahl wildwachsender Nutzpflanzen, von denen sich die Menschen ernähren könnten. Leider nimmt ihre Zahl von Tag zu Tag ab. Die Gründe dafür sind vielschichtig: Umweltbelastung, Waldbrände, die Abholzung der Urwälder oder Naturkatastrophen wie Dürre. Die Hauptursache von Hungersnöten und Krankheiten in vielen Ländern Afrikas ist und bleibt jedoch die Vernichtung der Urwälder.

Der afrikanische Kontinent, der ein Fünftel der Landmasse der Erde bedeckt, hält weltweit den traurigen Rekord der höchsten Rate an Waldzerstörung. Dabei verschwinden viele Nutzpflanzen, für die sich inzwischen auch die pharmazeutische Industrie interessiert. Einige Gemüse und Kräuter, die aus der afrikanischen Küche nicht mehr wegzudenken sind, wurden in der Zeit der Sklaverei und des Kolonialismus aus Südamerika importiert, wie z.B. die Cassava, Kartoffeln und einige Arten von Gemüsebananen.

Besonders in den Küstengebieten Afrikas werden natürlich viel Fisch und andere Meeresfrüchte verzehrt. Das Meer sowie zahlreiche Flüsse und Seen dienen als Nahrungsquelle für einen Großteil der Menschen. Immer mehr Gewässer büßen jedoch ihren Fischreichtum aufgrund von Umweltvergiftungen ein. Im Südosten von Nigeria sind die meisten Fischer inzwischen arbeitslos, da das bei der Erdölproduktion austretende Öl ungehindert in die Flüsse sickern kann. Als eine Folge des Fischsterbens sind viele Kinder in dieser Region unterernährt. Um Ersatz zu schaffen, legen einige Erdölkonzerne sowie Gemeinden und Privatpersonen mittlerweile künstliche Fischteiche an.

Brot und Spiele

Trotz der oben genannten Nahrungsquellen wie Landwirtschaft, Viehzucht und Fischfang bleibt der Urwald die Hauptnahrungsquelle, besonders in den tropischen und subtropischen Regionen Afrikas. Der Wald erfüllt aber noch eine Vielzahl anderer Funktionen, als »Naherholungsgebiet«, zur Freizeitgestaltung und zum Schutz in Kriegszeiten. Auch wenn es pathetisch klingen mag: Für Kinder ist der Wald ein sehr spannender Ort, wo sie spielen und die Natur erforschen können. Es ist ein echtes Erlebnis, wenn sie mit ihren Kameraden früh morgens oder abends durch den Wald stromern, nach den Verstecken kleiner Tiere suchen oder Vögel jagen, die sie danach rösten und essen oder stolz mit nach Hause nehmen, um sie als Haustiere zu halten.

Ein großes Ereignis für afrikanische Kinder ist die Paarungszeit der Termiten, nach dem ersten Regen im Jahr. Die Termiten lassen sich auf den Boden fallen, um nach einem Partner und einem neuen Zuhause zu suchen. Sie verlieren dabei ihre Flügel. Die Kinder stellen sehr früh am Morgen Gefäße mit Wasser auf, die von Lampen bestrahlt werden. Die Termiten, vom Licht angezogen, fallen in die Wasserbehälter. Die Insekten werden von den Kindern herausgenommen, aufgespießt und mit etwas Salz knusprig geröstet, um dann warm verspeist zu werden.

Die Termiten werden mit etwas Salz knusprig geröstet, um dann warm verspeist zu werden.

Die Spiele, die die Kinder bei ihren Wanderungen durch den Wald spielen, haben nicht nur die Funktion, sie während der Arbeit bei guter Laune zu halten, sondern die Erwachsenen bezwecken damit auch, daß die Kinder ihre Umgebung spielerisch kennenlernen. Außerdem lernen sie den Wert der Nahrungsmittel schätzen, da sie bei deren Suche nicht nur lustige Abenteuer erleben, sondern auch mit Schwierigkeiten und Hindernissen zu kämpfen haben.

Viehzucht und Fischfang

Der Fischfang hat in Afrika eine sehr lange und wichtige Tradition. Die Fische sind nicht nur wertvolle Nahrungsmittel, sondern garantierten den Fischern ein sicheres Einkommen. Deshalb werden die Kinder schon sehr früh in die Kunst des Fischfangs eingeweiht. Die Menschen an den Küsten, an den großen Flüssen und Seen sind meistens hauptberuflich Fischer.

Für die afrikanischen Völker ist jeder Fluß heilig. Die Menschen glauben, daß ihre Ahnen und die Götter in den Flüssen wohnen. Durch die Vergiftung von Flüssen und Seen sterben nicht nur viele Fischsorten aus oder werden so stark dezimiert, daß die Menschen sich nicht mehr ausreichend von ihnen ernähren können, sondern sie verlieren auch ihren Lebensraum sowie ihre Tradition und Identität.

Die Viehzucht ist, ähnlich wie der Fischfang, eine traditionelle Tätigkeit in Afrika. Vieh war und ist zum Teil immer noch ein Zahlungsmittel bei verschiedenen Völkern. Viehzucht wird vor allem in Nord-, West- und Ostafrika betrieben, besonders bei den Volksgruppen der Fulabes, den Massai und den Somalis. Sie zählen zu den Nomaden, die von einem Weidegebiet zum nächsten ziehen und deswegen fast überall in Afrika heimisch sind, immer so lange, wie ihr Vieh genügend Nahrung und Wasser vorfindet. Die Nomaden ernähren sich hauptsächlich von dem Fleisch ihrer Tiere und von Milchprodukten.

In vielen Ländern Afrikas ist der Besitz einer großen Anzahl von Tieren ein Symbol für Reichtum. Da Vieh sehr wertvoll ist, wird es als Zeichen tiefer Zuneigung, aus Dankbarkeit oder als Belohnung für eine besondere Tat verschenkt. Neben Rindern und Schafen werden auch Ziegen und Hühner gezüchtet. Das Vieh läuft meistens frei umher, wird aber von seinen Besitzern gekennzeichnet, um es von den Tieren der Nachbarn unterscheiden zu können.

Das Vieh läuft meistens frei umher.

Neben der professionell betriebenen Viehzucht hält fast jeder Haushalt ein paar Ziegen, Schafe und Geflügel zur Deckung des eigenen Bedarfs an Fleisch, Eiern und Milchprodukten. Die Tiere haben einen Stall im Hinterhof, laufen jedoch tagsüber meistens frei umher und suchen sich ihr Futter selbst. Zum Haushalt gehören auch noch andere Tiere, darunter Hunde und Katzen.

Genüsse aus der afrikanischen Küche

In Afrika ißt man Mischkost. Die Hauptspeise besteht dabei aus pflanzlicher Nahrung wie Getreide, Gemüse, Früchte, Knollen wie *Cassava, Yams* oder Kartoffeln. Nur bei den Volksgruppen, die professionell Viehzucht oder Fischfang betreiben, besteht auch die Nahrung hauptsächlich aus Fisch, Fleisch sowie Milchprodukten.

In den meisten Haushalten leiten die Frauen den Kochvorgang, aber normalerweise trägt die ganze Familie dazu bei, daß das Essen »auf den Tisch kommt«. Da zumeist Brennholz fürs Kochen benötigt wird, ist es die Aufgabe der jungen Männer, Holz zu hacken und andere anstrengende Aufgaben rund um die Küche zu übernehmen. In Ostnigeria zum Beispiel, wo *Pounded Yam* und *Cassava Fufu* unverzichtbare Beilagen sind, übernehmen sie das Stampfen der *Yams* und der *Cassava*. Die Kinder erfüllen kleinere Aufgaben wie Teller spülen, Wasser holen usw. Vor einem großen Fest helfen sich die Frauen gegenseitig bei der aufwendigen Zubereitung.

In den Dörfern versammeln sich die Frauen und Kinder nach dem Abendessen. In der Nähe der Feuerstelle, wo gekocht wurde, wird ein Halbkreis gebildet, um sich Geschichten und Märchen zu erzählen. Nebenbei beschäftigen sich einige mit dem Schälen und Entkernen von Nüssen, um ausreichende Mengen an Kochzutaten für den nächsten Tag zu haben. Die Männer treffen sich ebenfalls. Sie reden über die Ereignisse des Tages oder überlegen, was in der nächsten Zeit zu tun ist, zum Beispiel, ob genügend Wildfleisch oder Erdfrüchte wie Yam vorhanden sind, wann und wie man sie beschaffen wird.

In den Dörfern versammeln sich die Frauen und Kinder nach dem Abendessen.

Die meisten Zutaten werden erntefrisch zubereitet. In vielen traditionellen Familien und auf dem Land werden täglich abwechselnde Gerichte zum Essen serviert. Die zahlreichen Tierarten und eßbaren Pflanzen in Afrika bereichern die Küche. Die Frauen haben oft die Qual der Wahl, wenn es darum geht, zu entscheiden, welches Gericht sie ihrer Familie anbieten. Und sie sind meistens dankbar, wenn die Natur sie von dieser »Qual« befreit: Je nach Jahreszeit sind die Beilagen und Saucen abhängig von der Art des Wildes, das die Männer gejagt haben.

Die Zubereitung der meisten afrikanischen Speisen ist aufwendig, besonders, wenn alle Zutaten selbst geerntet und verfertigt werden. Es sind diese Erlebnisse rund um die Küche, die dem Essen

**Die traditio-
nellen afrika-
nischen Spei-
sen sind in der
Regel sehr
nahrhaft.**

seine besondere Bedeutung verleihen. Die traditionellen afrikanischen Speisen sind in der Regel sehr nahrhaft, schon eine Mahlzeit deckt den täglichen Energiebedarf. Da Obst oder Gemüse direkt aus dem Garten in den Kochtopf wandern, bleiben die meisten Vitamine erhalten.

Heilende Pflanzen

Die traditionelle afrikanische Medizin kann nachweislich bis 3.200 v. Chr. und noch früher zurückverfolgt werden. Da wir Afrikaner viele Kochrezepte von unseren Ahnen übernommen haben, ist es heute oft schwierig zu beurteilen, wann ein Kraut als Heilpflanze und wann nur als Gewürz dient. Viele Menschen haben keine Ahnung von der Wirkung, die Nahrungsmittel auf unsere Gesundheit haben, und geben sich zufrieden, wenn sie sich nach dem Essen satt fühlen.

Wissenschaftliche Untersuchungen haben aber die medizinische Wirksamkeit von einigen pflanzlichen Nahrungsmitteln, die in vielen afrikanischen Speisen zu finden sind, bestätigt. *Tab. 1* ermöglicht einen Überblick.

Eine der »Wunderpflanzen«, die noch in Afrika zu finden sind, nennt man *Efinrin* (auf der Sprache der Yorubas), *Inchuamwu* (in der Sprache der Ibgo) und *Dondoya* (auf Hausa). *Ocimum gratissimum*, wie der lateinische Name der Pflanze lautet, werden nach wissenschaftlichen Untersuchungen folgende Wirkungen nachgesagt: Der frischgepreßte Saft aus den Blättern hilft bei Durchfall schon kurz nach der Einnahme, stoppt die Blutung bei kleinen Verletzungen und fördert den Heilungsprozeß, wirkt gegen Migräne und wird auch zur Heilung von Hautkrankheiten angewendet; der Duft verbrannter Blätter vertreibt Moskitos und andere schädliche Insekten.

Pflanzliche Nahrungsmittel als Medizin		Tab. 1
Pflanzenname	**Bestandteil**	**Medizinische Funktionen**
Chilipfeffer (Capsicumamnuum)	Capsaicin und Vitamin C	Erhöht die Sekretion in der Lunge und lindert chronische Erkrankungen wie Bronchitis und Emphysema.
		Wirkt sehr gut als sanftes Abführmittel.
		Verringert die Gefahr von zu hohem Blutdruck.
		Wirkt als schmerzstillendes Mittel.
Tomate (Lycopersicum esculentum)	Gamma-Amino-Buttersäure	Wirkt gegen zu niedrigen Blutdruck.
Zwiebel (Allium cepa)	Gebundenes Propyl-Disulfid	Ist vor allem sehr wirksam für die Heilung und Vorbeugung von Diabetes.
Gegorene Kürbiskerne		Sehr wichtig für die Heilung und Vorbeugung von Butarmut (Anämia).
		Zur Behandlung von Herzinfakten und um die Milchproduktion bei stillenden Müttern zu verbessern.
Utazi (auf Igbo), Gongronema Catifolium und Carica papaya		Wirksam insbesondere bei der Therapie von Zuckerkrankheit.

Leckere Rezepte

Nun möchte ich einige Gerichte aus verschiedenen afrikanischen Ländern und Regionen vorstellen.

Im nördlichen Teil Südafrikas ist das Klima nicht nur angenehm warm, sondern auch sehr konstant. Deshalb gedeihen zahlreiche Pflanzen (besonders Mais) sehr gut. Ein landestypisches Gericht aus dem Norden ist *Papkieki*. Das wird wie italienische *Polenta* oder wie *Fufu* zubereitet, dazu serviert man eine Spinatsoße mit Fleisch.

Im Süden ist es im Winter relativ kalt. Da der Boden in der Küstenregion außerdem noch sehr salzreich ist, sind die Voraussetzungen für die Landwirtschaft in dieser Region nicht ganz so optimal. In der Kap-Region wachsen viele Erdfrüchte aus Europa.

Außerdem ist die Region inzwischen bekannt für ihren Weinanbau. Die Speisen in diesem Teil Südafrikas sind stark europäisch und asiatisch beeinflußt. Da der westliche Teil des Landes fast ausschließlich aus Wüste besteht, spielt Landwirtschaft hier keine große Rolle.

Die Eßgewohnheiten in Madagaskar sind stark asiatisch beeinflußt. Das warme, milde Klima und die lange Regenzeit im Süden des Landes wirken sich sehr vorteilhaft auf den Anbau von Gemüse, Reis, Obst und Kokospalmen aus. Ein landestypisches Gericht ist *Ravitoto*. *Ravitoto* kocht man mit vielen Manioleblättern (*Cassava*) oder Spinat in Kokosmilch. Dazu kommen noch Gemüse und Gewürze und ggf. auch Geflügel, Rind- oder Schweinefleisch. Als Beilage wird Reis gereicht.

An der Küste wird in erster Linie Fisch mit Gemüsebeilage gegessen. Im Landesinneren betreibt man vor allem Viehzucht; *Zebus* (Buckelrinder) spielen eine wichtige Rolle. Nicht nur ihr Fleisch wird sehr gerne gegessen, sondern der Besitz von *Zebus* gilt als Zeichen für Reichtum und Glück. Manche Speisen in Madagaskar werden sehr scharf gewürzt.

Ein landestypisches Gericht aus Kamerun ist *Coco Yam* oder Kochbananen mit Palmöl und Erdnußsoße.

In vielen Gegenden ißt man sehr gerne »La pâte à la sauce de légume *gboma*«. Auf Deutsch: Maisgrießbrei mit Gemüsesoße. Ein landestypisches Gericht aus Kamerun ist *Coco Yam* oder Kochbananen mit etwas Palmöl und dazu Erdnußsoße (*macabo mas èsè* und *supa ngondo*). In Nigeria ißt man gerne *Ukwa*[7] mit Palmöl und geräuchertem Fisch oder mit Mais.

Eine der beliebtesten Speisen in Togo ist *Adokugbi Pilòn* (auf Ewe[8]). Sie besteht aus Cassavagrieß mit einer gut gewürzten Tomatensoße und Gänsefleisch. Dazu wird eine Chilisoße serviert. Man ißt dieses Gericht meistens abends.

Aus meinen zahlreichen Erfahrungen mit Menschen aus den unterschiedlichsten Erdteilen, vor allem aus Europa, weiß ich, daß viele Gerichte aus Afrika am Anfang sehr gewöhnungsbedürftig sind. Besonders der Geschmack von Palmöl und Bitter Leaf bereitet Probleme. Auch manche Gewürze, wie fermentierte Kürbiskerne, oder getrockneter Fisch finden nicht überall Anklang.

Sehr wichtig für die afrikanische Küche sind Chilischoten. Da je-

---

7 In der Sprache der Igbo die Bezeichnung für Breadfruit, eine Hülsenfruchtart.
8 Die Sprache Ewe wird vorwiegend in Togo und Ghana gesprochen.

doch nicht jeder gerne scharf ißt, sind die Meinungen auch darüber sehr geteilt. Doch viele Nichtafrikaner, die das Essen zum ersten Mal probieren, bestehen darauf, daß das Gericht in seiner ursprünglichen Form zubereitet wird, ganz nach dem Motto: »Wenn man schon afrikanisch ißt, dann bitte auch richtig.«

Imbisse und Snacks

Wie ich schon erwähnt habe, gibt es in den meisten afrikanischen Kulturen zwei Hauptmahlzeiten. Gegen den kleinen Hunger zwischendurch ißt man Snacks wie Wildpflaumen, die im Mundwinkel langsam zerschmelzen. Auch das Fruchtfleisch der Kokosnuß, das pur oder zusammen mit Sirup in einer Pfanne röstet, ist beliebt, ebenso Maiskolben, in Salzwasser gegart oder gegrillt.

> Gegen den kleinen Hunger zwischendurch ißt man Snacks wie Wildpflaumen.

Im Norden, wo viele Getreidesorten wachsen und die Menschen durch das Vieh über frische Milch oder Joghurt verfügen, wird viel Joghurt-Getreidebrei gegessen. Meistens bereiten kleine Mädchen, die noch nicht kochen können, diese Snacks vor. Delikatessen wie *Akra, Moi Moi*[9] oder auch Bohnen- und Maiskuchen sowie Kokoskekse sind sehr beliebte Zwischenmahlzeiten.

Mais oder Bohnen Akara

Zutaten für zehn Personen:

250 g Augenbohnen oder frischen gemahlenen Mais

1 kleingeschnittene Zwiebel

Salz und Chilipfeffer (gemahlen) nach Geschmack

1 Möhre gerieben oder klein geschnitten sowie

Öl zum Frittieren

---

9 Eine Paste aus geschälten Augenbohnen, die mit anderem Gemüse und etwas Öl vermischt wird, um dann in Dampf gegart zu werden.

Das gemahlene Augenbohnenpulver mit einer halben Tasse Wasser und den übrigen Zutaten vermischen. Das Öl wird in einer Pfanne erhitzt und die Augenbohnenmasse löffelweise in das heiße Fett gegeben und goldbraun frittiert. Die Küchlein können dann als Imbiß oder zum Frühstück mit Getreidebrei serviert werden.

Erdnußkekse

Zutaten:

300 g Erdnußbutter

Chilipfeffer gemahlen, nach Geschmack

1 kleingehackte Zwiebel

Gewürze nach Wahl

1 Teelöffel Salz

Öl zum Frittieren

Öl aus der Erdnußbutter pressen und mit allen Zutaten vermischen. Auf der Handfläche kleine Fladen formen und im Öl frittieren, bis sie hellbraun sind. Herausholen, abtropfen lassen und servieren.

Kochbananenchips

Reife oder noch grüne Kochbananen schälen und in feine Scheiben schneiden. Mit Salz würzen, in Fett goldgelb frittieren, abtropfen lassen und am besten gleich servieren.

Der Einfluß anderer Kulturen auf die afrikanische Küche

Kolonialismus, Handel und Tourismus beeinflussen die afrikanische Küche seit dem letzten Jahrhundert. So wurden frittierte Teige, die *beignets*[10], *bon*[11] oder *Pufpuf*[12] oder auch *Pain Perdu*[13] im Senegal und anderen frankophonen Ländern übernommen. In den afrikanischen Großstädten häufen sich inzwischen Imbißshops wie »Chicken joints«, Pizzerien oder auch *Suja Spots*[14].

Da die Menschen in den Großstädten meistens modernen Berufen nachgehen, veränderte sich auch ihre Eßkultur zwangsläufig. So hat sich dort das Frühstück durchgesetzt. In der Mittagszeit, wenn die Menschen nicht die Möglichkeit haben, zu Hause etwas zu essen, kaufen sie sich ihr Essen an Imbißständen oder gehen, wenn sie es sich leisten können, ins Restaurant. Die meisten Leute bevorzugen *mama put*, Imbißstände, vergleichbar mit den Würstchenbuden in Deutschland.

Auch afrikanische Frauen sind zunehmend berufstätig oder studieren. Aus diesem Grund haben sie abends entweder keine Zeit oder keine Lust, aufwendige Gerichte vorzubereiten, wie es ihre Mütter oder Großmütter auf dem Lande noch tun. Deswegen besteht das Abendessen in vielen Familien inzwischen aus Brot und Tee oder einem einfachen warmen Essen. Statt frisches Obst und Gemüse zu genießen, kaufen die Oberschichten gern importierte Konserven.

> In den afrikanischen Großstädten häufen sich inzwischen Imbißshops wie »Chicken joints«.

---

10 Die Bezeichnung für *Pufpuf* in frankophonen, afrikanischen Ländern.
11 Aus Rührteig hergestellte frittierte Bällchen, die meistens auf der Straße als Imbiß verkauft werden.
12 Bällchen aus frittiertem Hefeteig ähnlich der Faschingskrapfen in Deutschland.
13 Baguettescheiben, die in einer Masse aus Ei, Zucker und Milch getunkt und danach in Fett gebacken werden.
14 Vergleichbar einem Gyrosimbißstand.

Getränke in Afrika

Während der Mahlzeiten und auch zwischendurch wird Wasser getrunken. Wasser ist sehr wertvoll in Afrika, so daß man entsprechend sparsam damit umgeht. Die Dörfer liegen meistens weit entfernt von Wasserstellen wie Flüssen oder Brunnen, so daß die Kinder täglich lange, ermüdende Wege auf sich nehmen müssen, um Wasser zu holen. In der Regenzeit wird Wasser in Behältern oder in Brunnen gesammelt. In Nordnigeria war es Tradition, daß die Menschen einen Topf mit Wasser vor ihr Haus stellten und Fremde, die Durst hatten, sich bedienen durften. Tee aus Kräutern und Blüten wird vor allem im Norden mit viel Zucker getrunken.

An der Küste trinkt man in erster Linie Kokossaft und in Westafrika vor allem Palmwein. Bier aus Getreide oder reifen Bananen wird bei Festen gereicht. In Südafrika sind Obstsäfte und Wein beliebte Getränke. In Madagaskar wird Reiswasser zu jedem Anlaß serviert. Fischer trinken gerne selbstgebrannte Spirituosen nach dem Essen, während Bauern, die hauptsächlich von der Viehzucht leben, vorwiegend frische Milch, Joghurt oder Buttermilch trinken. In Nord- und Ostafrika wird nicht nur Tee, sondern auch viel Kaffee getrunken. Beliebt in allen Regionen Afrikas ist Ingwerlimonade.

Hunger in Afrika

Außer in Kriegszeiten oder nach Naturkatastrophen haben die Menschen auf dem Lande immer genügend zu essen. Dagegen ist die Nahrungsversorgung vieler Menschen, vor allem in den Slums der Großstädte, nicht gesichert. Gerade Kinder leiden unter den Nachteilen der modernen Lebensweise. Viele Frauen in der Großstadt müssen arbeiten und haben keine Zeit, ihre Kinder zu stillen oder lehnen es aus ästhetischen Gründen ab. Die Stadtmenschen sind außerdem anfälliger für Allergien, Atemwegserkrankungen, Durchfall, Kopfschmerzen und Herzerkrankungen.

Gerade Kinder leiden unter den Nachteilen der modernen Lebensweise.

Hungersnöte sind keine Folge von Faulheit, auch keine Strafe Gottes. Hungersnöte haben viele Ursachen. Ihre erfolgreiche Bekämpfung ist auch kein unmögliches Unterfangen, wenn nur der Wille da ist. Einige Ursachen für Hungersnöte sind: Naturkatastrophen wie Dürre, Überschwemmungen und ungünstige Klimaveränderungen, eine unangemessene Handelspolitik, Umweltverschmutzung und -zerstörungen, Krieg oder falsch eingesetzter technischer Fortschritt.

Frances Moore Lappé macht in seinem Buch *World Hunger: Twelve Myths* in erster Linie die unfaire internationale Handelspolitik verantwortlich, die auf Kosten der Kleinbauern die Preise für landwirtschaftliche Produkte niedrig hält. Wer meint, die Hungersnöte mit einer gesteigerten Agrarproduktion mittels moderner Agrarmaschinen, dem Einsatz künstlicher Düngemittel und Pestizide bekämpfen zu wollen, oder sogar auf die Gentechnologie setzt, hat vielleicht gute Absichten, ist aber auf dem falschen Weg. Die Welt braucht keine größeren Vorräte an Nahrungsmitteln, um den Hunger zu bekämpfen, sondern eine grundsätzliche Veränderung der Strukturen in der internationalen Agrarwirtschaft. Dazu schreibt Frances Moore Lappé folgendes:»Die Welt produziert heute genügend Getreide, um jeden Menschen auf dem Planeten mit täglich 35.000 Kalorien zu versorgen, und das würde reichen, um die meisten dick zu machen. In vielen Ländern Afrikas, die besonders von Hungersnöten betroffen sind, werden Nahrungsmittel exportiert.«

In vielen Ländern Afrikas, die von Hungersnöten betroffen sind, werden Nahrungsmittel exportiert.

Mein Appell

Ich bin der Überzeugung, daß viele soziale und wirtschaftliche Probleme in Afrika gelöst werden könnten, wenn sowohl die Transport- als auch die Kommunikationsmöglichkeiten verbessert würden, um eine gerechte Verteilung von Nahrungsmitteln zu garantieren.

Regelmäßig stattfindende Lebensmittelmessen könnten dazu beitragen, daß die Menschen über Nutzpflanzen informiert würden, die vielleicht bei ihnen wachsen, deren Nährwert und Verwendungsmöglichkeiten sie aber nicht kennen. Gleiches gilt für einige Tiere. Ich hoffe, daß die Menschen ihre Umwelt schätzen und offener mit fremden Kulturen leben lernen.

Literatur

Achebe, C.: *Okonkwo oder Das Alte stürzt,* Frankfurt/M. 1983.

Djigma, A. u.a.: *Agricultural alternatives and nutritional self-sufficiency,* Tholey-Theley 1990.

Ileia. Newsletter for low external input and sustainable agriculture, Leusden Nr. 3, Oktober 1989.

Lappé, F. M.: *World Hunger: Twelve Myths,* 1998.

Natürlich. Zeitschrift für Mensch und Umwelt, Nr. 3, Mai/Juni 1993.

Olapade, E. O.: *Food and Herbs for Diabetes mellitus.* Natural cure series vol. 1. Ibadan (Nigeria) 1995.

Comida statt Alimento!

Ernährung in Lateinamerika

Gustavo Esteva

Der mexikanische Ernährungswissenschaftler Adolfo Chávez gab auf einem Ernährungskongreß im August 1996 in Mexico City seiner Besorgnis Ausdruck, daß die Hälfte der bei uns derzeit geborenen Kinder irreversible vorgeburtliche Schäden erleidet! Ich weiß nicht, ob er übertreibt, aber auch wenn sich seine Hypothese als falsch herausstellen würde, hat sie einen wahren Kern und deckt eine dramatische Realität auf: Eine große Anzahl von Menschen in Lateinamerika hungert. Und Frauen und Kinder sind abermals die am schwersten Betroffenen. Es quält uns die langsame Agonie, die die Technokraten im Begriff »Unterernährung« verkleiden und die bedeutet, nicht genug zu essen zu haben oder nichts wirklich Nahrhaftes.

Ich will hier nicht eine Chronik des Desasters, der Schande und Schmach nachzeichnen, geschweige denn einen tränenreichen Beschwerdebrief loswerden. Ich will auch keine weitere technische Abhandlung zur »Nahrungsmittel-« oder »Ernährungssituation« in Lateinamerika hinzufügen. Vielmehr habe ich mich entschieden, innovative Ansätze vorzustellen – Ansätze, die sich in den Tiefen unseres sozialen Lebens aufspüren lassen, die vom dramatischen Zustand der Verhältnisse ausgehen, aber dennoch eine Perspektive voller Hoffnung und Möglichkeiten eröffnen.

> Es quält uns die langsame Agonie, die die Technokraten im Begriff »Unterernährung« verkleiden.

Wieder Wurzeln schlagen

Die Welt hat aufgehört, Traum, Prophezeiung oder Projekt zu sein. Sie ist wirklich geworden. Die kulturelle Isolierung ist Vergangenheit. Es gibt keine Völker mehr, die keinen Kontakt zur Außenwelt hätten: Sie alle sind miteinander verwoben. Eine Art Meganetz macht die Interaktion, die gegenseitige Durchdringung und Abhängigkeit unvermeidbar. Die Neigung, die Welt zu vereinigen und zu homogenisieren, wird immer ausgeprägter. Dies vollzieht sich aber nicht mehr über den Transmissionsriemen Ideologie, sondern mittels der Produktion. Veränderte Produktionsweisen haben die globale Farm, die globale Fabrik und den globalen Markt geschaffen. Die neuen Transport- und Kommunikationstechnologien vermitteln ein neues Gefühl der Zugehörigkeit zum Globus, eine Form von gemeinsamer Existenz, die sich in dem Schlagwort vom globalen Dorf ausdrückt. Die Ignoranz der Großkonzerne gegenüber den nationalen Grenzen – die Technokraten nennen es Internationalisierung des Kapitals – schafft die Illusion vernunftgeleiteter Integration und des Aufgehens unseres Daseins in dieser globalisierten Realität. Die Leute tragen dieselben Jeans und rauchen dieselben Zigaretten (oder hören aufgrund derselben Kampagnen mit dem Rauchen auf). Die Allgegenwart spart keinen Ort mehr aus. Eine mexikanische Seifenoper bricht die Zuschauerrekorde in Rußland, und die Gerüchteküche der englischen Königsfamilie ist überall zu »riechen«.

Der Fehler dieser Beschreibung liegt darin, daß sie nicht berücksichtigt, was sich in den Lebenswelten der sozialen Mehrheiten abspielt. Gemeint sind die zwei Drittel der Weltbevölkerung, die keinen regelmäßigen Zugang zu den Gütern und Dienstleistungen haben, die das »Lebensniveau« der industrialisierten Länder charakterisieren. Ihre Lebensweise ist geformt durch ihre eigenen Traditionen; sie machen sich das »westliche Projekt« nicht zu eigen oder sehen es aus einem anderen Blickwinkel. Hingegen stehen »soziale Minderheiten« für das verbleibende Drittel der Bevölkerung dieses Planeten, die Gruppen von Menschen im Norden wie im Süden, die weltweit und relativ homogen ein modernes (westliches) Leben führen. Man nennt sie in jeder Gesellschaft gewöhnlich die oberen Klassen, und sie sind eingebettet in die Wirtschaftsgesellschaft.

Die gesellschaftlichen Mehrheiten erfahren eine wachsende Marginalisierung.

Die gesellschaftlichen Mehrheiten erfahren – gerade umgekehrt – eine wachsende Marginalisierung vom »globalisierten Leben« und werden sich mehr und mehr dessen bewußt: Sie werden nicht bei McDonald's essen, sie werden nicht im Sheraton übernachten und kein Familienauto ihr eigen nennen, denn bevor dies alles geschehen könnte, werden die »Globalisierten« die Ressourcen des Planeten längst aufgezehrt haben.

Die Mehrheiten haben indes begonnen, darauf zu reagieren. Angesichts der Globalisierung ihrer Bedeutungslosigkeit schlagen sie wieder an jenen Orten Wurzeln, die ihnen und zu denen sie gehören. Sie richten sich dort ein und sammeln Kraft. Ihre Initiativen beschränken sie bewußt auf die lokale Ebene: statt weiter die Eingliederung in die globalisierte Welt zu suchen, verlangen sie Respekt gegenüber dem, was sie sind, und was sie ihr eigen nennen, und sie bemühen sich, es auszugestalten und lebendiger zu machen. Sie erobern die Lebensräume ihrer Gemeinschaften zurück oder erschaffen neue.

Diese Einstellungen tauchen vor allem bei denen auf, die sich der Versklavung durch die Megamaschine entziehen und bisher vermeiden konnten, in einer grotesken Metamorphose zum *homo oeconomicus* verwandelt zu werden. Dieselben Abgrenzungsmechanismen kann man aber auch bei Menschen der mittleren Schichten beobachten. Während sich einige von ihnen wie in einer Massenpanik vor den immer enger werdenden Toren zusammenrotten, hinter denen die Welt liegt, die sie verloren haben, schließen sich andere jenen an, die niemals bis dahin gekommen sind. Gemeinsam ist man stärker, wenn es gilt, sich politischen und gesellschaftlichen Herausforderungen zu stellen. Kurzum: Die Lokalisierung oder »Wieder-Verortung« könnte mehr noch als die Globalisierung jene Tendenz werden, die das ausgehende Jahrhundert kennzeichnet.

In Lateinamerika umfassen die globalisierten Minderheiten wahrscheinlich schon ein Drittel der Bevölkerung. Ihre Ideen und Verhaltensweisen sind mittlerweile standardisiert, und es ist nicht leicht, sie von ihren Brüdern und Schwestern in den Industriegesellschaften oder nach verschiedenen Ländern zu unterscheiden. Der einzige Unterschied liegt in ihrem Anteil an der Gesamtbevölkerung: Während es in Argentinien über die Hälfte ist, die »dazu gehört«, sind es in Bolivien oder Guatemala nicht mehr als ein Zehntel.

Im Gegensatz hierzu finden wir innerhalb der sozialen Mehrheit eine große Heterogenität. Abgesehen davon, daß sie unzufrieden sind, haben sie kaum einen gemeinsamen Nenner. Die Tatsache, daß sie nicht auf den abendländischen Weg einschwenken wollen oder ihn auf andere Weise annehmen, bedeutet nicht, daß sie dieselbe zivilisatorische Matrix besäßen oder dasselbe Mythensystem. Was sie jedoch vereint, ist ihre Reaktion auf dieselben globalen Phänomene, was ich am Beispiel des Essens aufzeigen will.

In Lateinamerika umfassen die globalisierten Minderheiten wahrscheinlich schon ein Drittel der Bevölkerung.

Mahlzeit oder Nahrungsmittel?

Ich schlage zunächst vor, das Wort *comida* (Mahl, Essen bei Tisch) zu benutzen, wenn man sich auf die sozialen Mehrheiten in Lateinamerika bezieht; das Wort *alimento* (Nahrungs- oder Lebensmittel) bleibt dem professionellen und institutionellen Gebrauch der globalisierten Minderheiten vorbehalten. Kennzeichnend für die sozialen Mehrheiten ist dagegen, daß Tätigkeiten wie Essen beschaffen, es erzeugen, zubereiten und aufbewahren sowie der Akt des Essens einen großen Raum im täglichen Leben einnehmen. Im Gegensatz hierzu bedeutet »sich ernähren« das Kaufen und Konsumieren von Nahrungsmitteln (eßbaren Objekten), entworfen von Fachleuten und verteilt durch Institutionen wie den Markt oder den Staat.

Diese Unterscheidung kann ich im Spanischen gut treffen. Ich kann bei verschiedenen sozialen Gruppen unterschiedliche Verhaltensweisen identifizieren, die jeweils den geschilderten Rahmenbedingungen entsprechen. Ich kann belegen, daß die *comida* bei Indios und Campesinos eine komplexe Beziehung zur Erde hat, die nicht mit dem technischen Vorgang der Lebensmittelproduktion zu vergleichen ist. Und ich kann die Unterschiede zu einem Studenten in Lima oder Santiago aufzeigen, der *alimentos* konsumiert und dabei völlig abhängig von den Institutionen ist, die sie ihm zur Verfügung stellen.

Im Englischen kann ich diese Unterscheidung nicht treffen. *Food* bedeutet *alimento* und nicht *comida*. *Meal*, *nourishment* und andere Vokabeln dieser Wortfamilie beziehen sich nur auf *food*. *Meal* bedeutete früher einmal dasselbe wie *comida*, genau wie *Mahl* im Deutschen, einem Wort von offensichtlich derselben Wurzel. Heute geht es jedoch nur mehr um die Zeit und Rahmenbedingungen bei der Einverleibung von Lebensmitteln. *Nourishment* wiederum ist ein technischer Ausdruck – so wie *nutrición, nutrition, nourriture, Nahrung* –, der sich auf die Inhaltsstoffe des Lebensmittels bezieht, definiert von den Fachleuten.

> **Heute geht es nur mehr um die Zeit und Rahmenbedingungen bei der Einverleibung von Lebensmitteln.**

Es fällt nicht leicht zu erklären, warum es für *comida* kein Wort im Englischen gibt. Aber vielleicht sollte man sich in Erinnerung rufen, daß die angelsächsische Welt den kulturellen Rahmen für die industrielle Erzeugung von Nahrungsmitteln erfand, die schließlich zur dominierenden wurde. Die einheimischen Tätigkeiten, verbunden mit der *comida*, wurden in ihrer Einflußsphäre kontinuierlich abgewürgt oder ausgemerzt. Wer die Traditionen retten wollte oder sich in jüngerer Zeit um eine Wiederbelebung bemüht, stößt auf erhebliche Schwierigkeiten. Kurz: Die aktuelle Situation hat den permanenten Mangel der *comida* institutionalisiert.

Kaum habe ich diesen Satz geschrieben, erkenne ich, daß er die moderne Logik zunächst verletzt. Nach dieser wird Lebensmittelknappheit mit Rückschritt assoziiert, mit dem Drama in Äthiopien oder auch mit einigen Unregelmäßigkeiten der industriellen Welt. Der frühere US-Präsident Reagan bekräftigte zu seiner Zeit gebetsmühlenartig, daß in Ländern wie den USA nur Dummköpfe Hunger leiden könnten und dies auf jeden Fall ein Randproblem sei.

Wenn ich hier den Mangel erwähne, spreche ich weder von unterernährten Personen oder Gruppen innerhalb der globalisierten Minderheiten noch von einer falschen Ernährung. Ich beziehe mich auch nicht auf die fehlenden Lebensmittel einer Bauerngemeinde nach einer schlechten Ernte und ebensowenig auf die aufgezehrten Lebensmittelreserven eines afrikanischen Landes. Vielmehr meine ich einen chronischen und allgemeinen Zustand der globalisierten Minderheiten, in dem die Leute alimentiert werden müssen und in ständiger Abhängigkeit von öffentlichen und privaten Institutionen und deren Apparaten leben. Damit einher geht die anhaltende Sucht nach Dienstleistungen, die sich als wunderbare Errungenschaften der Zivilisation verkaufen lassen.

Es stellt sich derzeit als schwierig heraus, da die globalisierten Minderheiten ihren chronischen Mangel an *comida* bemerken. Ohne Murren akzeptieren sie längst die Unzulänglichkeiten und Defizite der modernen Ernährung. Aber sie sind gleichermaßen überzeugt, daß diese Abweichungen mit technischem und politischem Fortschritt überwunden werden können, ohne daß man die – für sie offensichtlichen – Vorteile aufgeben müßte, die das industrielle System der Nahrungsmittelproduktion mit sich bringt.

Die Tatsache, daß die Wünsche der industriellen Nahrungskonsumenten rein gar nichts mehr zu tun haben mit der Fähigkeit, Essen zu erzeugen, wird von ihnen selbst als Befreiung betrachtet. Nachdem sie sich die Mühsal des Landbaus vom Halse geschafft haben, rackern sich die modernen Städter jetzt damit ab, jede mit dem Essen verbundene »Last« loszuwerden. So oft wie möglich gehen sie zum Essen »aus«, und mit Begeisterung akzeptieren sie die Angebote der Nahrungsmittelindustrie, die häusliche, mit der Essenszubereitung verbundene Zeit auf ein absolutes Minimum re-

Ohne Murren akzeptieren die globalisierten Minderheiten die Unzulänglichkeiten und Defizite der modernen Ernährung.

Wenige Dinge üben derzeit mehr Faszination aus als die Küchengeräte, die Zeit und Arbeit sparen.

duzieren, angepriesen womöglich noch mit feministischen Argumenten. Wenige Dinge üben derzeit mehr Faszination aus als die Küchengeräte, die Zeit und Arbeit »sparen«, und die Lebensmittel, in die schon Phasen ihrer Zubereitung eingebaut worden sind, so daß es fast keiner Anstrengung mehr bedarf, sie direkt vom Supermarkt aus in den Mund zu führen. Wendell Berry hat unübertrefflich diese Situation wie folgt beschrieben:

»Die Nahrungsmittelfabrikanten haben es geschafft, Millionen von Konsumenten für bereits zubereitete Lebensmittel zu gewinnen. Die Fabrikanten bauen sie an, kochen sie und servieren sie, wobei sie – genau wie es ihre Mutter machen würde – auch noch auffordern, alles brav aufzuessen. Was sie noch nicht anbieten, ist, den Leuten die Nahrung vorgekaut in den Mund zu schieben, aber nur, weil sie noch keine profitable Methode dafür gefunden haben; sie wären jedoch glücklich, eine solche zu entdecken! Der ideale Konsument des industrialisierten Essens hätte ›bei Tisch‹ sein Röhrchen im Halse, das die Nahrungsfabrik direkt mit seinem Magen verbände: Man denke nur, welche Ersparnis an Zeit und Geld dies bedeuten würde und wie effektiv eine solche Installation wäre!«[1]

Wir machen alles für Sie! So heißt der bekannte Werbespruch einer großen Firma. Die globalisierten Minderheiten scheinen überzeugt zu sein, daß der breite Fächer des Angebots auf dem Lebensmittelmarkt ihnen erlaubt, alle persönlichen Vorlieben zu befriedigen. Und obgleich sie auch nicht immer über die nötige »Kauf-Kraft« verfügen – da kann der Appetit auch unbefriedigt bleiben –, ziehen sie die Schwierigkeiten vor, der Sachen habhaft zu werden, statt sich wie früher dem Herstellen und Zubereiten des Essens zu widmen. Wenn jemand sie aufmerksam machen würde, daß die sogenannten statistisch erfaßten Verbrauchervorlieben oder die Souveränität des Konsumenten ein nicht haltbarer Mythos sind, und wenn man ihnen nachweisen würde, daß im wirklichen Marktgeschehen die Großfirmen die »Bedürfnisse« des Konsumentenvolkes diktieren, würde jeder einzelne sich als Ausnahme von der Regel betrachten und zu zeigen versuchen, daß dieses allgemein beobachtbare Phänomen in seinem Falle nicht zutrifft. Wenn ich hierüber mit Verbrauchern in Rio, Caracas, Buenos Aires oder Mexiko-Stadt spreche, ist es mir fast immer unmöglich, mit ihnen zusammen dem absoluten Mangel an *comida* auf die Spur zu kommen, den ich in ihrem Leben feststelle.

---

1 Berry 1990, S. 146

Vor 50 Jahren prophezeite Orwell, daß »wir auf lange Sicht entdecken werden, daß die Dosennahrung eine tödlichere Waffe ist als das Maschinengewehr«. Wird es uns je deutlich werden, was uns eigentlich genommen und vorenthalten wird, wenn wir uns den »Luxus« erlauben, in Europa im Winter mexikanische Erdbeeren oder afrikanische Ananas zu essen oder das ganze Jahr über »frische« Apfelsinen in Mexiko-Stadt? Wie kriegt man den Kopf klar, um zu sehen, was man dadurch verliert? Wie lernen wir, daß dieses reichhaltige Angebot in Wahrheit eine Form verstümmelnder Gleichförmigkeit ist, die nichts mit der wirklichen Vielfalt des Essens zu tun hat, im Rhythmus der Jahreszeiten und als Produkt der eigenen Umwelt? Wie bekämpfen wir die Faszination oder widerstehen ihr, die vom industriellen Lebensmittel ausgeht, mit seinen verheißungsvoll leuchtenden Verpackungen und seiner fleckenlosen Erscheinung? Wie können wir die egalitären Illusionen über Produktions- und Lebensweisen entlarven, die die Phantasie der ganzen Welt in ihren Bann gezogen haben?

Das Lebensmittel – *alimento* – kann 2.000 oder 20.000 Kilometer transportiert werden, aber die *comida* verläßt nie den Ort, wo sie geboren wurde. Die Bestandteile eines »Thai«-Menüs in London zu verzehren, in der Annahme, man nehme teil an einem thailändischen Essen, wäre so, als ob man beim Zoobesuch glaube, man befände sich auf einer Safari in Afrika. Wenn *comida* eine Art »Lebensmittel im Kontext« ist, kann dieser Kontext nicht durch die Farbe des Lokals, die Art der Lebensmittel oder die Begabung des Kochs hergestellt werden – der vielleicht auch noch zusammen mit den Gewürzen importiert wurde.

Der Kontext ist notwendigerweise ein sozialer, die ganze Welt sitzt mit Herz und Seele beim Essen. Die *comida*, sagt Roland Barthes, »ist nicht nur eine Ansammlung von Erzeugnissen, die man statistischer und ernährungswissenschaftlicher Betrachtung unterziehen kann; sie ist auch und zur selben Zeit ein Kommunikationssystem, eine Sammlung von Bildern und Vorstellungen, ein Regelwerk von Gebräuchen, Situationen und Verhaltensweisen«.

Wer in die Dominikanische Republik reist, sollte Monte Bonito besuchen, ein kleines Dorf im Nordwesten des Landes. Mein Freund Erik Duus, ein norwegischer Anthropologe, hat dort viele Jahre gelebt. Er war überaus von der dort verbreiteten Praxis fasziniert, die man dort *impostura* nennt. Darüber hat er einen interessanten Essay geschrieben.[2] *Impostura* hat eine symbolische Bedeu-

Wer in die Dominikanische Republik reist, sollte Monte Bonito besuchen.

tung und ist gleichzeitig »eine informelle Vertragsbeziehung, in der die Vertragsparteien das Versprechen eingehen, Teile ihrer *comida* unter sich auszutauschen«.

Duus entdeckte, daß die *impostura* Gegenstand komplexer Interpretationen ist und beim Aufstellen von Bedeutungen in der sozialen Interaktion eine gewichtige Rolle spielt. Die Frauen sprechen von der *impostura* wie folgt:

- *Impostura* heißt zusammensein und sich nahefühlen, daß man sich gut verträgt und freundschaftlich verbunden ist.
- *Impostura* bedeutet jedoch viel mehr. Wer seinen Kindern nichts mehr zu essen geben kann, bekommt Hilfe von Freunden und Nachbarn.
- Die *impostura* will Zuneigung zum Ausdruck bringen. Wenn Sie und ich Zuneigung verspüren, schicken Sie mir Ihre *comida*, und ich schicke Ihnen meine. Man sucht keinerlei Vorteil, es ist Zuneigung, die man sucht. Wenn Sie mir heute Ihre *comida* schicken, wo ich selbst keine habe, esse ich sie und bin den Hunger los. Vielleicht kommen Tage, wo ich Ihnen die meine schicken kann, wenn Sie Hunger haben.
- Es heißt einfach demjenigen helfen, der weniger kann. Schauen Sie, dort liegt mein gerade operierter Mann. Seit Tagen habe ich kein Geld, um das Essen zu kaufen, aber er hat gegessen: Meine Nachbarn brachten die *comida*!

> Man sucht keinerlei Vorteil, es ist Zuneigung, die man sucht.

Erik Duus glaubt, daß man die Weitergabe einer comida als etwas verstehen muß, das über den reinen Vorgang hinausgeht, das soziale Gefühle der Einheit, der Rücksicht, der Nähe und Freundlichkeit ausdrückt. Das *alimento* hingegen ist ein Wort in der ökonomischen Welt, die eine Welt des Mangels ist.

Über Grüne Revolution und Entwicklung hinaus

Wie viele frühere Kolonien hat auch Mexiko zu Anfang dieses Jahrhunderts versucht, seinen eigenen Weg in Sachen Landbau zu gehen. Bemerkenswerte technische und wissenschaftliche Anstrengungen sicherten die Vorzüge seiner Sozialrevolution von 1910, die

---

2 Duus 1982.

den Landbesitz, die Formen der Arbeitsorganisation, die Allianzen der gesellschaftlichen Klassen und die Beziehungen zwischen Kleinbauernschaft und Staat neu regelte. Im Mittelpunkt stand dabei die jahrtausendalte Tradition der Campesinos.

Der Entwicklungswahnsinn, der in den 40ern losbrach, hat das Blatt zum Negativen gewendet. Zum Bankett der industriellen Revolution waren die Campesinos fortan nicht mehr geladen. Das Sagen hatte jetzt das Büro für Spezialstudien im Landwirtschaftsministerium, übrigens finanziert von der Rockefeller-Stiftung. Dort wurde 1943 ein Forschungsprojekt ins Leben gerufen, welches ein neues Modell im Visier hatte: die Grüne Revolution.

> **Zum Bankett der industriellen Revolution waren die Campesinos fortan nicht mehr geladen.**

Der Paradigmenwechsel, der die »eingeborenen« Agronomen hinauswarf und statt ihrer die aus Wisconsin willkommen hieß, war nur eine Spielart dessen, was 100 Jahre zuvor in den Industriegesellschaften passiert war, als die Theorie der Minerale die des Humus ersetzte. Um 1850 herum publizierte ein von Justus von Liebig eingerichteter Think-Tank die neuen Ideen, die bis zur Ära der Genetik die Forschung dominierten. Neue Technologien halfen mit, den Landbau der Industrie zu unterwerfen. Diese Paradigmen, denen universelle Gültigkeit zugesprochen wurde, obwohl sie ganz offensichtlich vielen lokalen Standortbedingungen widersprachen, ersetzten im industriellen Europa schnell die europäische bäuerliche Tradition, die auf der 50 Jahre zuvor wissenschaftlich begründeten Humus-Theorie beruhte. Die »neuen« Leitideen wurden als fortschrittlicher und faktisch besser anerkannt, da sie sich den Interessen der sozialen Akteure problemlos anpaßten. Entsprechend schnell und widerstandslos griffen sie auf die USA über, wo das neue Paradigma schließlich – in diesem Jahrhundert – seinen ausgeprägtesten technologischen und industriellen Ausdruck fand.

Der unkritische Export dieser Ideen als universal gültiger, wissenschaftlicher Wahrheiten hat zu vielen aktuellen landwirtschaftlichen Katastrophen in Lateinamerika beigetragen. Seit den 80ern jedoch begann eine neue Generation von Fachleuten, sich wagemutig dieser Situation zu stellen. Mit Entschiedenheit dokumentierten sie die Fehlschläge, welche die »Entwicklung« den scheinbar Begünstigten zumutete, und gleichermaßen deren überraschend neuartigen Initiativen. Die Ergebnisse waren verblüffend. So schreibt Andrés Aubry, ein Historiker, der die Arbeiten des Forschungsinstitutes für anthropologische Beratung der Region Maya in Chiapas im Süden Mexikos inspiriert und unterstützt:

»Wir haben Bauernhöfe entstehen und sterben sehen, die Verdreifachung von Dorfbevölkerungen erlebt, die Transformation ganzer Landschaften, das Aufbrechen und Heranreifen der Krise und wie die Armut auf dem Lande sich weiter und weiter fortsetzt; wir waren Zeugen des Aufschwungs und des Niedergangs des Kaffees und sahen, mit welcher Begeisterung die ersten Bäumchen gepflanzt wurden und mit welcher Wut die Pflanzungen dann niedergehackt wurden. Wir beobachteten und hielten diese Daten fest: das Klima während 17 Jahren; geografische Unfälle, die Flüsse verlegten und Bodenverhältnisse änderten; Praktiken, von denen einige fallengelassen wurden und einige überlebten, trotz der vielen Veränderungen, und wir sahen jene neuen Methoden, die den Gewohnheiten übergestülpt wurden. Wir werteten unsere Irrtümer aus oder die Naivität unserer Beratung und wir sammelten Lehren: aus dem Wissen des Volkes, aus der Flexibilität des angeblich so konservativen Campesinos, aus unserer eigenen Erfahrung und aus dem, was die Zeit unerbittlich auslöscht oder überraschenderweise verewigt.«[3]

In den letzten zehn Jahren taucht in den Augen vieler alter Campesinos ein neuer, würdevoller Ausdruck auf. Ihre Weisheit rückt wieder ins Zentrum der Betrachtung. Sie helfen vielen jungen Leuten, mit Kompetenz und Vorsicht Techniken aus ganz verschiedenen Traditionen und Wissenssystemen zusammenzubringen. Der Boden kann Jahre brauchen, um wieder so zu werden, wie er sein soll, nach allen Schäden, die Zugmaschinen und Agrarchemie ihm zugefügt haben. Und auch die lokale Kultur und die Lebensweise der Campesinos werden für ihre Genesung viele Jahre benötigen. Jedoch die schlichte Tatsache, von neuem begonnen zu haben, auf eigenen Füßen zu stehen und der eigenen Nase zu vertrauen, gibt dem Leben vieler Campesinos ein neues Gefühl von Würde und Orientierung.

Der Boden kann Jahre brauchen, um wieder so zu werden, wie er sein soll.

Eine neue Quelle der Inspiration

Grimaldo Rengifo, Julio Valladolid und Eduardo Grillo gehörten zur ersten Generation von peruanischen Kleinbauern, die Zugang zu universitärer Ausbildung hatte. Viele Jahre ihres Lebens widmeten sie der ländlichen Entwicklung in Peru. 1987 gaben sie ihre akademischen Karrieren auf und gründeten PRATEC, ein andines (zu den Anden gehörendes) Projekt zur Förderung kleinbäuerlicher

---

3   Aubry 1992, S. 11

Technologie. Von diesem Zeitpunkt an waren sie sich einig, daß die Probleme, denen sie in ihrer beruflichen Arbeit begegnet waren, von der Entwicklung selbst verursacht wurden. Einmal befreit von dieser ideologischen Last und eingerichtet in ihrer eigenen, unabhängigen Nische, begannen sie die Realität der Campesinos aus einem anderen Blickwinkel zu sehen. Sie entdeckten nicht nur, daß deren Praktiken und Ideen den natürlichen, sozialen und kulturellen Bedingungen vor Ort entsprachen, sondern auch einen intensiven Prozeß der Transformation, voller Vitalität und Leistungsfähigkeit. Sie beobachteten, daß die natürliche, einheimische Landwirtschaft und Kultur eine radikal andere Art des Seins in der Welt verkörpern, andere Formen des Zusammenlebens von Menschen, Tieren und Pflanzen und Vorstellungen von Zeit, Raum und Natur.

Durch Workshops, Praktika, Veröffentlichungen vermittelt PRATEC das Wissen der Vorfahren der andinen Campesinos und zeigt auf, wie es transformiert, bereichert und gestärkt werden kann. Dieses Wissen ist das Ergebnis einer langen und engen Interaktion mit den Campesinos und einer kollektiven Wissenserarbeitung. Die Wissenschaftler schreiben über eine Welt, an deren Erschaffung sie direkt teilhaben. Sie haben nicht vor, ein objektives Wissen vorzustellen, noch wollen sie eine alternative Wissenschaft entwerfen: ihre Kenntnisse sind vielmehr nur gültig für bestimmte Orte und entsprechen den Interessen der Campesinos.

> Die Wissenschaftler schreiben über eine Welt, an deren Erschaffung sie direkt teilhaben.

»Alle Untersuchungen über die Campesino-Landwirtschaft in Peru erkennen zwei Dinge an: erstens, daß sie mit 80 Prozent aller Betriebe und im Besitz von nur 15 Prozent der landwirtschaftlich nutzbaren Flächen mit ihren Kenntnissen und Techniken eine größere Menge Lebensmittel pro Flächeneinheit produziert als die kommerziellen Landwirtschaftsbetriebe mit ihrer modernen Technologie; und zweitens, daß derjenige auf dem Lande besser ernährt ist, der ißt, was er erntet, als der, der die Nahrungsmittel im Supermarkt einkauft.

Wenn gegenwärtig das Kernproblem in Peru der Hunger ist, gibt es keinen vernünftigen Grund, eine in bezug auf die Verteilung von Agrarland so ungerechte Situation länger fortzusetzen, besonders wenn man weiß, daß eine Umwandlung der Landwirtschaft in eine kleinbäuerliche uns relativ schnell die Ernährungssicherheit gäbe, die wir heutzutage nicht haben. Und Techniken, um kleinbäuerlich zu produzieren, gibt es im gleichen Übermaße, wie wir ökologische und ethnische Vielfalt aufweisen ...

Es geht hier nicht darum, Utopien zu erfinden, und auch nicht darum, in der mündlichen Überlieferung die interessanten Punkte zu entdecken, um die herum man dann die Campesino-Bewegung zur Machtergreifung bewegen kann und dadurch eine harmonische Kombination zustandebrächte zwischen modernem Okzident und der Andine. Kultur haben wir, die Wege existieren, es geht darum, sie zu sehen und auf einem von ihnen vorwärts zu gehen, um von dort aus, und nicht umgekehrt, unter Bedingungen von Gleichheit mit allen Kulturen des Planeten wechselseitig zusammenzuarbeiten.«[4]

Diese beharrliche Art von Menschen, den Reichtum der Böden, Tradition und Kultur in Lateinamerika zu fördern und von der sozialen Basis ausgehend zu neuer Blüte zu verhelfen, stößt auf eine sture Opposition der herrschenden Minderheiten. Im Februar 1993, einige Monate bevor der Vertrag über den Freien Handel in Nordamerika unterzeichnet werden sollte, kündigte der mexikanische Landwirtschaftsminister an, es sei seine Pflicht, zehn Millionen Campesinos von ihrem Land zu vertreiben, um die mexikanische Landwirtschaft zu modernisieren und konkurrenzfähig machen zu können. Er bestätigte das offizielle Ziel einer Reduzierung der Landbevölkerung um die Hälfte innerhalb von zehn Jahren. Als ihn ein Journalist fragte, was mit den Hinausgeworfenen geschehen würde, antwortete er, ohne blaß oder gar rot zu werden, daß dies nicht zum Geschäftsbereich seines Ministeriums gehöre.

Der Komplex agroindustrieller Produktion hat überall die Vernichtung der Kleinbauernschaft eingeplant, genauso wie die des Bodens, den diese jahrhundertelang gepflegt hatten. Diese Sicht der Dinge zeigt aber erste tiefe Risse. Die vorherrschende Produktionsweise, die als bewundernswerter Sieg der Menschheit und großartiger Ausdruck menschlicher Fähigkeit gefeiert wurde, erscheint immer mehr eine der großen Katastrophen der menschlichen Geschichte zu sein. Die dringlichen Veränderungen werden der industrialisierten Welt immense Opfer auferlegen. Obwohl Lateinamerika schon beträchtlich weit auf diesem wahnwitzigen Wege vorangekommen ist (zwei Drittel der Bevölkerung ist bereits städtisch), ist noch Zeit, durch fremden Schaden klug zu werden.

Lateinamerika besitzt immer noch eine ausgedehnte Campesino-Kultur. Einer von drei Lateinamerikanern ist noch Campesino. Der nächste ist Sohn von Campesinos. Nur ein Drittel gehört tatsächlich zur städtischen Kultur. Noch macht der Reichtum praktischer Fertigkeiten und Lebensweisen eine Wiedergewinnung der Besonnenheit und eine andersartige moralische Haltung zum Land und den Campesinos möglich.

Einer von drei Lateinamerikanern ist noch Campesino.

4 Rengifo/Regalado 1991, S. 13

Den städtischen Appetit wieder wecken

Die großen Städte sind nicht nachhaltig. Als moderne Heimsuchung haben sie den gesamten Planeten verödet und sind auch weiterhin ein gefährlicher Faktor der Land- und Kulturzerstörung. Jedoch könnte nur ein brutaler Eingriff sie kurzfristig auf eine vernünftige Größe zurückbringen. Welche Optionen kommen dafür in Frage? Was kann ein Stadtmensch in der Praxis konkret tun, wenn er die ökologischen und sozialen Sorgen ernstnehmen möchte? Wie kann man das Stadtleben »nachhaltig« verändern? Denn ohne Zweifel ist es nötig, die großen Städte zu verkleinern. Wie kann man erreichen, daß die Umsiedlung organisch und freiwillig abläuft, ohne das Gespenst Pol Pot heraufzubeschwören?

Die Urbanisierung hat der Industriegesellschaft eine doppelte Abhängigkeit auferlegt: die von Gütern und Dienstleistungen, die unverzichtbar sind für das Überleben, und die von Mechanismen, die Zugang zu ihnen verschaffen. Will sagen: die Abhängigkeit vom Markt und von den Institutionen des Wohlfahrtsstaates. Die Stadt wurde dieser Logik entsprechend neu konfiguriert, wobei man sie in spezialisierte, gleichförmige Räume aufsplitterte, in denen die von ihr eingerichteten ökonomischen Funktionen ablaufen konnten.

Der Prozeß ist in den Industriegesellschaften abgeschlossen. 75 Prozent ihrer Bevölkerung sind städtisch. Ein Gutteil der übrigen gehört ebenso dazu: Die Erfindung des Pendelns zwischen Peripherie und Metropole und die Suche nach einer besseren Lebensqualität haben bewirkt, daß die großen städtischen Ansiedlungen nicht weiter wachsen. Aber leider ist man nicht so weit gegangen, die Logik der Arbeitsweise zu hinterfragen, die im normalen Tagesablauf des neuen *homo transportandus* zur Anwendung kommt. Auch in den Ländern des Südens schreitet der Prozeß zügig voran: Ihre städtische Bevölkerung wächst jährlich um vier Prozent. Neun der zehn bevölkerungsreichsten Städte der Welt liegen dort. In Lateinamerika wird der Anteil der städtischen Bevölkerung bald den Prozentsatz in den industrialisierten Länder einge- und überholt haben.

Der Ausbau der Städte findet immer auf Kosten der gewachsenen Stadtteile (*barrios*) statt. Ihre Verschiedenartigkeit und Multifunktionalität geriet in einen ständigen Widerspruch zur ökonomischen Logik der Urbanisierung. Ganze Viertel wurden plattgewalzt, um an ihrer Stelle jeweils besondere Einrichtungen zum Schlafen,

> Leider ist man nicht so weit gegangen, die Logik der Arbeitswelt zu hinterfragen.

zum Arbeiten oder zum Kaufen von Waren und Dienstleistungen zu schaffen, und um alles mit Schnellstraßen zu verbinden, die es den Stadtmenschen erlauben sollten, die ihnen zugedachten Funktionen zu erfüllen.

Aber die Menschen begannen, in eine andere Richtung zu laufen. Da nämlich in Lateinamerika die Städte nicht in der Lage waren, den Einwohnern die spezifischen Waren und Dienstleistungen anzubieten, sahen sich die Leute gezwungen, die Sicherung ihres Fortbestandes selbst in die Hand zu nehmen. Man besann sich deshalb auf die ländlichen Traditionen in bezug auf Landnahme, Siedlungsaufbau und deren Verteidigung. Mit bemerkenswertem Einfallsreichtum versorgte man sich legal oder illegal mit den unverzichtbaren Serviceleistungen, konstruierte sich seine Wohnungen und besetzte die Lücken und Nischen der Wirtschaftsgesellschaft. Zur selben Zeit unterhielten die Leute eine wirksame Interaktion mit den ländlichen Gemeinden, aus denen sie kamen, um in beide Richtungen den Personen- und Warenverkehr zu sichern.

> In den städtischen Siedlungen Lateinamerikas befinden sich die Enklaven der Mittelschicht im Belagerungszustand.

Die Turbulenzen der letzten Jahre belebten das so entstandene soziale Netz und schufen Platz für eine doppelte Tendenz: eine Bereicherung der ländlichen Siedlungen mittels der abgewandelten modernen Techniken der Stadt sowie die Verländlichung der Stadt durch die Wiedergeburt und Erneuerung des multifunktionalen *barrio* in all seiner Vielfalt. In den großen städtischen Siedlungen Lateinamerikas befinden sich die »modernen« Enklaven der Mittelschicht buchstäblich im Belagerungszustand. Sie sind umgeben von einem komplexen sozialen Netz, das zwar unentwirrbar mit ihnen verknüpft ist, aber gleichzeitig eine große Autonomie besitzt. Obwohl man sich auf den Markt bezieht, wird nicht nach seiner abstrakten Funktionslogik gehandelt. Mehr als die Urbanisierung definiert die Verländlichung der Städte die Richtung des sozialen Wandels in vielen Regionen Lateinamerikas.

»Verantwortlich essen setzt voraus, die komplexe Relation zu verstehen und wiederherzustellen zwischen dem Akt des Essens und dem Bündel an Aktivitäten, die ihm vorausgehen und die es überhaupt möglich machen. Und dies schließt ein: an der Lebensmittelproduktion teilnehmen, im Rahmen der Möglichkeiten eines jeden; das Essen zubereiten; den Herkunftsort der angebotenen Lebensmittel herausfinden und diejenigen kaufen, die in der Nähe produziert werden; soviel wie möglich über Ökonomie und Technologie der industriellen Lebensmittelproduktion lernen; sich das Wissen

für einen optimalen Land- und Gartenbau aneignen; aus direkten Beobach-
tungen und eigenen Erfahrungen möglichst viel über die Entstehung und
den Lebenszyklus der Arten lernen, die uns als Nahrung dienen.«[5]

Empfehlungen dieser Art stoßen in den lateinamerikanischen
Städten jedoch auf taube Ohren. Die globalisierten Minderheiten
werden weiter bei McDonald's Schlange stehen, werden sich weiter
im Supermarkt ihrer Wahl bedienen – je bunter leuchtend und
nordamerikanischer desto besser –, und sie werden sich in der Mo-
dernität wie zu Hause fühlen. Die Optionen, für die man sich im
barrio entscheidet, sind für sie provinziell und zugleich nostalgisch.
Sie erscheinen ihnen wie Erinnerungen an die »Unterentwick-
lung«, Ballast, von dem sie sich befreit glauben. Aber glücklicherweise sind sie eine Minderheit. Bei den sozialen Mehrheiten treffen
diese Optionen zunehmend auf offene Ohren und interessierte Zu-
hörer: Beim Wiederaufbau ihrer multifunktionalen *barrios* stellen
sie auch ihre engen Bindungen zu den ländlichen Gemeinschaften
wieder her, aus denen sie stammen.

> Die globali-
> sierten Min-
> derheiten wer-
> den weiter bei
> McDonald's
> Schlange
> stehen.

Das Umstülpen von Institutionen

Die Idee, das Essen in die Agri-Kultur zu reintegrieren, bezieht sich
nicht auf die Bodenfrüchte, die Böden oder den Ökolandbau, obwohl all dies eingeschlossen ist. Sie geht über die Bewegung für
regenerative Landwirtschaft – nach der Grünen Revolution – hinaus, die an vielen Orten der Welt wieder zu Kräften kommt. Sie bezieht sich auf unsere Lebensweise und hat nichts zu tun mit einer
gesünderen Ernährung, mit besseren Normen für Produktion und
Konsum ökologischer oder ökonomischer – inklusive politischer –
Gründe wegen. Es geht um die Menschen, die Wiedergewinnung
des Gemeinschaftssinnes, um die Schaffung neuer gemeinschaftli-
cher Lebensräume innerhalb beliebiger städtischer oder ländlicher
Siedlungen.

Die Moderne hat Lebensbereiche und -räume, die zusammenge-
hören, voneinander getrennt und eine autonome Sphäre, die Ökonomie, zum Zentrum von Politik und Ethik erklärt. Über die Wirtschaftsgesellschaft hinausgehen heißt, alte kommunitäre Lebens-

---

5 Berry 1992.

räume wiederherzustellen oder neue zu schaffen. Dabei geht es –
mit einem Ausdruck von Polanyi – um eine »Reintegration der
Wirtschaft in die Gesellschaft und Kultur«; sie wird erneut Politik
und Ethik untergeordnet, sie wird marginalisiert, an den Rand ver-
bannt.

Ein *Handbuch der Schweinehaltung* aus dem Jahre 1976 empfiehlt:
»Betrachten Sie das Schwein nicht mehr wie ein Tier. Behandeln
Sie es wie eine Maschine in der Fabrik. Programmieren Sie die Phasen seiner Aufzucht, wie Sie die Schmierintervalle der Maschine
planen würden. Der Zeitpunkt der Geburt der Ferkel ist wie der
erste Montageschritt an einem Fließband. Und die Vermarktung ist
wie die Übergabe des Fertigproduktes.« Und dies war nur der Anfang! Der industrielle Bauernhof mit seinen genormten Produkti-
onsabläufen wurde entworfen. Der »Getreidekomplex«, der »Komplex haltbarer Güter« oder der »Komplex Tierproduktion« stellen
den Höhepunkt in einer Entwicklung dar, welche die Besonderheiten von Menschen, Tieren, Pflanzen und ihren Lebensräumen un-
terdrückte. Die transnationalen Unternehmen der Nahrungsmittel-
branche trennten die Produktion vom Konsum und verwischten
die Grenzen zwischen Agrikultur und Industrie. Die extensive
Viehproduktion in Amazonien, die intensive in Mexiko, gefrorene
Hamburger und verpackte Filets in den Gefriertruhen aller Supermärkte der Welt, McDonald's-Filialen in Budapest und Hongkong,
»Filet-« und »Kartoffel-Ketten« – sie alle sind Teil ein und derselben
geschäftlichen Operation.

Egal, als wie stark diese Struktur uns erscheinen mag (und die
Reklame lädt uns ein, sie auch noch mit Appetit zu betrachten), sie
ist auf brüchigem Fundament gebaut. Mehr und mehr kombinie-
ren sich die widersprüchlichen Tendenzen aller »Nahrungsmittel-
komplexe« auf eine Weise, die ihre »Verwaltung« immer weniger
machbar werden läßt. Die zu Tage tretenden »strukturellen Un-
möglichkeiten« des Systems erzeugen politischen Druck, der häufig
zu einem Rückbezug auf die Region führt.

In Tlaxcala, in der Nachbarschaft der Stadt Mexiko, produzieren
die Bauern z.B. wunderbare Kartoffeln. Nachdem sie bei dem Versuch gescheitert waren, das Handelsmonopol in der Stadt zu
knacken und direkt vor Ort zu verkaufen, beschafften sie sich Maschinen, mit denen man die Kartoffeln in Pommes frites umwan-
deln kann. Sofort standen sie natürlich aussichtslos in Konkurrenz
zu den industriellen Giganten, die diesen Markt beherrschten. Da-

> **Der Zeitpunkt der Geburt der Ferkel ist wie der erste Montageschritt an einem Fließband.**

her beschlossen sie, jeden Laden in der Gegend persönlich aufzusuchen. Sie boten den Einzelhändlern eine konkurrenzfähige Provision und erklärten, welche Bedeutung die Kartoffeln in dieser Region haben. Dann wiesen sie ganz sanft darauf hin, daß die Reaktion der Kundschaft nicht abzuschätzen sei, wenn diese erführe, daß man sich geweigert habe, ihre Tütchen mit Pommes frites ins Angebot zu nehmen. Niemand wagte das Angebot abzulehnen. Die Giganten mußten danach einen kleinen weißen Fleck auf ihren Vertriebskarten verkraften.

> Die Giganten mußten danach einen kleinen weissen Fleck auf ihren Vertriebskarten verkraften.

Überall weisen Campesinos die chemische Landwirtschaft zurück und wenden Methoden an, die die Ernte verbessern und gleichzeitig die Böden und andere Bestandteile des Agro-Öko-Systems schützen. Um nur ein Beispiel zu nennen: Im Süden Brasiliens haben ca. 223.000 Landwirte, die Gründüngung, bodenbedeckende Leguminosen und integrierte Tierhaltung anwenden bzw. betreiben, ihre Mais- und Weizenerträge auf vier bis fünf Tonnen pro Hektar gesteigert. In ganz Lateinamerika entdecken an nachhaltiger Landwirtschaft und ebensolchem Leben interessierte Gruppen ihr eigenes Ideal von comida wieder. Dabei begreifen die meisten irgendwann, wie monoton und traurig die Ernährungssituation großer Teile der Menschheit ist, die heute noch als Prototyp des Überflusses gehandelt wird.

Wiedergewinnung kommunitärer Lebensräume

Die alles auflösenden globalen Kräfte operieren heute im Namen des freien Handels wie eine tödliche Meereswoge, die die Nationalstaaten auflöst oder schwächt und sie dazu bringt, politische Kontrollen in immer größeren Makrostrukturen zu suchen, damit die blinden Impulse des Marktes gemäßigt werden. Statt diesen Impulsen zu folgen, versuchen aber auch Leute, ausgehend von ihrem kommunitären Umfeld, ihre politischen Vorstellungen auf menschlicher Basis zurückzugewinnen und vor Ort Deiche zu bauen, fähig, die mächtigen Marktwogen zurückzuhalten. Beim Versuch, dies zu tun, ist es ihnen gelungen zu entdecken, daß die großen globalen Kräfte genauso auf lokalen Wirtschaftsstrukturen beruhen und daß hier, auf diesem Territorium, die Davide die Goliathe besiegen können.

Jeden Tag gibt es neue Erfolge zu dokumentieren. Auch ihre Niederlagen sind verzeichnet und neue Damoklesschwerter, die über ihnen schweben. Sie stoßen auf schwerwiegende Beschränkungen, und es wäre verbrecherisch, die Misere zu idealisieren, in der viele von ihnen leben. Sie haben noch kein Ideal von Leben entworfen. Aber sie sind die idealen Bewohner der Ära, die anzufangen beginnt.

Ich sehe eine Herausforderung und bin voller Hoffnung, beruhend auf der Annahme, daß die Kräfte bereits in Bewegung sind, die fähig sein werden, die Herausforderung anzunehmen. Ich vertraue darauf, daß das 21. Jahrhundert mit Dialogen wird beginnen können, die den Abstand zwischen den getrennten Welten der sozialen Minder- und Mehrheiten verkürzen werden. Wenn die Idee der Diversität zugunsten harmonischen Zusammenlebens Wurzeln schlägt – was ich glaube – und der Pluralismus als philosophische und politische Haltung normal wird, könnte man durchaus legitim von einem Jahrtausend träumen, das sehr unterschiedlich verlaufen wird zu jenem, das gerade zu Ende geht.

> **Ich sehe eine Herausforderung und bin voller Hoffnung.**

Literatur

Aubry, A.: *Tradición y postmodernidad: las prácticas agrícolas de los mayas de Chiapas*, San Cristóbal 1992.

Austin, J.: *Global Malnutrition and Cereal Fortification*, Cambridge/Mass. 1979.

Berg, A.: *New & Noteworthy in Nutrition (No.30)*, Office Memorandum, The World Bank, 8. Januar 1998.

Berry, W.: *What are People for?*, San Francisco 1990.

Berry, W.: *Sex, economy, freedom and community*, San Francisco 1992.

Duus, E.: *Negotiating reciprocity: Food exchange in a rural community of the Dominican Republic*, Institute of Social Anthropology, Universität Oslo 1982. [unveröff. Manuskript]

Esteva, G.: »Re-embedding Food in Agriculture«, in: *Culture and Agriculture*, Nr. 48, Winter 1994.

Grillo, E.: »La cosmovisión andina de siempre y la cosmología occidental moderna«, in: PRATEC, *¿Desarrollo o descolonización en los Andes?*, Lima 1993.

Illich, I.: *Shadow Work*, Boston/London 1981.

Illich, I.: *El género vernáculo*, Mexiko 1990.

Rengifo, G./Regalado, E.: »Presentación«, in: PRATEC, *La vigorización de la chacra andina*, Lima 1991.

Autorennotiz

Gustavo Esteva bezeichnet sich selbst als »entprofessionalisierten Intellektuellen« und Sozialaktivisten. Im Rahmen der Graswurzelbewegung arbeitet er seit 30 Jahren mit indigenen Gruppen und Menschen, die in der Landwirtschaft tätig sind. In den 70ern beteiligte er sich an der internationalen Diskussion über die Rolle des Bauern in der Gesellschaft, die Zukunft der Landwirtschaft und Ernährungsfragen. Er war Präsident des »5. World Congress of Rural Sociology«. Ziel des Autors einiger Bücher und vieler Aufsätze zu landwirtschaftlichen Themen und zur Ernährungspolitik ist es, die Übermacht der ökonomischen Argumente bei globalen Entscheidungen außer Kraft zu setzen. Auf der Suche nach theoretischen wie praktischen Möglichkeiten, dies zu erreichen, lebt er derzeit in einem kleinen Indio-Dorf im Süden Mexikos.

Bernward Geier ist seit zwölf Jahren Geschäftsführer der »Internationalen Vereinigung Biologischer Landbaubewegungen« (IFOAM). Zuvor arbeitete er fünf Jahre als wissenschaftlicher Mitarbeiter und Dozent an der Universität Kassel/Witzenhausen im Fachgebiet Ökologischer Landbau. Seit seinem Studium der lateinamerikanischen Kulturgeschichte an der der nationalen Universität in Mexiko City beschäftigt er sich auch intensiv mit kulturellen und sozialen Fragen. Er ist Autor einiger Fachbücher (u.a. *Biologisches Saatgut aus dem eigenen Garten*, 1982) und hat zahlreiche wissenschaftliche und populäre Artikel veröffentlicht. Im Rahmen seiner beruflichen Tätigkeit hat er bereits in über 50 Ländern Vorträge gehalten und Seminare geleitet.

Elizabeth Henderson, Ökobäuerin in Wayne County (NY), produziert seit fast 20 Jahren biologisches Gemüse für die Märkte ihrer Region und hat sich intensiv für den Dialog zwischen Bauern, die ökologischen Landbau betreiben, und den »gewöhnlichen« Landwirten eingesetzt. Sie ist Gründungsmitglied der »Northeast Organic Farming Association« (NOFA) in Massachusetts, inzwischen langjähriges Mitglied des höchsten Rates der Organisation im Staat New York und Vorsitzende des »Agricultural and Farmland Protection Board« in Wayne County. Ihr Hof, die Peacework Organic Farm, liefert Biogemüse an das »Genesee Valley Organic Community Supported Agriculture Project« (GVOCSA), eine Kooperative von Ökobauern. 1999 erschien ihr Buch *Sharing the Harvest: A Guide to Community Supported Agriculture.*

Mariana Ogodi stammt aus einer nigerianischen Familie, deren Mitglieder traditionell als Medizinfrauen und -männer tätig waren und ihre reichen Kenntnisse über Nutzpflanzen von Generation zu Generation weitergaben – so auch an sie. Ogodi studierte Fremdsprachen und lebt inzwischen seit zehn Jahren in der Bundesrepublik. Sie engagiert sich beim Amt für studentische Angelegenheiten der Universität des Saarlandes, insbesondere im Arbeitskreis »Entwicklungspolitische Bildungsarbeit«. Dieser Arbeitskreis kooperiert im Zusammenhang mit Schulprojekten eng mit Unicef und UNESCO. In den letzten Jahren hat sie in diesem Rahmen zahlreiche Kochworkshops in Schulen und anderen Einrichtungen geleitet, bei denen sie auf das Wissen ihrer Familie in Sachen Ernährung zurückgreifen konnte.

Vandana Shiva ist Physikerin, Ökologin, Aktivistin und Autorin vieler Bücher. Sie gründete in Indien »Navdanya«, eine Bewegung für die Bewahrung der Biodiversität und die Rechte der Bauern. Die Leiterin der »Research Foundation for Science, Technology and Natural Resource Policy« ist gleichzeitig ökologische Beraterin des »Third World Network«, eines Zusammenschlusses von Gruppen aus Asien, Afrika und Lateinamerika, die für eine gerechte, nachhaltige Verteilung der Ressourcen der Erde kämpfen. Vandana Shiva nahm u.a. einen Lehrauftrag am Schumacher College in Dartington, England, wahr. Ihre aktuellste Buchveröffentlichung: *Biopiracy. The Plunder of Nature and Knowledge* (1998).

Register

Aktuelle Entwicklungen, Informationen zu Veranstaltungen und neue Veröffentlichungen zum Thema Ernährung jetzt auch im Internet:
http://www.zukunft.de/ernaehrung

Das Ende der Fleischeslust.

Jeremy Rifkin
Das Imperium der Rinder
Der Wahnsinn der Fleischindustrie
2001. 281 Seiten
ISBN 3-593-36806-4

Seit alters her ruht die westliche Zivilisation auf den
Rücken der Rinder. Sie wurden gemolken, geschlachtet,
gehäutet, ins Joch gespannt und als Gottheiten angebetet.
In der modernen Massenviehzucht hat das fatale Konsequenzen für die Umwelt und unsere Gesundheit. Dabei
ist BSE nur die Spitze des Eisbergs.
Der Visionär Jeremy Rifkin warnt schon seit Jahren vor
den verheerenden Folgen des modernen Rindfleisch-
wahns. Sein exakt recherchiertes Buch deckt die ganze
Tragweite des Tiermissbrauchs, der Umweltzerstörung
und der Gesundheitsgefahren auf. Ein engagiertes Plä-
doyer für einen neuen Umgang mit Umwelt und Ernährung – mit aktuellem Vorwort des Autors.

Gerne schicken wir Ihnen unsere aktuellen Prospekte:
Campus Verlag · Kurfürstenstr. 49 · 60486 Frankfurt/M.
Tel.: 069/97 65 16 - 0 · Fax - 78 · www.campus.de

campus
Frankfurt / New York